변화와 성장을 위한

NLP의 원리 1

이성엽 저

서문

또 말로 업을 쌓는다.
침묵으로 지나가야 하는 것을 언어로 표현하는 무모한 시도를 하기 때문
이다.
삶에서 보여야 하는 것을 어떻게 설명한단 말인가?
입을 여는 순간 실패의 시작이다.

'道可道非常道도가도비상도'.

이것이 도라고 말하는 순간 더 이상 그것은 도가 아니다. '不立文字불립문자'
아니겠는가! 말이 많아질수록 본질은 희미해지고, 글이 길어질수록 진리에서 멀
어진다. "나의 생각과 느낌을 언어로 표현할 수 있었다면 춤 따위는 추지 않았
을 것이다."라고 외친 이사도라 던컨Isadora Duncan의 말이 새삼 가슴을 후비며 파
고 들어온다. 신경언어프로그램NLP이 자기계발은 물론 상담 또는 코칭에 바로바
로 활용할 수 있는 탁월한 실증적 도구로 알려져 있지만, 그 안에 담긴 철학과
그 적용 그리고 효과는 참으로 언어로 표현되는 것이 불가능에 가까운 주관적
경험의 세계이기 때문이다. 더더욱 "말로 표현될 수 없는 것은 보여져야 하며,
그저 침묵으로 지나가게 해야 한다"는 비트켄슈타인Ludwig Josef Johann Wittgenstein의
선언을 삶 속으로 받아들이고 있는 나에겐, NLP를 설명하는 글을 쓴다는 것은
오컴William of Ockham의 면도날을 피할 수 없는 오류를 범하고 있는 것이다. 논리
철학으로 따져보면 당장 펜을 내려놓고 집필을 멈춰야 한다.

그럼 펜을 내려놓아라. 노트북을 덮어라. 왜 아니라고 생각하면서도 머뭇거
리고 있으며 왜 과감하게 키보드를 옆으로 치우지 못한 채 주춤거리고 있는가?

i

변명을 하자면 (핑계를 대자면, 다른 말로 알면서도 업을 짓는 이유라고 해도 좋고, 혹은 NLP 리프레임Re-frame 기법을 여기에 적용해 '핑계'나 '변명'을 '의미'나 '가치'라는 단어로 대체해도 좋다) 그건 고맙고 또 미안하기 때문이다. 먼저 고마운 것은 NLP 덕분에 지금도 변화하고 성장하고 있기 때문이다. 지독히 평범하고 모든 것이 가난했던 직장인 시절 당시 야근을 밥 먹듯 하던(1999~2002년엔 평균 집에 들어가지 않고 야근하며 회사에서 잠을 잔 횟수가 연평균 100일이 넘었다) 20여 년 전의 이 과장에게는 NLP가 답답한 현실에서 한줄기 빛과 같은 희망을 보게 하는 마음의 눈을 주었고, 불편했던 직언을 마음으로 감사하게 들을 수 있는 지혜의 귀를 주었고, 현실을 직시할 수 있는 두 다리의 힘을 키워주었으며, 미지의 세계로 도전할 수 있는 뱃속에서 용기를 가질 수 있게 했기 때문이다. 어찌 고마운 도구라 하지 않을 수 있는가! 또 이 좋은 도구를 나 혼자서만 즐기기엔 너무너무 동시대를 사는 이들에게 미안하기 때문이다. 인생의 여정에서 NLP는 나에게 나만의 길을 가는 힘을 준 도구였다. 이미 강을 건너 다른 길을 가고 있는 나에겐 코칭과 더불어 NLP가 과거진행형인 추억으로 버려진 뗏목이자 밀어버린 사다리이지만, 그럼에도 불구하고 지금 강을 건너는 이들에겐 참 좋은 도구가 될 것임을 경험으로 알고 있는 이상, 이젠 내가 다른 길을 간다고 모른 체하기엔 마음이 불편하기 때문이다.

이런 마음이 꿈틀거리며 뼛속 깊은 곳에서 스멀스멀 뻗어 나온 건 하나의 사건 때문이다. 알리고 자랑할 일이 아니라 마음에 묻어두고 싶은 사건이지만 억지로 끄집어내자면 내용은 이러하다. 2013년 봄 스승의 날 행사를 며칠 앞둔 어느 날, 땅이 하늘이 되는 듯한 어지러움과 심한 구토로 길에서 쓰러졌다. 택시 기사께서 신고해주신 덕에 119 구급차에 실려 대학병원 응급실로 옮겨졌고, CT와 MRI를 찍은 후 뇌경색 의심으로 중환자실, 정확히 말해 '뇌경색 집중치료실'로 옮겨졌다. 일주일 후 일반병실로 옮겼고 며칠 후에 퇴원을 했다. 한동안 혈전용해제 계열 약을 먹고 한의원도 다니며 급한 불은 끄게 되었다. 이상한 꿈틀거림이 느껴진 것은 고개도 돌리지 못한 채 꼼짝없이 누워있던 집중 치료실에서였다. 온몸을 전문가들에게 맡긴 채 내가 할 수 있는 것은 생각하는 것뿐이었다. 만감이 교차했다. 이른 오전 15분 내로 가족 중 한 사람에게만 면회기회가 주어지는 시간 외에는 적막강산寂寞江山이었다. 지난날 나의 삶이 영화처럼 전두엽을 지나가는 고요함. '세상에, 내게 이런 일이 벌어지다니!' 나 역시 다르지 않았다.

많은 이들의 전기에서 귀동냥한 것처럼 아쉬움, 후회가 뜨겁게 올라왔다. 좋은 책을 쓰지 못한 것, 좋은 논문을 쓰지 못한 것…. 이런 후회는 소위 조금도 올라오지 않았다. 가족과 함께하지 못한 시간이 후회스러웠고, 더 의미 있는 시간을 보내지 못한 것에 대한 회환이 올라왔다. 지겹게 누워만 있으며 후회만 있었던 것은 아니었다. 가슴 뜨거운 시간을 보낼 수 있었음에 감사함이 올라오는 순간도 있었다. 박사공부를 위해 직장을 그만두고 대학교수가 되기 전까지 보냈던 시간들이 그것이었다. 특히 하루 12시간을 피닉스pheonix 가족들과 브라이언 트레이시Brian Tracy의 성취심리를 강의하던 수유리에서의 시간들. 일요일 새벽 6시에 피곤할 것이 분명함에도 호기심 가득한 눈빛으로 매주 만났던 JUNO헤어 일산점의 직원들. 변화와 성장을 위해, 조금이라도 나은 삶을 위해 허기진 영혼을 달래기 위해 정진하던 길에서 만난 수많은 사람들과 함께한 시간들. 이 모든 것이 병원에 누워 있을 때 올라오는 감사의 시간들이었다. 그렇다. 대학에 온 지난 4년간 잊고 있었던 가슴 뛰는 순간들. 태어난 것은 순서가 있지만 떠나는 순서는 없을 수 있다는 것을 온몸으로 깨달은 순간 '삶은 잠시지만, 사랑이 깃든 일은 영원하다'라는 화두를 잊지 않겠다고 마음속에 각인했다.

때마침 이듬해부터 한국상담학회 분과의 NLP상담학회의 부회장으로 봉사하게 되었고 이후 회장까지 역임하였다. 한국상담학회에선 전문상담사 육성이 중요한 사명 중 하나인데, 학회 임원으로의 역할을 수행함과 동시에 잊고 있었던 가슴 뛰는 순간을 다시 경험하기 위해 그간 추억의 서랍 속으로 넣어 두었던 NLP전문가 양성과정에 트레이너로 참여하기 시작했다. 퇴원한 뒤 이듬해인 2014년으로 기억한다. 2005년 첫 NLP프랙티셔너 과정을 진행한 후 9년 만이었다. 주중엔 학교 일로 일정이 가득 차, 개인적 시간인 주말과 방학을 활용하여 1년에 1회 정도 NLP프랙티셔너과정과 마스터 과정의 훈련에 참가하며, 이 글을 쓰는 지금도 진행하고 있다. 지금은 퇴직하신 임재익 교수께서 기획처장이실 때 요청하셔서 코칭전공 석사과정 초안을 디자인하면서 NLP기초과정 6학점을 정규교과에 넣어두었는데, 국제대학원 등에서 검토되다 MBA과정에 개설되었다. 개설 후 그간 시간강사들께 맡기던 수업을 전임교수의 수업에 참여하고 싶다는 MBA학생들의 요청으로 직접 맡아서 대학원생들과 함께하고 있는데, 이는 2018년부터다. 이 책의 시작은 수업의 보조자료를 제작하는 것으로 시작되었다.

　　20여 년 전 처음 NLP전문가 과정에 참여할 땐 잠시 고민을 했었다. 짧고 단편적인 경험만 하다 알아본 전문가 과정 등록비는 당시 한 달 월급 실수령 액보다 많았다. 상상도 못했다. 망설이다 학생으로 등록한 그 순간이 변화의 터닝포인트가 될 것이라는 것을. 당시 주말마다 과정에 참여한 이유는 당시 읽던 많은 문헌에서 70년대 이후 미국 상담 분야에 NLP가 파란을 일으키고 있다는 것, 미국 뉴 올리언스New Orleans에서 개최된 ASTD(지금의 ATD)에 참가했을 때 우연히도 들어가는 세션마다 일류 최고의 기업은 인재육성의 도구로 NLP를 활용하고 있다는 테마로 진행되었다는 것. 그래서 도대체 NLP가 무엇이길래 그렇게 여기저기서 회자되는지 궁금했던 나의 호기심을 채우고 싶다는 단순하고도 원초적 욕심 때문이었다. 추가한다면 HR담당 과장으로서 회사에서 탁월한 직원으로 더 인정받고 싶은 욕망 정도였을 것이다. 이후 호주정부 후원으로 시드니대학에서 공부할 때 만난 故앤써니 그랜트Anthony Grant 교수께서는 수업시간에 NLP가 코칭엔 최고의 도구니 공부한 김에 트레이너까지 공부하라는 권유를 해 주셨다. 그 말씀의 씨앗 덕분인지 2005년엔 너무나 감사한 마음으로 잘 다니던 직장을 그만두고 뒤늦은 박사공부에 올인하게 되고, 또 산타크루즈Santa Cruz로 가서 NLP Trainer과정에 참가하며 본격적인 NLP공부의 여정을 시작하게 되었다.

　　돌아보면 NLP는 나에게 참 고마운 도구다. 모든 이에게 일반화하여 주장할 순 없지만, 분명 내게는 실존적인 도구였다. 꿈을 꾸는 것을 허용했고, 희미하고 불확실한 내일에 대한 염려를 점점 덜 하게 했으며, 타인의 시선이 기준이 되는 보여주는 삶과 멀어지게 해주었다. 10년간 잘 다니던 회사이자 나름 감사하며 만족하던 직장생활임에도 불구하고 하루 종일 공부하고 싶다는 마음의 소리에 귀를 기울일 수 있는 섬세함과 가슴 뛰는 설렘을 향해 미지로 뛰어들 수 있는 용기를 주었고, 박사공부를 마친 후 소속 없는 프리랜서로 수년간 바람처럼 생활할 때도 단단한 뿌리를 내리게 해 주었다. 비록 시간강사였지만 내가 발을 디디는 모든 곳에선 立處皆眞입처개진! 할 수 있는 힘을 주었다. 고려대, 단국대, 명지전문대, 선문대, 숙명여대, 인하대, 중앙대 캠퍼스에서 학생들과 함께하는 시간만큼은 시간강사가 아니라 담임선생님이었다.

　　이 책은 NLP를 배우고 있거나 또는 관심을 가지고 있는 분들을 위한 가이

드북이다. 1권은 제1세대 NLP의 주요 내용과 제2세대 NLP를 다루고 있다. 이어지는 2권에서는 제3세대 NLP의 주요 원리까지 다루게 된다. Logical Level을 필두로 자아정체성, 그림자, Generative Format, SOAR Model 등이 주요내용이 된다. NLP의 원리는 시리즈로 출간될 예정인데 <인간개발 총서> 시리즈의 시작을 NLP로 하는 것이다. 앞으로 NLP라는 도구 외에도 인간의 정신문명을 밝히는 인문과 천문을 주요 테마로서 이어질 것이다. 이 책 <NLP의 원리 1>은 그 작은 첫걸음이다. 물론 독자들께 부탁드리는 것은 NLP는 온몸으로 경험하고 배우는 것이므로 짧은 워크숍이라도 참석하여 경험해 보시길 권한다. NLP를 책으로 공부하는 것은 아름다운 영화를 시나리오로만 읽는 격이고, 멋진 노래의 악보만 읽는 격이기 때문이다.

지면을 빌려 많은 분들께 고마움을 전한다. 한국NLP상담학회의 산파 역할을 하신 전경숙 박사님, 김계현 교수님(서울대 명예교수)의 봉사에 감사드린다. 바른 NLP를 나누기 위해 한국상담학회 분과 한국NLP상담학회를 이끌어주신 선배 학회장 김현재 교수님(경인교대 명예교수), 신선인 교수님(대구대학교), 박정은 교수님(수원여대), 박의순 소장님(가족연구소 마음), 그리고 후임 학회장으로 봉사하시는 조석제(전 정의여고 교장) 회장님께도 감사의 말씀 전한다. 매주 함께 성찰과 묵상의 시간을 나누고 있는 <修心團수심단>의 전지영, 정희원 님을 포함한 모든 단원들, NLP훈련으로 시간과 공간을 함께 했던 <어웨이크너 포럼> 동지들께 감사한다. NLP상담학회 인증기관이자 NLPU의 한국파트너인 한국교육컨설팅코칭학회 부설 퀀텀어웨이크닝스쿨Quantum Awakening School의 최현정 대표님, 손민서 이사님께 감사한 마음 가득하다. 국내에서 최초로 열린 NLP University 인증 NLP Trainer과정을 마친 14명의 국제공인 NLP트레이너(김선진, 김수영, 김연정, 남기웅, 남미경, 박미정, 박영란, 신원학, 안재은, 양유정, 이길성, 이유정, 최현정 그리고 황지영 님)의 열정 가득한 순수한 도전에 감사드린다. 아주대학교 MBA 코칭전공 학생들의 뜨거운 열정은 이 책의 시작이 되었다. 원우들의 정진과 성장을 응원한다. <인간개발 총서> 시리즈의 출간을 흔쾌히 허락하며 출간에 아낌없는 정성을 보내준 박영스토리 노현 대표님, 박영사 안상준 대표님, 이선경 차장님, 조보나 님 그리고 책임감 있고 꼼꼼한 편집으로 책의 완성도를 높여주신 최은혜 님께도 감사한 말씀 전한다. 축제(필자는 학생들과의 소통에서 과제를 축제로 명명하고 있다)가 많다며 투덜거리면서도 정진하고 있는 아주대학교 교육학과 박사과정생들에게도 고마움을 나눈다. 마지막으로 이 책을 손에 쥐고 있는 독자들의 행운을 빈다.

2021년 봄 율곡관 연구실에서
구르는 천둥 이성엽

차례

Ⅰ NLP 이론의 배경과 전제

Ⅱ NLP의 기초 원리

Ⅲ NLP 커뮤니케이션

Ⅳ 자원개발과 목표 설정

Ⅴ 신념과 신념체계

Ⅵ 내면상태 관리를 위한 NLP 전략

Activity

NLP 이론의
배경과 전제

I

NLP의 배경과 활용분야

NLP^{Neuro Linguistic Programming}의 탄생

NLP는 1970년 중반 미국 언어학자 존 그린더John Grinder교수와 수학자이자 심리학자인 리차드 밴들러Richard Bandler가 탄생시킨 기법이다. 이들은 당시 매우 독창적이면서도 탁월한 성과를 내던 심리치유사, 게슈탈트요법의 프리츠 펄스 Fritz Perls, 가족요법의 버지니아 새티어Virginia Satir, 그리고 밀튼 에릭슨Milton H. Erickson의 활동을 면밀히 관찰하여 이들의 독특한 장점을 패턴화하고 조합하여 NLP를 탄생시켰다.

프리츠 펄스(1893~1970)는 게슈탈트 요법의 창시자로 정신과 의사였다. 형태주의 치료법으로 각광받았으며, 신체적인 각성과 경험문제에 대한 자기 책임과 정서적 경험에 초점을 맞춘 기법을 활용하였다. 버지니아 새티어(1916~1988)는 가족치료사로서 가족문제의 가장 권위 있는 경험적 접근 치료자였다. 밀튼 에릭슨(1901~1980)은 에릭소니언 최면기법으로 유명하다. 비지시적이면서도 허용적인 자기만의 독특한 최면상담기법을 개발하여 활용한 것으로 유명하다. 그레고리 베이트슨Gregory Bateson은 인류학자이자 의사소통 이론가로서 명성을 떨친 사람이다. 그는 이웃에 살던 존 그린더와 우정을 쌓으며 NLP의 이론적 토대 구축에 큰 공헌을 하였다. 존 그린더와 리차드 밴들러로 시작된 NLP는 현재 개인의 탁월성을 발휘하는 데 도움이 되는 모델링modeling 분야와 효과적인 사고방식과 소통을 촉진하는 커뮤니케이션 분야로 크게 확대 발전되고 있다.

NLP에 대한 설명들

> ### NLP
> 신경, 언어 프로그래밍의 상호작용이 우리의 의식이나 행동에 미치는
> 영향에 대한 기본적인 구조를 해명하고 그것을 응용한 것

"NLP는 두뇌를 사용하는 방법을 가르치는 방법이다"
리차드 밴들러

"NLP는 사람의 갈등을 해결하는 무한한 가능성을 가지고 있다"
Time(1983)

"남에게 영향력을 발휘하는 능력을 기르는 방법"
뉴스평론가 몰라비

"1960년대 이래 개발된 모든 커뮤니케이션을 종합한 가장 탁월한 지식(knowledge)"
Science Dugest

"사람의 행동과 생각을 재프로그램시키는 독특한 새로운 방법"
Norman Vincet

NLP의 활용

1980년대부터 NLP는 심리상담 분야만이 아니라 세일즈, 고객상담, 리더십, 커뮤니케이션, 스포츠 멘탈, 건강, 예술, 교육 등 다양한 분야에서 역동적으로 활용되고 있다. 그간 많은 존경 받는 리더, 훌륭한 관리자, 탁월한 코치/상담가, 사람을 키워내는 교육자에 이르기까지 많은 사람들이 NLP를 배운 뒤 그들의 삶이 달라졌다고 이야기한다. 예를 들어, 테니스 스타 안드레 애거시Andre Agassi는 세계 랭킹 1위에 오른 후 앤서니 로빈슨Anthony Robinson에게 NLP를 활용한 코칭을 받은 것이 큰 도움이 되었다고 했다. 정치인들도 NLP를 그들의 연설과 정치활동에 활용하는 것으로 알려졌는데 미국 대통령이었던 빌 클린턴과 버락 오바마, 전 영국 수상 토니 블레어가 대표적인 인물이다. 90년대 이후 제3세대 NLP는 코칭이라는 새로운 분야를 탄생시키는 원천이 되었다.

NLP의 효과

NLP는 우리의 삶을 풍요롭게 해주는 도구로 활용되고 있다. 그 대표적인 효과는 아래와 같다.

- Self Awareness! & Mindfulness!
  매 순간 깨어있으며 자신의 말, 행동, 생각을 알아차릴 수 있다. 자신을 객관화시켜 볼 수 있는 힘이 생기며 나아가 변화를 창조할 수 있는 상태를 창조하고 지속할 수 있는 힘을 키운다.

- Successful Relationships!
  처세나 사교술을 뛰어 넘는 영혼과 영혼의 참 만남을 실현할 수 있고, 깊고 충만한 관계 창조와 유지의 힘을 키울 수 있다.

- Power of Language!
  언어는 물론 비언어 메시지를 자유롭게 구사할 수 있다. 타인의 변화와 성장을 가져오는 매력적이고 파워풀한 질문을 던질 수 있다.

- Managing Emotions!
  삶에서 벌어진 일을 있는 그대로 보는 힘을 키운다. 나의 감정상태를 최상의 상태로 조정, 변화 또는 준비할 수 있다. 감정의 노예가 아니라 주인이 되는 하루를 보내기 시작한다.

- Outcome Focus!
  목표가 명확해진다. 원하는 상태와 목표에 집중하게 되고 창조할 수 있는 힘을 키운다.

NLP란?

NLP는 우리의 뇌가 어떻게 일을 하며, 언어가 어떻게 뇌와 상호작용을 하며, 우리 자신과 타인을 위해서 원하는 결과를 얻기 위하여 그 지식을 어떻게 활용할 것인가에 대한 모형이다.

– 로버트 딜츠Robert Dilts

NLP의 탄생 배경

왜 누구는 대인관계도 좋으면서 하는 일마다 성공하며 행복한 인생을 살까? NLP는 탁월한 성취를 이뤄내는 사람들, 남다른 변화를 창조하는 사람들의 공통적인 패턴 또는 독특한 방법을 모델링하여 사람들이 그 패턴과 방법을 활용할 수 있는 기술을 다루는 기술이다. 성공적으로 문제를 해결하고, 탁월한 성과를 만들어 내며, 스스로를 신뢰하고, 자신만의 행복감을 유지하며 사는 비결을 연구한 분야라 할 수 있다. 다시 말해 인간의 우수성을 개발하는 실천적 분야다.

NLP는 1975년 리차드 밴들러와 존 그린더가 창시한 탁월한 기술과 기법들의 집합체이며 행동모델이라 할 수 있다. 인간의 주관적 경험 구조에 대한 연구라고 정의할 수 있는 NLP는 신경neuro과 언어linguistic, 신체 사이의 상호작용에 의해 만들어진 패턴programing을 연구한다. NLP의 관점에서 보면, 이들의 상호작용은 효과적인 행동과 효과적이지 않은 행동까지 모두 만들어내며, 인간의 우수성에도 병리학 이면의 과정에도 모두 영향을 미친다. NLP의 멋진 기법들은 탁월한 상담가, 코치, 사업가, 법률가, 커뮤니케이션 분야의 전문가들에게서 보이는 탁월한 패턴을 관찰하여 만든 핵심역량모델링을 통해 개발되었다.

NLP는 지식과 가치관의 체계를 제공하는 인식론, 지식과 가치를 삶에 적용하는 과정 및 절차를 다루는 방법론, 나아가 이러한 지식과 가치의 응용에 도움이 되는 다양한 방법과 스킬을 다루는 공학이다. NLP는 신념과 행동의 상호관계를 다룬다. 사람들이 하는 행동 이면에 있는 보이지 않는 힘이 무엇을 하는지 다루고, 더욱 효과적으로 행동할 수 있도록 하는 생각의 구조로 교정할 수 있는 방법을 제공한다.

NLP는 성공적으로 (문제를 해결하여) 우수한 성과를 얻으며 행복하게 사는 비결은 무엇이며 무엇이 인간의 삶을 서로 다르게 만드는 것인지를 탐구하며, 여러 분야에서 탁월한 성취를 만들어낸 우수한 리더들은 어떻게 생각하고 느끼고 행동하는지 그들 삶의 패턴을 연구하는 분야다. 특히 NLP는 같은 환경, 같은 상황에서도 달리 나타나는 사람들은 그 생각하는 방식이 남다르고, 생각의 기준도 남다르며, 감정관리와 행동관리능력 역시 남다르다는 점에 초점을 맞춰 논의한다.

탁월함을 발휘하는 데 있어서 사람이 어떻게 생각을 하고, 감정을 불러일으키며, 행동을 하는지 또 그 상태를 어떻게 유지하고 지속시키는지는 매우 중요한 요인이 된다. 동시에 인간의 기억이나 경험이라는 것은 무엇이며, 어떻게 만들어지고, 어떻게 활용할 수 있는지는 다른 결과를 만들어 내는 데 매우 중요한 화두가 된다.

신경－언어 프로그래밍Neuro-Linguistic Programming에는 세 가지 서로 다른 과학 분야를 통합적으로 활용한다는 의미가 담겨있다. 첫째, 신경언어학 단어에서 뉴로neuro는 신경계nervous system에 관한 것이다. NLP의 많은 기법들은 신경계의 원리와 패턴을 이해하고 사용하는 것과 관련이 있다. NLP에서는 인간이 사고하고, 기억하고, 상상하는 등의 모든 인지 과정을 인간의 신경계 내에서 실행된 프로그램의 결과라고 본다. 인간의 경험은 몸의 신경계를 통해 받고 처리하는 정보의 결합 또는 통합이다. 경험적으로 이것은 세상을 보고, 느끼고, 듣고, 냄새 맡고, 맛보는 것과 관련이 있다. 따라서 몸과 마음은 분리되어 논할 수 없는 것이고, 우리의 모든 경험은 우리 각자의 몸의 기능과 상태가 다르듯 주관적이다.

둘째, 신경언어 프로그래밍은 언어학의 한 분야이기도 하다. NLP의 관점에 따르면, 언어는 어떤 면에서는 신경계의 산물이지만, 우리의 신경계 내의 활동을 자극하고 형성하기도 한다. 분명 언어란 도구는 다른 사람들의 신경계를 활성화시키거나 자극하는 중요한 방법들 중 하나다. 그러므로 효과적인 의사소통과 타인과의 상호작용에 있어 언어는 중요한 역할을 차지한다. 동물들도 상호소통을 한다는 연구가 있지만, 분명 인간이 만물의 영장이라고 주장할 수 있고, 만약 그 주장을 수용한다면 이는 언어사용 능력 덕분이라 할 수 있다. 우리는 언어를 통해 타인과 소통하며 비전, 목표 등을 나누고, 개념을 공유하며, 서로 자극하고 격려하며 함께 살아간다.

셋째, NLP에서 프로그래밍programming은 컴퓨터 프로그램 분야에서 파생했다. 인간의 학습, 기억은 물론 창의적 사고까지 프로그램화된다는 것이다. 다시 말해 NLP적 관점은 특정한 목표나 결과를 달성하기 위해 우리 뇌는 그간의 경험을 자동적으로 엮어 기능하게 하는 소위 신경언어학적인 프로그램의 기능이라는 생각에 기초한다고 본다. 이 말은 인간으로서 우리는 주체적 존재이기도 하지만, 축적된 직−간접적 경험이 만들어 낸 자동 프로그래밍의 산물이기도 하다는 것이다. 프로그램이란 말은 '습관'이라는 말로 대체할 수 있다. 우리는 어떤 문제에 대응하거나 새로운 아이디어를 만들어 낼 때 이런 프로그램에 의해 반응하거나 움직인다. 결국 우리 삶에서의 크고 작은 성공과 실패는 나의 프로그램, 즉 습관에 달려 있다.

이렇듯 NLP는 신경학, 언어학, 인지과학, 컴퓨터 프로그래밍공학, 시스템이론 등의 개념이 융합되어 만들어진 복합학문의 분야다. NLP는 여러가지 다른 종류의 과학이론과 다양한 모델이 담겨 있는 융복합의 결정체다. NLP가 가지고 있는 가치 중 하나는 다양한 학문분야의 이론을 하나의 구조로 결합시켰다는 점이다.

NLP의 다양한 기법들은 "모델링modeling"이라는 과정을 통해 만들어졌다. NLP의 일차적인 접근법은 탁월한 사람들의 효과적인 행동과 그 뒤에 있는 인지과정을 모델링하는 것이었다. 신경neuro은 언어 패턴linguistic과 비언어적 의사소통을 분석하여 작동한다. 그런 다음 이 분석의 결과를 단계별 전략이나 프로그램programming에 넣는다.

아마도 NLP의 가장 중요한 측면은 실용성을 강조하는 것일 것이다. NLP과정은 효과적인 인간 모델, 즉 탁월한 사람이 가지고 있는 가치나 구조를 기반으로 만들어진 것이기에 보통 사람들이나 경험이 없는 사람들도 그 효과를 직관적으로 인정한다.

NLP란 학문인가?

　　NLP는 실용주의적인 사고방식에 의해 만들어진 실천분야의 도구로 인간 행동, 신념, 마인드 및 의식 등 다양한 분야를 다룬다. 관념적 논의보다는 당장 무엇이 도움이 되는지, 무엇이 달라지는지, 어떻게 해결하는지에 초점을 맞춘다. 그러다 보니 이데아idea의 틀 안에 있는 닫힌 마음의 소유자들에게는 이상하거나 어렵거나 그도 아니면 우습게 보인다. 학문의 경계를 가로질러 인간의 변화와 성장을 논하는 NPL의 폭넓은 스펙트럼에 질려서 이건 내 분야가 아니라며 귀를 막고 눈을 가려버리기 일쑤다. 삶의 방편으로 너무나도 유용하게 사용되고 또한 학위나 전공에 관계없이 잘 배우고 열심히 익힌 사람은 누구나 효과적으로 활용한다는 측면에서 이론적 권위를 중시하는 교수들은 가벼운 스킬로 폄하하기도 하는 것이 현실이다. 제도권의 권위는 스스로에 갇혀 현실 세계에서 아무리 유용한 실천지식이라 하여도 쉽게 문을 열어주지 않는다. 인류의 역사만큼 오래된 소위 역술인들이 사주를 보는 것은 상담으로 인정할 수 없고, 오직 프로이트 향기 맡으며 상담으로 석사나 박사학위를 받고, 상담 자격증 들고 상담실에서 상담해야 과학이고 정통이라 믿는 자기착각은 어쩌면 그들만의 리그일지 모른다. 허나 당신 마음이 힘들 때, 불안할 때, 위로 받고 싶을 때, 혹은 확인받고 싶을 때 단 한번만 선택해야 한다면 당신은 박사학위를 소지한 상담가를 찾겠는가? 사주를 기가 막히게 잘 보지만 학위도 없는 도사를 찾겠는가? 만약 그 대답이 후자라면, 후자를 더욱 살펴보고 연구해보자는 길을 만들고 격려를 보내는 것이 마땅하지, 내 전공이 아니라고 '그건 아니고!'로 시작부터 가능성을 막아버린다면 그건 너무나 강한 자기확신으로 오히려 닫힌 사고에 빠져있는 것이거나 혹은 자신감의 부족일 것이다. 그러다 보니 대개 겸손한 마음과 열린 마음, 호기심 가득한 마음으로 경계와 구분을 짓지 않고(선입견 없이) 나아가는 사람들만이 NLP에 대한 호기심을 가지거나 그 영역에서 오랫동안 머물게 된다.

　　대학의 전공을 보라. 대개 4년제 대학에서 음악을 전공한다면 성악이나 클래식을 이야기한다. 생각해보자. 우리 국민들이 1년에 듣는 음악 중 클래식과 대중가요의 비중이 어떠한지. 트로트 경연 방송이 시청률 35%를 넘기고 700만 명이 문자투표한 것이 현실이다. 무엇이 우리를 위로하고, 무엇이 우리에게 행복을 주는가? 실제 우리의 삶에서 대중가요가 차지하는 모습을 생각해본다면, 그것이 대학 정규과정에서의 개설 유무와 관계없이 분명 클래식 음악 못지않게 소중한 분야이다. NLP 역시 마찬가지다. 비록 학위과정에서는 아직 소수의 대학에서만 개설되어 있지만, 그 효과성과 필요성은 분명 우리 삶에서 폭넓게 증명되고 있다. 이론이 없는 실제와 실천은 불안하고, 인간의 삶을 외면한 채 하는 공부를 위한 공부는 허무하다.

사실 알고보면 NLP는 인간의 행동개발, 능력향상, 생각의 유연성 강화 등을 다루는 매우 다차원의 과정이지만, 행동의 이면에 있는 정신 및 인지 과정에 대한 깊은 이해와 이를 활용하는 전략적 사고도 다루는 심도 있는 연구분야이기도 하다. 꾸준히 발전하고 있는 NLP는 개인이 가지고 있는 가능성을 발견하고 최대한 끌어낼 수 있는 도구와 방법을 제공하면서 동시에 인간의 정체성을 탐험하고, 의사소통이 일어나는 과정과 변화를 면밀히 다루며, 세상과 대상에 대한 인간의 주관적 판단에 결정적인 영향을 미치는 신념과 신념체계를 다룬다. NLP는 자아 발견, 정체성 탐색에 관해 깊은 논의를 하던 3세대 NLP를 넘어 나와 너 그리고 우리와 우주를 하나의 장field으로 보는 4세대로 넘어가고 있다. 여기선 개인의 사명을 중심으로, 나, 가족, 그룹, 지역사회에 속한 개인으로서 나와 우리를 넘어서는 인간의 선험적 경험과 물리학적 정신세계를 발견하고 이해하기 위한 틀을 제공하고 있다.

이제 NLP는 단순한 개인역량개발의 도구로 개인의 능력과 탁월함을 추구하는 것에서 그치지 않고,[1] 개인의 비전과 지혜, 나아가 사랑과 기쁨이 넘치는 지구별을 만드는 것을 논하고 있다.[2] 이러한 논의에 앞서 본질적으로 NLP에서 기준점으로 삼고 있는 두 가지 기본전제가 있다. 모든 NLP의 도구는 이 두 가지 전제를 기본으로 개발되었다.

첫째, 지도는 영토가 아니다The Map is Not the Territory. 인간으로서 우리는 결코 실제를 객관적으로 안다고 할 수 없다. 안다면 그저 주관적인 경험일 뿐이다. 우리는 우리의 감각체계를 통해 세상을 인식할 뿐, 내가 인식하는 것이 객관적으로 일반화할 수 있는 것은 아니다. 우리의 삶에 일어나는 모든 길, 흉, 화, 복은 나의 인식의 산물이지 대상이 그러한 것은 아니다. 우리는 주관적으로 우리를

---

1 20여 년 전 ASTD(지금은 ATD으로 명칭 변경됨)에 참석하면 북미와 유럽에 있는 세계 최고 기업의 인재육성도구로 NLP가 널리 활용되고 있다는 것을 수많은 선진기업의 성공사례 발표를 통해 확인할 수 있었다. 물론 지금도 NLP는 앞서가는 조직에서 리더십, 커뮤니케이션, 경력개발, 조직개발 등의 분야에 폭넓게 응용되고 있다.

2 2017년부터 (필자를 포함한)전 세계 NLP마스터의 대표들은 제4대 NLP개발을 위한 공동연구를 하고 있다.

둘러싼 삶의 현상을 현실로 경험한다. 나에게 현실이나, 실은 나에게만 현실이다.

　둘째, 인생과 '마인드mind'는 하나의 시스템적 과정이다. 우리 몸은 하나의 거대한 소우주로서 유기체이면서도 체계가 있다. 우리 사회도 마찬가지다. 모든 필요한 것들이 복잡하게 시스템적으로 구성되어 있다. 어떤 시스템 안에 또 다른 시스템이 들어가 있기도 하다. 이를 통해 하나의 거대한 생태계를 형성한다. 서로 교류하고 영향을 미친다. 나아가 온 우주적으로도 그러하다. 이러한 시스템은 서로 영향을 주며 결코 분리할 수 없다. 그러니 몸과 마음을 따로 떼어 놓고 논하기는 어렵다. 이러한 시스템은 자연적으로 균형이나 항상성의 최적의 상태를 추구한다.

　NLP에서 활용하는 모델과 다양한 기법은 '지도는 영토가 아니다', '세상 만물은 서로 영향을 미치는 하나의 커다란 시스템이다'라는 두 가지 전제를 기반으로 탄생했다.[3] 이는 NLP의 전제에서 깊게 살펴볼 것이다. 현실을 있는 그대로 객관적으로 본다는 것은 NLP의 철학관점에서 볼 땐 인간에게 불가능한 일이다. '이것은 옳아', '이것은 틀려'라는 판단과 분별을 통해서 지혜가 탄생하는 것은 쉽지 않다. NLP의 큰 목표 중 하나는 가능한 가장 풍부한 지도를 만들 수 있도록 하는 것이다. 이용 가능한 선택을 많이 만들수록 인식은 넓어지는 것이다. 탁월함은 선택권을 많이 가질 수 있는 데서 나온다.

　NLP의 특성과 기법은 다양한 유형과 수준의 현재 상태와 원하는 상태를 식별하고 정의한 다음 원하는 상태의 방향으로 효과적이고 생태적인 변화를 생성하기 위해 적절한 자원을 찾아 접근, 개발하고 적용하는 형태로 구성된다.

NLP의 발전

　NLP는 현재 연구 분야로 30년이 지나고 있으며 1970년대 중반부터 시작되어 지난 40여 년간 상당히 발전했다. 특히 2010년 NLP마스터 트레이너 과정이 생긴 이후 전 세계 NLP리더들은 1, 2, 3세대를 넘어 제4세대 NLP를 논의하고 있다.

　1세대 NLP는 효과적인 상담사 밴들러와 그린더에 의해 파생된 NIP의 원래 모델이었다. 이러한 초기의 NLP 치료사상담은 모두 일대일로 적용되었으며 개

---

3 이러한 전제는 불교계에서 말하는 '공적영지'의 개념과 상통한다고 볼 수 있다.

인에 초점을 두었다.

1세대 NLP는 상담가가 자신의 고객에게 무엇이 가장 좋았는지 알 수 있는 치료적 관계를 전제로 했다. NLP는 '다른 사람들에게 하는' 것으로 간주되었다. 이로 인해 일부 NLP 응용 프로그램은 비치료 환경에서 사용될 때 조작적인 것처럼 보였다. 1세대 도구와 기법 대부분은 모든 수준의 행동 및 기능을 해결하는 문제에 중점을 두었다.

2세대 NLP는 1980년대 중후반에 등장하기 시작했다. 현재도 그렇지만 NLP는 지속적으로 상담 치료적 맥락을 넘어 다른 이슈들을 받아들이도록 확대되고 있다. 2세대 NLP는 개인에 초점을 맞추면서도 동시에 자신과 타인과의 관계를 강조하고 협상, 판매, 교육 및 보건 등의 분야를 포함하도록 확대되었다.

NLP의 도구에는 다음과 같은 상위 수준 문제도 포함되었다. 신념, 가치 그리고 '메타 프로그램' 같은 2세대 NLP 기술은 1990년대 이후 NLP 전문가들이 개발해온 타임라인timesline, 종속 모형submodalities, 지각적 포지션과 같은 새로운 차별의 사용을 통합했다.

3세대 NLP는 1990년대 중반부터 발전해왔다. 제3세대 NLP의 적용은 생성적이고 체계적이며 정체성, 비전 및 사명과 같은 높은 단계의 주제에 중점을 두고 있다. 3세대 NLP는 전체 시스템적인 관점을 강조하여 개인과 팀뿐만 아니라 조직 및 문화 개발에까지 적용할 수 있다.

제1세대부터 제3세대 NLP에서 중점적으로 다룬 테마는 다음과 같다.

1. 두뇌에서 나오는 인지적 마음(제1세대)
2. 신체의 중심에 있는 신체적 마음(제2세대)
3. 우리의 연결과 주변의 다른 시스템과의 관계에서 오는 '장(field)'의 마음
   (제3세대)

제3세대 NLP는 이 세 가지 마음 사이의 균형이 이루는 유기적인 관계를 발전시키고 유지하기를 소망한다.[4]

제3세대 NLP는 몸과 마음의 통합적 마인드를 중심으로 자신이 이미 완전한 존재라는 것을 상기시키는 데 초점을 맞춘다. 나아가 개인과 개인의 연결, 개인과 집단의 연결됨을 장의 관점에서 살펴본다. 인간은 부단히 변화하고 성장하는 존재이며, 해결책은 언제나 문제 안에 있으며, 모든 존재는 생태학적으로 유

---

4 이 세 가지 마음은 스테판 길리건의 'triurnal mind', Walking in Two Worlds, 2004를 참조.

기적인 관계망 속에 존재한다는 관점으로 검토한다.

	1세대 NLP (70년대 중반~ 80년대 중반)	2세대 NLP (80년대 중후반~ 90년대 초반)	3세대 NLP (90년대 초중반~ 2000년대)	4세대 NLP (2010년대 이후~)
내용	치료법으로 적용	신념, 가치, 메타프로그램 등	정체성, 비전, 미션, 장(場)이론	양자물리학, 자아초월 및 영성
대상	개인(내담자)	개인(내담자 및 해당 분야 고객)	개인과 조직	모든 사람
활용분야	상담, 치료, 문제해결 (개인의 능력, 행동)	코칭, 협상, 교육, 건강, 스포츠 등	조직개발, 조직문화, 팀 역할 등	거의 모든 분야에서 활용 가능

❚NLP Practitioner and Master Practitioner 레벨 목표의 비교(NLP University 기준)

Practitioner Level Skills	Master Practitioner Level Skills
대표 시스템 및 Submodalities	Meta 프로그램
감각 기반 술어	입 패턴의 재주
접근단서	지각 위치
캘리브레이션	Patterning; Counter-Example
라포	정신 지형학
메타 모델/메타 모델 Ⅱ	메타 모델 Ⅲ
	문제 공간(전신 S.C.O.R.E)
잘 형성된 결과	메타 메시지
앵커링	신체 구문론somatic syntax
내면 상태 관리 및 운영	
	Master Practitioner Level Models
Practitioner Level Models	S.C.O.R.E 모델
T.O.T.E Model	S.O.A.R 모델
R.O.L.E Model/B.A.G.E.L	의사소통망(communication matrix)
Practitioner Level Tools	Master Practitioner Level Tools
앵커링	Time Line 타임라인
리프레이밍	spatial sorting 공간 분류
	메타 맵핑
Practitioner Level Outcome	
무의식적인 능력상태	Master Practitioner Level Outcome
생태학	의식적인 능력상태
깨어있음	유연성
발견	우아함(격조)
NLP전제 이해	Generativity 생식성(후진 양성 욕구)
	NLP전제의 활용

국내에 NLP가 소개된 것은 1990년대이며 2004년 (사)한국상담학회 내 'NLP상담학회'가 분과학회로 창립하여 학술연구와 교육활동이 본격적으로 활발해졌다. 우리나라에 NLP를 알리는 데에는 61년 유학길에 올라 미국에서 오랫동안 상담가로 활동한 후 90년대 중반에 귀국한 전경숙 박사의 노력과 헌신이 있었다. NLP가 여러 기관에서 인증되고 있으나, 가장 공신력 있는 곳으로 알려진 NLP university에서 인정하는 NLP공인전문 마스터 트레이너 및 트레이너 명단은 www.nlpu.com에 공시되어 있다.

미국 NLP University와 공동으로 NLP 국제공인 트레이너 과정이 2019년부터 2024년까지 국내에서 3회 진행되었고, NLP 인증파트너교수이자 NLP마스터 트레이너인 저자의 지도하에 1차 14명, 2차 10명, 3차 16명의 국제공인 NLP 트레이너가 국내에서 배출되었다(부록 참조).

제2-3세대 NLP를 이끌고 있는 로버트 딜츠(2005년 여름 NLP University at Santa Cruz)

NLP Master Trainer 훈련 모습(2016년 NLP University at Santa Cruz)

NLP의 특징과 전제^{presupposition}

무의식의 힘은 크다

인간의 무의식은 깊은 바다와 같다. 아직 도달하지 못한 우주다. 의식은 지금 머릿속에 떠올라 인지되는 부분이다. 무의식은 머릿속에 떠오르지 않은 영역이다. 인지영역에 있지 않다 보니 무의식을 의식하지 못할 뿐, 무의식의 힘은 막강하다. 빙산의 모습으로 또는 싹이 나는 작은 나무이지만 땅 아래 깊고 넓게 뿌리내린 모습으로 의식과 무의식의 개념을 설명하기도 하는데 그렇듯 무의식은 표현하기 힘들만큼 크고 넓게 의식을 지배한다. 계량화를 좋아하는 일각에서는 의식 영역이 1~3%, 무의식의 영역이 97~99%라고 표현하는데, 이 또한 무의식의 작용이 얼마나 중요한지를 보여주는 것이라 할 수 있다.

NLP에선 무의식을 매우 중요하게 여긴다. 우리 마음의 대부분이 무의식의 작용이다. 결정적인 행동이나 언어는 무의식에서 튀어 나온다. 이는 우리를 당황하게 하지만 진짜 우리가 누구인지 보여주는 거울이 되어 준다. 이러한 무의식은 우주와 같은 곳이라 우리의 모든 가능성이 어쩌면 무의식에 담겨 있을지 모른다. '인간은 필요한 모든 자원을 가지고 있다'라는 NLP의 전제는 인간 무의식의 긍정적 측면을 강조한 것이라 할 수 있다.

NLP에선 이러한 무의식을 길들여 가는 과정을 학습과 변화의 단계라고 명명하며 다음과 같이 개념화하고 있다.

(1) 무의식/무능력 단계

어떤 것에 대해 인지, 인식하지 못하는 단계다. 내가 모른다는 것을 모르는 단계라고 할 수 있다. 이 단계에 있는 이에게 그곳은 알 수 없는 미지의 영역이다. 이 단계에선 어떠한 감정도 일어나지 않고, 어떠한 목표도 탄생하지 않는다. 이 단계에서 벗어나기 위해 필요한 덕목은 호기심이다. 새로운 것, 미지에 대한 호기심은 인간만이 가질 수 있는 변화와 성장의 도화선이다. 아이와 같은 호기심은 기존의 틀 안에서 나올 수 있는 동력이 되며, 새로운 세상을 볼 수 있는 시작점이다.

(2) 의식/무능력 단계

모른다는 것을 아는 단계다. 어떤 것에 대한 정보는 습득했지만 자신의 지식과 지혜로 소화하지 못한 단계다. 다시 말해 머리로는 알 것 같지만 실제 해보면 구현하지 못하는 단계라고 할 수 있다. 나의 무능력한 현재 모습을 발견하는 것은 부끄러움 또는 두려움이라는 감정과 만나는 순간이기도 하다. 때로 우리는 나의 부족함을 인식하면서 동시에 타인의 시선을 의식하기 시작한다. 나의 있는 그대로의 무력한 모습을 보여주는 것은 감정을 일으킨다. 이 단계에서 필요한 것은 '용기'다. 마음속으로 외쳐보자. '누구나 처음엔 초보였다!', '아무도 나에게 관심이 없다!'. 놀랍게도 우리는 나에게 관심이 없는 타인을 의식해 시작하지 못하는 우를 범하기도 한다. 의식/무능력 단계는 '모른다는 것은 황금을 가진 것이다'는 NLP의 전제를 떠올리며 용기로 나아갈 변화의 시작점이다.

(3) 의식/능력 단계

본인이 할 수 있다는 것을 아는 단계다. 의식하고 실천할 수 있다. 하지만, 의식이 빠지면 능력도 함께 사라지는 단계다. 의식하고 신경을 써야 구현 가능하다. 앗차! 하고 집중을 놓치면 잘 되지 않는 단계다. 이는 완벽히 아는 단계라 하기 어렵다. 의식, 집중, 반복이 필요한 단계다. 모르진 않지만 안다고 하기 어려운, 못하진 않지만 한다고 말하기 어려운 단계라 할 수 있다. 의식/능력 단계에 오래 머무는 과정을 통해 다음 단계인 무의식/의식 단계로 이동한다. 얼마나 무의식/의식능력 단계로 빨리 이동하느냐는 얼마나 의식/능력 단계를 잘 보내느냐에 달려 있다. 의식/능력 단계에 오랫동안 머무는 능력이 있는 사람을 일반적으로 집중력이 높다고 이야기 한다. 매순간 의식이 살아 있는 것, 깨어 있는 것이 핵심이다. 이 단계에서 필요한 덕목은 '깡'이다. 끈기가 필요하다. 무엇이든 경지에 오르는 것은 집중하고 반복하는 것이다.

(4) 무의식/능력 단계

의식하지 않아도 구현되는 단계를 말한다. 무의식 상태에서도 해낸다. 의식하지 않아도 자동적으로 구현이 된다. NLP에선 이 단계를 '습관'의 단계, '진정한 나'를 보여주는 단계라고 명명할 수 있다. 이 단계에서 필요한 덕목은 '겸손'이다. 겸손은 누군가에게 좋은 평가를 받기 위한 태도나 처세가 아니다. 겸손은 나를 위한 것이다. 진정 낮은 마음으로 고개 숙일 수 있는 겸손은 새로운 그 무엇에 대한 호기심 발동으로 이어진다.

감성지능을 활용한다

일반적으로 지능은 도전이나 변화에 직면하여 자신의 세계와 성공적으로 상호작용하는 능력이라고 정의된다. 여기에 감성emotion이란 단어를 합성한 것이 감성지능이다. 감성지능은 감정들을 이해하고, 감정들에 대한 좋은 판단력을 가지며, 감정을 적절하게 선택함으로써 감정들과 성공적으로 상호작용하는 능력을 아우른다. 효과적인 감성지능을 개발하기 위해서는 우리 자신, 관계 맺는 타인 그리고 상호작용이 일어나는 그룹에서도 이러한 능력을 적용할 수 있다. NLP훈련은 다음과 같은 감성능력을 개발하는 것을 목표로 한다.

- 자신, 타인 그리고 그룹의 주요한 정서상태를 인식한다.
- 어려움을 만들어 낼 수 있는 공통의 정서 이면에 있는 긍정적인 의도를 이해한다.
- 자기 자신, 다른 사람, 그룹 내 어려운 정서에 보다 현명하게 대응한다.
- 자기 자신, 다른 사람, 그룹 내에서 보다 건설적인 정서(감정)을 만들어 낸다.

NLP에서 감성지능을 활용하여 코칭, 상담, 교육함에 있어서 '부정적인' 감정을 다루는 것은 그 감정이 생존 가치가 있다는 것을 인정하고 그 감정 뒤에 있는 긍정적인 의도를 찾고 이해하고 감정 반응과 관련된 긍정적 의도와 구체적인 맥락을 고려하여 행동 대안을 추가하는 것이 핵심이다. NLP의 관점에서는 감정적 반응과 관련된 행동은 감정적 반응의 근원인 이유(신념, 가치, 의도)로부터 분리되는 것을 원칙으로 한다. 감정적 반응 뒤에 숨은 의도는 그 감정의 의미나 목적이다. 예를 들어, '공포'의 긍정적인 의도는 '보호'일 수 있다. '화'의 긍정적인 의도는 '행동', 즉 '바로 시작해'의 동기일 수 있다. 일단 의도가 확인되면, 적절한 행동 선택들을 탐구하고 감정 뒤의 긍정적 의도들과 연결시킬 수 있다. 예를 들어, 사람은 화가 났을 때 감정적으로 반응하기보다, 분노의 의도를 만족시키는 다른 선택들을 배울 수 있는 것이다. 자신의 감정을 말로 표출하거나 산책을 하거나 자신의 일에 더욱 집중하는 것이 화의 긍정적 의도를 안전한 다른 전략으로 변화시킬 수 있다. 이러한 논리를 배경으로 NLP에서는 다음을 포함한 여러 핵심 역량의 개발을 다룬다.

1. 특정 감정상태가 있음을 인식하기
2. 판단, 분별없이 그 감정상태의 존재를 인정하기
3. 평정심 가득한 환경에서 정서적 상태를 유지하기
4. 감정상태를 이해하고 그 감정의 기능, 즉 긍정적 의도를 알아차리기
5. 감정상태를 다른 보완적인 감정과 연결시켜 '새로운 자원'으로 만들기
6. 긍정적 의도를 존중하여 보다 조화롭고 생산적이 되도록 정서상태를 재정의하거나 전환시키기
7. 감정상태를 더 큰 시스템에 기여할 수 있는 감정상태로 통합하기

실제와 가상을 구분하지 못하는 뇌

뇌는 착각 덩어리다. 배가 고플 때 맛있는 음식을 먹는 것을 생각하면 군침이 돌기 시작한다. 지금 내 손에 귤이 있다고 생각하고 상상으로 귤을 까 보라. 껍질을 다 벗기고 반으로 쪼갠 귤 덩어리를 입 안으로 넣는다. 그리고 입 속에서 귤을 터트리는 것을 상상해 보라. 시원한 귤 향이 입안을 가득 채우며 차가운 과즙의 느낌을 느껴보라. 군침이 돈다. 이것이 바로 뇌의 기능이다. 뇌는 현실과 상상을 구별하지 못한다. 그것이 실제이든 상상이든 같은 신경회로를 통해 처리되며 뇌의 각 기관에 정보를 전달하고 명령하기 때문이다. 무엇인가를 상상한다는 것은 뇌에게는 상상이 아니라 현실 체험이 되는 것이다. NLP는 이를 이용하여 우리는 가상체험으로 생각하지만 뇌의 입장에선 실제 경험이 되는 다양한 기법을 활용한다. 이러한 면에서 본다면, 오감을 총동원해 원하는 미래를 상

상하며 체험해 보는 것은 이미 이루어진 미래를 만드는 활동이라 할 수 있을 것
이다.

지도는 영토가 아니다

　세상을 객관적으로 본다는 것은 쉽지 않은 일이다. 사람들마다 저마다의 색
이 있는 렌즈를 끼고 있기 때문이다. 따라서 세상을 객관적으로 보기 전에 해야
할 일은 나는 어떠한 색의 렌즈를 끼고 있는가를 점검해 보는 것일지도 모른다.
임마누엘Immanuel Kant칸트가 표현하는 렌즈를 NLP에서는 프레임frame이라고 부른
다. 비행기를 타고 창 밖을 보면 밖의 풍경은 둥그런 창틀을 통해 보인다. 저마
다 자신만의 렌즈색, 자신만의 창틀을 가지고 있기에 세상을 보는 것도 렌즈색
을 통해서, 창틀을 통해서 보게 되니 내가 보는 것이 전부는 아닐 것이다. 이러
한 인식의 한계를 NLP에서는 '지도는 영토가 아니다'라는 은유로 표현한다. 실
제 영토에 있는 모든 것을 지도에 담는 것은 한계가 있다. 관광지도는 유적지를
중심으로, 주유소 지도는 주유소를 중심으로, 맛집 지도는 식당을 중심으로 그
려져 있다. 이처럼 우리의 인식은 내가 가진 지도 위에서 일어난다.

　세상을 알고 싶다면 나는 어떤 세상 지도를 가지고 있는지 점검해 봐야 한
다. 만약 소통하기에 어려운 타인이 있다면 소통의 방법이나 기술을 함양해서
다가가는 것도 좋지만 그보다 중요한 것은 서로가 가지고 있는 지도를 이해하는
것일지 모른다. 그가 바라보는 세상과 내가 바라보는 세상의 지도를 먼저 점검
하는 것, 이것이 소통의 시작점일 것이다.

사람마다 다른 표상체계

　해운대나 경포대 같은 바닷가를 한번씩은 다녀온 적이 있을 것이다. 해운대
하면 무엇이 떠오르는가? 제일 먼저 떠오르는 것은 파란 바다, 파란 하늘. 날아
다니는 하얀 갈매기, 모래사장에 바둑판처럼 펼쳐진 알록달록 파라솔들. 다양한
종류의 수영복과 튜브. 아이들의 환한 얼굴과 신나는 모습…. 허나 떠오르는 기
억은 모든 사람이 다 다를 수 있다. 처얼썩 처얼썩~ 파도소리, 끼룩 끼룩~ 갈

매기 우는 소리. 앰프를 통해 들려오는 신나는 댄스 음악, 사람들의 웃음소리, 자동차 경적소리…. 또 어떤 이에겐 모래 사장 밟을 때의 발바닥 촉감, 물속에 들어 갔을 때 온몸을 감싸는 시원한 바닷물의 느낌. 튜브를 타고 바다 위에 떠 있을 때의 감각들…. 또 다른 이에겐 짭잘한 바다냄새의 기억이 먼저 떠오를 수 있다.

같은 경험을 하더라도 각자가 가지고 있는 지도가 다르기에 보이고, 들리고, 느껴지는 것도 다르다. NLP에서는 이를 사람마다 표상체계representation system 가 다르다고 표현한다. 사람은 시각, 청각, 촉각, 후각, 미각 오감을 통해 현실을 지각한다. 특히 시각, 청각, 촉각 세 가지 감각은 사람들마다 주로 활용하는 빈도나 정도가 다르다. 그래서 만든 것이 시각의 visual, 청각의 auditory, 촉각의 kinesthetic의 첫 글자를 딴 'VAK 모델'이다. 일상생활에서 나도 모르게 빈번하게 사용하는 감각이 있다. 이를 선호표상체계라고 한다. NLP에서는 개인이 가지고 있는 선호표상체계를 긴밀한 라포rapport 형성은 물론 자원개발, 심리상담치료, 미래의 비전개발 등 상담과 코칭을 위한 다양한 NLP 기법에 녹여 사용하고 있다.

뇌는 동시에 여러 정보를 받아들이지 못한다

좋아하는 가수가 누구인가? 이 질문을 받고 내가 좋아하는 가수를 떠올리는 순간엔 오직 우리의 의식은 그 생각에만 초점을 맞춘다. 대답을 하면서 '오늘 저녁에 뭘 먹지?', '퇴근길에 차는 막힐까?'라는 다른 생각은 들어올 틈이 없다. 무의식과는 다르게 의식은 하나에 한 가지, 한 번에 하나의 정보만 파악한다. 마치 코칭된 프로그램처럼 시계열 프로세스를 따라가는 것이다. 의식은 동시에 여러 정보를 파악할 수 없기에 초점을 맞춘 쪽으로 집중하게 된다. 열심히 몰두하다 보면 윙윙 돌아가는 공기청정기 소리, 선풍기 소리는 들리지 않는다. 뭔가에 몰두하면 다른 감각이 문을 닫는다. 파푸아뉴기니의 속담에서 가져온 NLP의 전제 '나의 관심이 가는 곳에 나의 에너지가 흐르고, 나의 에너지가 흐르는 곳으로 내 인생이 간다'는 전제는 작은 주의와 관심이 얼마나 중요한지 보여준다.

말에는 힘이 있다

　　프랑스의 심리학자 에밀 쿠에Emile Coue는 아침마다 "나는 매일 매일 모든 면에서 점점 더 좋아지고 있다"라고 마음속으로 반복적으로 외치는 자기암시는 마음의 힘을 키우는 것은 물론 몸까지도 좋아진다고 주장했다. 브라이언 트레이시Brain Tracy나 NLP University에서 NLP를 배운 후 NLP를 잘 활용하여 세계적인 교육프로그램을 만든 앤서니 로빈슨도 매일 아침 거울을 보며 "나는 내가 좋다! 나는 내가 좋다! 나는 내가 정말 좋다!!"라고 외치는 것이 하루를 시작하는 루틴이라며 본인들의 성취는 이런 작은 언어활동으로 시작되었다고 이야기 한다. 길거리 노점상을 기반으로 1,000개가 넘는 프랜차이즈 토스트 가게를 일궈낸 석봉토스트의 김석봉씨도 매일 새벽 4시에 일터로 나가면서 거울을 보고 "일이 많아 바뻐, 살아 있어 기뻐, 하나뿐인 나 이뻐"라는 3뻐 다짐을 한 것이 원동력이었다고 말했다.

　　"말을 하기 전까지는 당신이 말을 지배하지만, 말을 하고 난 후에는 말이 당신을 지배할 것이다"라는 탈무드의 격언처럼 말의 힘은 강력하다. '말 한마디에 천냥 빚을 갚는다'는 속담처럼 말은 때로는 칼보다도 더 날카로울 수 있다. 무심코 내뱉은 말 한마디가 혹은 나는 기억조차도 못하는 추임새로 했던 말일지라도 누군가에겐 평생 가슴의 멍으로 남는 독이 될 수도 있다. 누군가 어려운 일을 당했을 때 "정말 어렵겠네요. 절망적인 상황이군요"라는 말보다는 "지금은 엄동설한이라 하더라도 봄은 꼭 옵니다"라는 말이 조금 낫지 않을까? 60조가 넘은 우리 세포는 우리의 말 한마디 한마디에 반응하고 있는지 모른다. 말은 상황 맥락과 함께 그 뜻이 움직이는 것이기에 NLP는 특히 언어의 힘에 주목하며 활용하고 있다.

필요한 자원은 모두 자신에게 있다

　　아프리카에서 다이아몬드 광산을 찾아 부자가 된 이들이 생겨났다. 알제리에 살고 있던 알리 하패드도 전답을 팔아 정리한 돈으로 사람들을 고용하고 다이아몬드 광산을 찾아 떠난다. 하지만 10여 년 이상 실패에 실패를 거듭하다 객사하고 만다. 세월이 지나 알리 하패드의 집을 산 사람은 그 땅 아래에서 아프리카 최대의 다이아몬드 광산을 발견한다. 알리 하패드의 이야기는 마치 마테를 링크Maeterlinck가 쓴 파랑새L'Oiseau Blue를 생각하게 한다. 위버멘쉬를 갈구하면서 인간은 불완전한 부족함 투성이라고 외치던 니체가 NLP를 배웠더라면 생각을 달리했을 것이다.

자신이 부족하다고 생각하면 자신을 채우려고 애쓴다. 명품 가방으로 치장하고, 학위로 포장하고, 유명인과의 관계로 자신을 과장하기도 한다. 물론 자신의 부족함을 아는 겸손한 마음은 내면세계를 닦아가는 여정에서 우리가 갖추어야 할 마음의 태도이다. 반대로 자신에 대한 과한 믿음은 형주성을 꼭 지키라고 한 제갈공명의 권고를 무시하고 동오군을 가볍게 여겨 형주성을 비우는 우를 범해 자신의 목숨을 내놓고 만 관우와 같은 실수를 하게 한다. 하지만 겸손과 자부심은 함께할 수 있는 덕목이며 NLP에서는 부족함을 채워나가는 인간상 대신, 이미 완전하고 온전한 존재였지만 그러한 상태를 잃어가고, 잊어가고 있다는 전제하에 원래의 완전함을 찾아가는 여정으로 마음공부의 길을 제시한다. 즉, 우리는 이미 충분한 자원을 가지고 있는데 이를 발견하지 못한 것일지도 모른다는 접근으로 바라보는 것이다. 과거의 수많은 크고 작은 성공과 실패는 내가 활용할 수 있는 자원이 될 수 있다. 이는 어떻게 바라보고 어떻게 활용하느냐의 문제다. NLP수련을 통해 자신의 경험을 지혜로 만들 수 있고, 타인의 자원을 자신의 자원으로 만들 수 있는 모델링modeling을 자유자재로 활용할 수 있다면 만나는 모든 사람이 나의 스승이 될 것이고, 내가 경험하는 모든 일들은 훌륭한 배움의 교재가 될 것이다.

TOTE 모델! 실패는 과정이며 실수는 피드백이다

실수는 새로운 배움을 창조하고, 실패는 새로운 통찰을 일으킨다. 실수와 실패조차도 자원이 될 수 있는 지혜를 NLP는 제공한다. 원하는 상태와 현재상태의 간격을 줄이기 위해 나아가면서 크고 작은 실패를 할 수 있다. 하지만 NLP에서 실패는 없다. 피드백만 있을 뿐이다. 완성도를 높이기 위해 하는 모든 날개짓은 실패가 아니라 점검test일 뿐이다. 골프 연습을 할 때 연습장에서 수십, 수백 번의 스윙을 한다. 손맛을 느끼는 타구를 보내기도 하고, 뒷땅을 치며 공을 제대로 보내지 못할 때도 있다. 모든 행위는 과정 중에 있는 것이다. 원하는 상태와 지금의 모습에 차이가 있다면 몇 번이라도 다시 하고 반복하면 된다. 이를 NLP에서는 TOTE 모델이라고 한다. 점검test, 작업operate, 점검test, 완료exit 네 글자의 앞 글자를 따서 명명한 것이다. 뉴욕 양키스의 전설적인 선수 요기베라Yogi Berra가 야구를 두고 "끝날 때까지 끝난 게 아니다!"라는 이야기를 한 것처럼, 결과가 나올 때까지 포기하지 않는다면 끝난 게 아니다. 실패는 없다.

문제는 벌어진 일이 아니라 그 일을 해석하는 마음이다

　　NLP에선 모든 사건은 가치중립적이다. 벌어진 일에는 좋다, 나쁘다가 없다. 벌어진 일에 대해 판단하고 분별하는 순간 감정이 올라온다. 따라서 나의 감정은 의식적이든 무의식적이든 나의 결정이다. 동시에 자신의 결정에 따른 책임감을 중요한 전제로 여긴다. 따라서 "당신이 나에게 아픔을 주었잖아", "그 일이 나를 힘들게 해"라는 말은 적절하지 않다. 모든 것은 나의 판단과 나의 결정이기 때문이다. 따라서 '모든 상처는 수신자부담이다'같은 흔히 하는 말도 진중하게 생각할 필요를 느낀다.

　　만약 클라이언트가 "오늘 출근했는데 회사에서 퇴직 권고를 받았습니다"라고 할 때 "어휴 힘드시겠어요"라고 코치가 반응한다면 NLP적 관점에선 적절치 않다고 본다. 그것은 코치의 에고, 코치의 불안, 코치의 그릇을 투사하는 것이다. 모든 사건은 가치중립이다. 그가 퇴사를 하는 덕분에 세계적인 벤처를 창업하는 계기가 될지, 숨기고 눌러두었던 예술적 역량을 꽃피는 계기가 되어 그 일 덕분에 시인이 되고 소설가가 되는 인생의 터닝포인트가 될지 모르는 일이다. NLP를 잘 활용하는 코치는 자신의 프레임으로 판단하고 분별하지 않는다. 당장 나에게 위험이 닥치더라도 그 안에서 기회를 볼 수 있는 힘을 키우는 것이 NLP이다.

인간은 커다란 시스템의 일부로서 서로 영향을 미치며 존재한다

　　과학의 발전은 영성으로의 접근은 물론 영성을 통한 과학으로의 접근이라는 상호 피드백을 통해 이루어지고 있다. NLP에서는 장field의 개념을 정신물리학적 관점에서 차용하여 개념을 확대하고 다양한 기법들을 개발하고 있다. 필자가 2017년 아시아의 대표 발기인으로 참여하여 지금껏 진행되고 있는 4세대 NLP의 길은 홀로그램 우주와 동시성의 원리를 고찰하고, 영성인 동시에 물성으로 나타나는 입자와 파동의 원리를 인간 마음과 정신의 이중성을 이해하는 원리로 전제하고 양자얽힘의 비국소성에 대한 고찰을 통해 살아 있는 유기체와 유기체들의 모임인 커뮤니티(나아가 우주)를 설명하는 노력을 하고 있다. 이는 우주는 부분들의 단순한 조합이 아니라 살아 움직이는 유기적 통일체이고, 우주 만물은 개별적 실체성이 있지만 동시에 전일적인 흐름holomovement의 관점에서 바라볼 때 해석 가능하다고 보기 때문이다.

생태학자 그레고리 베이트슨은 '장field'에 대해 "개인적 마음은 내재적인 것이나 내재적인 것이라고 해서 단순히 몸 안에만 있는 것이 아니라 몸 밖의 메시지와 경로에 내재되어 있다. 개인의 마음을 하위체계로 두는 더 큰 마음이 있다. 이 더 큰 마음은 신과 견줄 수 있고 아마 사람들이 신이라고 말하는 것일 수 있다. 하지만 그것은 여전히 상호 연계된 사회체계와 행성 생태계 내에 내재되어 있다"라고 이야기한다(Step to an Ecology of mind, 1972). 살아있는 유기체 또는 사회 신체는 기본 입자 또는 기본 과정의 집합체가 아니다. 아주 작은 전체 sub−sub wholes들로 구성된 통합계층 구조다. 계층 구조의 모든 수준에 있는 기능 단위는 양면으로 나타난다. 그들은 위아래로 향할 때 전체적으로 행동한다. 아서 케슬러Arthur Koestler는 'Holon'이라는 용어를 사용하여 그 자체가 전체이고 동시에 다른 전체의 일부를 지칭하는 개체로 지칭했다. 예를 들어, 전체 원자는 전체 분자의 일부이고 전체 분자는 전체 세포의 일부이고, 전체 세포는 전체 유기체의 일부이다. 이러한 개체는 모두 전체도 아니고 일부도 아니며, 전체/일부, Holon이다. 각각의 새로운 전체가 그 아래에 있는 부분을 초월하고 있다. Holarchy에서 그러한 하위 레벨이 존재하지 않는다면 그 이상의 레벨은 완전히 표현될 수 없다는 것이다. 하위 레벨은 모든 상위 레벨에게 필요한 구성요소이다. NLP는 그레고리 베이트슨의 생태학적 관점과 아서 케슬러의 홀론과 홀로아키 개념을 차용한다. 그리고 켄 윌버Ken Wilber의 통합이론까지 포괄하여 그 내용을 지금도 4세대 NLP로 확장하고 있다. 이 내용은 다음 권인 NLP의 원리 2권에서 집중적으로 다루고 있다.

(i) **Activity 001   NLP의 전제 성찰**

NLP 전제는 현재 상태보다 더 나은 상태로 프로그램을 수정하기 위한 기본적인 지침으로, NLP에 담겨 있는 철학을 이해할 수 있다. 아래는 대표적인 NLP의 전제다. 전제를 읽고 올라오는 통찰insight을 적어본다.

01   사람의 모든 행동은 내적인 변화에 대한 정보information다.

Insight

_____

_____

02   문제가 있다는 것은 기회chance를 가지는 것이다.

Insight

_____

_____

03   제한을 느끼는 것은 가능성을 알려주는 것이다.

Insight

_____

_____

04   모른다는 것은 정보를 얻는 금광이다.

Insight

_____

_____

05   인간의 행동은 그때 상황에 맞춰 익혀진 것이다.

Insight

_____

_____

06 감정의 경험은 구조가 있어서 구조가 바뀌면 경험도 바뀔 수 있다.

Insight

07 조직체의 국부(부문)에서 일어나는 일은 조직의 전체에 영향을 미친다.

Insight

08 인간의 복잡한 행동은 자르고 조각을 내봄으로써 최선의 배움이 이루어진다.

Insight

09 실수mistake는 배울 기회를 제공해준다.

Insight

10 실패는 피드백feedback이다.

Insight

11 사람은 누구나 자기에게 필요한 모든 자원을 가지고 있다.

Insight

12 어느 누군가 할 수 있다는 것은 다른 어떤 사람도 할 수 있는 것이다.

Insight

13 선택이 있는 것은 선택이 없는 것보다 우수하다.

Insight

14 사람은 어떤 환경이나 어떤 상황에서나 최선의 것을 선택한다.

Insight

15 아무도 망가진 사람은 없다Nobody is Broken.

Insight

16 융통성은 선택지를 더 많이 가진다는 것이고, 선택지를 더 많이 가진다는 것은 더 많이 컨트롤할 수 있다는 것이다.

Insight

17   의사소통은 언제나 어디서나, 의식/무의식에서 일어난다.

Insight

18   저항은 리더(코치, 상담자, 교사)의 융통성 없음inflexibility을 반영하는 것이다.

Insight

19   관심이 가는 곳에 에너지가 흐르고, 에너지가 흐르는 곳에 나의 인생이 간다.

Insight

20   자신에게 취한 사람은 타인의 심장박동 소리를 듣지 못한다.

Insight

21   모든 인간의 행동에는 긍정적인 의도가 있다.

Insight

22   인간의 내적인 상태state of mind는 시각, 청각, 촉각, 미각, 후각을 통해서 나타난다.

Insight

23 사람은 언제나 변할 수 있다.

Insight

24 지도는 영토가 아니다.

Insight

25 항시 하는 것만 하는 사람은 언제나 얻는 것만 얻는 사람이다.

Insight

26 무의식은 신뢰성이 있다.

Insight

27 뇌는 동시에 여러 정보를 받아들이지 못한다.

Insight

28 불안에서 도망칠수록 불안은 더 깊이 파고든다.

Insight

29   정신과 몸과 마음은 하나다.

Insight

----

30   자신의 세계에 갇혀 있다면 타인의 세계에 들어갈 수 없다.

Insight

----

31   풍향은 못 바꾸지만 돛을 조정할 수는 있다.

Insight

----

32   이 세상은 하나의 시스템이며, 시스템 안의 모든 것은 서로 영향을 주고 받는다.

Insight

----

33   용기란 두려움이 없는 게 아니라 두려움을 견디는 것이다.

Insight

----

34   선택은 많으면 많을수록 좋다.

Insight

----

35 뇌는 참과 거짓을 구분하지 못한다.

Insight

(i) **Activity 002   NLP 전제 개입 및 관조 훈련 ①**

01 NLP의 전제 중 현재 가장 마음에 끌리는 전제 6개를 선정한다.

02 6가지 색종이에 각각 1개의 전제를 적는다.

03 나를 중심으로 6개의 전제를 바닥에 놓는다.

04 전제 하나하나를 그 전제의 자원이 풍부하게 넘치는 영향력의 원Circle of influence으로 전제하고 개입association한다.

05 1st Position으로 돌아와 그 전제가 나에게 주는 메시지를 통찰한다.

06 모든 전제를 같은 방법으로 경험한다.

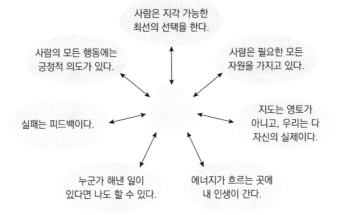

ⓘ **Activity 003   NLP 전제 개입 및 관조 훈련 ②**

01 한계를 느끼는 문제 또는 해결하기 힘든 갈등이나 한계를 느끼는 문제를 정한다.

02 그 문제를 적어 바닥에 놓는다.

03 문제의 종이를 중심으로 NLP의 전제가 적힌 종이를 원의 형태로 둘러싼다.

04 문제 공간에 올라서서 개입하여 무엇이 들리고, 느껴지는지 확인한다.

05 문제 주변의 전제 위로 올라서서 전제의 자원에 개입한다.

06 자원의 입장에서 중심에 있는 문제를 관조한다.

07 모든 자원에 개입하여 문제 상황을 관조한다.

08 각 자원의 공간에서 통찰한 자원을 가지고 문제 공간에 다시 개입한다.

09 밖으로 나와 전체를 통찰하고 성찰한다.

NLP University는 NLP를 만들고, 개발하며, 전문가를 육성하고 인증하는 기관이다. 캘리포니아대학 산타쿠르즈 캠퍼스를 활용하고 있다. NLP University가 운영되고 있는 UCSC. 몸과 마음을 단련하는 학생들의 모습이다.

미세먼지란 도통 찾아볼 수 없는 산타 크루즈 해안이 보이는 언덕 위의 캠퍼스. NLP를 구상해낸
창시자들이 새로운 도구를 창조하기에 참으로 어울리는 자연환경이다.

수많은 고라니 가족과 학교 운동장을 공유한다. 자연과 인간이 하나되는 공간에서 인류의 성장과 발전을
위한 도구가 탄생되었다.

NLP의 기초 원리

II

내면상태 관리|state management

사람의 내면상태inner state는 효과적으로 일을 하거나 타인들과 상호작용하는 데 있어서 매우 중요한 영향을 미친다. 자신의 마음을 잘 관리하는 방법을 안다는 것은 자신이 가진 능력은 물론 꿈틀거리고 있는 잠재력까지 최대한 발휘할 수 있는 상황을 만드는 방법을 아는 것이다. 뛰어난 역량을 가지고 있고 나름대로 충분한 준비를 했다고 하더라도 내면이 요동치는 상황을 맞이하면 자신의 역량을 온전하게 펼치긴 어렵고 결국 그간의 준비와 노력은 거품처럼 꺼지고 만다. 우리가 마음의 법칙을 아는 마법사(마법사: 마음 법칙을 아는 사람)가 되길 갈구하는 것은 내면의 상태를 잘 가꾸는 것이 중요하다는 것을 알고 있기 때문이다. 내면의 상태는 우리의 감정과 강하게 연결되어 있다. 내면의 상태를 효과적으로 관리한다는 것은 자신의 마음의 주인이 된다는 것이고, 감정의 노예가 아니라 감정의 주인으로 매 순간 존재할 수 있다는 말이다.

> 우리 세대의 가장 큰 혁명은 우리가 내면의 마음태도를 바꿈으로 우리 삶의 외적인 모습을 바꿀 수 있다는 것을 발견한 것이다.
>
> – 윌리엄 제임스William James

예를 들어, 스포츠 분야에서도 경기를 준비하는 운동선수들은 신체적으로 준비하는 만큼 그들의 마음상태도 준비한다. 실제 선수의 육체적 능력이 승패를 결정짓는 데 결정적인 종목이라 해도 침착하고, 편안하고, 집중할 수 있는 내면상태를 유지하는 것이 중요하다는 것은 상식이 되고 있다.

또 다른 예로, 효과적인 리더십에 대한 연구에서 "불확실성, 갈등 혹은 복잡성과 관련된 도전적인 상황에 어떻게 대처하는가?"라는 질문을 받은 리더들의 가장 대표적인 반응은 다음과 같다.

나는 내가 할 수 있는 한 많은 정보를 모은다. 가급적 다양한 관점에서 상황을 보고 관련 자료를 수집한다. 그러나 실제로 그런 상황에 처했을 때 내가 무엇을 할 것인지, 어떤 말을 할 것인지, 어떻게 반응해야 할지에 대해 생각하지 못한다. 이처럼 생각지도 못한 일이 너무 많다. 그때 내 마음에는 오직 한 가지 "어떤 마음의 상태에 있고 싶은가?"라는 생각을 떠올린다. 왜냐하면 마음의 상태가 좋지 않으면 아무리 준비를 잘 해도 고군분투할 테지만 내가 올바른 내면상태에 있으면, 내가 답을 모르더라도 영감이 올 것이기 때문이다.

*출처: NLP Practitioner Course Manual(2018), NLP University

NLP의 관점에서 볼 때, 내면상태는 모든 것의 결과에 영향을 주는, 무의식적 과정을 자극하는 정신적, 생리적 속성이 하나된 상태를 말한다. 어디에서 무엇을 하든 자신의 내면상태를 잘 관리하고 최적의 상태로 만들어두는 것을 NLP에서는 매우 중요한 조건으로 전제한다. 내면상태가 최적화되어 있다면 문제해결에 자신의 능력을 최대한 발휘할 수 있고, 새로운 환경에 적응하는 것도 용이할 수 있다. 따라서 다양한 자기관리 방법론이 있지만 그 백미는 자신의 내면상태를 잘 관리하는 것이다. NLP에서는 내면상태를 최적의 상태로 만들고 오랫동안 유지할 수 있는 다양한 전략을 다룬다. NLP의 이런 기법에 익숙해지면 삶의 결과는 분명 달라질 것이다.

몸과 마음이 다르지 않다는 NLP 2세대의 소매틱SOMATIC 학습이론의 관점에서 우리가 많은 관심을 가져야 하는 것은 몸과 신경시스템의 관계다. 우리의 내면상태는 어떤 형태로든 우리의 몸에 다양한 생리작용으로 나타난다. 우리의 내면상태는 숨길래야 숨길 수가 없다. 말, 목소리 톤, 얼굴표정, 몸의 자세, 손의 움직임 등을 통해 세상에 표현되기 때문이다[1]. 이는 이후 B.A.G.E.L 모델에서 상세하게 살펴볼 것이다.

역할이 커질수록 자신의 내면상태를 잘 관리하는 능력은 점점 더 중요해진다. 불특정 다수의 다양한 사람들을 많이 접하는 사람일수록 일정 수준 이상의 내면상태를 지속적으로 유지하는 능력이 더 크게 요구된다. 자원이 풍부한 상태로 존재하기 위해선 언제나 내면을 단정하고 고요한 상태로 유지하는 것이 중요하다. 신경학적으로 내 마음이 고요하고 평화로운 상태가 되면 다른 상태는 들어올 여지가 없다. 우리 뇌는 동시에 두 가지 감정을 소유할 수 없기 때문이다.

---

1 바디 랭귀지로 판단하는 것은 고전이다. 이젠 IT기술의 발달로 90년대 미국에서 개발된 솔트레이크연구소의 미세표정분석기 같은 경우에 1초에 여러 장의 사진을 찍어 사람의 심리상태를 포착한다.

내면상태의 선택과 관리를 위해 한 상태에서 다른 상태로 옮길 수 있는 힘을 가질 수 있는 마음의 훈련이 중요하다. 감정에 휘둘리는 삶이 아니라 감정과 마음의 주인으로서 살아가기 위해 내면상태를 지속적으로 보살피며 유지할 수 있는 것은 꼭 필요한 역량이다.

내면상태를 알아차리고 지속적으로 관찰하기

자신과 타인의 내면상태 변화를 파악하고 인식하는 능력은 의사소통과 문제해결에 큰 도움이 된다. 내면상태에 영향을 미치는 패턴과 단서에 대해 더 잘 알면 알수록, 특정 상황에 적절하게 대응할 수 있는 선택지를 우리가 더 많이 가질 수 있다. 어떤 일이든 선택할 수 있는 가능한 옵션이 많을수록 풍요로운 상황이 된다. 일단 나의 내면상태에 영향을 미치는 요소들을 알고 나면, 우리는 그것들을 분류하고 좀 더 유용하고 효과적으로 사용할 수 있게 하기 위해 그것들을 '앵커anchor'로 활용할 수 있다. NLP에서는 내면상태를 분류하고 앵커를 사용하기 위해 공간 위치, 색 부호화, 색인화, 이름표 붙이기 등의 기술을 활용한다.

내면상태를 더 잘 알아차리고 이해하기 위해, 그리고 내면상태의 '선택'과 '관리'를 위한 능력 개발을 더 잘 하기 위해, NLP의 신경학적 과정을 아는 것은 도움이 된다. NLP에는 생리적 재고, 종속 모형 재고, 감정 재고의 세 가지 방법을 다루고 있다. 생리적 재고는 몸의 자세, 몸짓, 눈 위치, 호흡 및 움직임 패턴을 인식하는 것을 포함한다. 종속 모형 재고에는 우리의 내부 감각 경험에서 가장 두드러진 감각적 종속 모형, 즉 정신 이미지의 밝기, 색상, 크기와 위치, 음색, 음성 소리의 크기와 위치, 그리고 운동 감각의 온도, 질감, 영역 등이 포함된다. 감정 재고는 우리의 감정상태를 구성하는 요소들의 상태를 고려하는 것을 포함한다.

세 가지 방법을 모두 활용할 수 있는 능력을 개발하는 것은 우리가 마음의 평화상태를 더욱 쉽게 만들고 유지할 수 있는 습관으로 이어질 뿐만 아니라 더욱더 유연한 상태로 이어질 수 있다. 이러한 능력을 잘 개발하면 우리가 원하는 모습에 도달할 수 있는 데 도움이 된다. 예를 들어, 여러분이 지금 이 글을 읽을 때, 어깨를 약간 긴장시키고 목에 힘이 들어간 채로 앉아보라. 다리를 조금 떨어도 된다. 이는 우리가 스트레스를 받을 때 취하게 되는 신체의 모습이다. 이런 자세에서 호흡은 어떠한가? 마음은 편안한가? 이 글을 읽고 몸으로 따라해보는 경험을 살짝 해보면서 생리학이 뭔지 학습하는 데 유용하다는 생각이 드는가? 지금 어디에 주의를 기울이고 있는가? 이 상태에서는 배움에 대한 어떤 믿음이 유지되는가?

이제 자세를 조금 바꿔보자. 잠시 일어났다가 다시 앉으며 균형 잡힌 편안한 자세를 찾아보라. 어깨와 목에 긴장을 풀고 몸에 주의를 보내라. 약간씩 좌우로 움직이며 최대한 온 몸의 긴장을 풀고 크게 호흡하라. 편안하게 깊은 숨을 쉬어라. 이 상태에서는 당신의 주의는 어디로 가는가? 이전의 상태와 비교했을 때 어떤 마음의 상태가 학습에 더 도움이 되는가?

이런 간단한 연습에서 느낄 수 있듯이, 비언어적 단서는 종종 내면상태를 관찰하고 알아차릴 수 있는 가장 효과적인 도구다. 인간의 생리활동과 작용은 매우 미묘한 내면상태의 변화에도 반응하고 영향을 받는다. 이러한 내면상태의 변화는 언어나 크고 작은 몸짓을 통해 자연스럽게 드러난다. 우리가 스트레스나 갈등을 경험하는 상황에서, 설령 그것을 인지하지 못하더라도 몸과 신경망은 그것을 느끼고 다양한 형태로 반응을 표현할 수 있다는 사실을 아는 것이 중요하다. 특히 자신도 모르게 자동적으로 반응하는 인간행동의 패턴이 내면상태를 표현하는 다양한 종류의 단서임을 아는 것은 지혜로운 사회활동을 위한 정보가 된다.

생리학은 사람들의 내면상태와 사고과정을 변화시킬 수 있는 강력한 지렛대 역할을 하므로 생리적 패턴과 단서를 잘 활용하는 것은 내면상태 관리에 큰 도움이 된다. 일례로 한 대형 해운사 설립자는 문제 해결에 필요한 내부 프로세스를 동원하는 데 도움을 주기 위해 신체활동을 했다고 주장했다. 어떤 문제의 경우, 문제를 다루기 위해 필요한 마음의 틀에 들어가 골프를 쳤다고 한다. 또 어떤 다른 문제는 밖으로 나가서 자전거를 타면서 문제를 해결했다고 한다. 그는 어떤 종류의 생리학을 사용할지에 대해 너무 구체적이어서, "그 문제는 골프가 아니야. 그 문제는 자전거를 타야 해"라고 말할 정도였다고 한다. 특정한 신체 활동을 조직하는 데 필요한 신경학이 다른 신경학적인 과정을 자극하고 통합한다. 자전거를 타는 것은 특정 내면상태를 활성화하고 유지하는 한 가지 방법의 예다.

여기 내면상태를 만들고 관리하는 NLP의 중요한 요법에는 다음과 같은 것이 있다.

- 관조(관찰자가 되어 자신을 객관적으로 바라보기)
- 종속 모형 활용하기

• 자원이 풍부한 기억에 대한 접근단서와 앵커링

개인의 내면상태 관리

NLP에 의해 식별된 인지 및 신체적 특징과 단서는 우리 신경계의 다른 부분을 동원하고 체계적으로 접근하는데 사용될 수 있다. NLP는 의식의 특정 내면상태를 선택하고 관리하기 위한 광범위한 도구와 기술을 제공한다. 이러한 프로세스에는 앵커링anchoring, 종속 모형기법submodality techniques, 지각적 위치perceptual positions, 신체 구문론somatic syntax, 접근단서accessing cues 및 미세행동단서micro behavioral cues 등이 사용된다.

다음은 자신의 내면상태를 더 잘 선택하고 관리하기 위한 기본적인 NLP도구의 사용법을 배우기 위한 연습이다.

ⓘ **Activity 004   내면상태 접근과 앵커링**

앵커링은 가장 적절한 내면상태를 선택하고 그렇게 만들기 위한 매우 간단하면서도 강력한 도구 중 하나다. 앵커링은 자신이 원하는 구체적인 내면상태에 대한 신호 또는 트리거를 설정하는 것이다. 다음 단계를 따라 해보라.

01   당신이 지금 또는 미래에 다시 경험하고 싶은 당신의 마음상태, 그것을 경험했던 때를 구체적으로 떠올리고 기억하라.

02   과거의 그 상태에 완전히 빠져들어간다. 그때 어떤 일이 있었는지, 어떤 상황이었는지 생생하게 마음의 눈으로 그려보고, 그때 들리던 소리를 듣고, 그때 느꼈던 그 느낌을 그대로 느껴보라. 당시 몸의 감각과 호흡을 느껴보라.

03   당시 보았던 구체적인 색상, 기호 또는 시각적 신호, 소리, 음성, 단어 또는 특정 감각을 선택해보라. 그리고 그것을 (앵커)상태의 구체적인 감각과 연합시킨다.

04   몸을 가볍게 흔들어 현재 상태를 털어내고 그 상태에 다시 접속하여 앵커한다.

05   원하는 그 내면상태에 쉽고 깨끗하게 접근할 수 있을 때까지 1~4단계를 반복한다.

내면게임^{inner Game} 능력 개발하기

지난 20여 년 동안 코칭 분야가 발전함에 따라 도전적이고 변화하는 세계에서 성공하기 위한 새로운 관점의 변화와 확대가 일어났다. 그 중 하나가 내면게임이다. 이제 코치의 가장 중요한 역할 중 하나는 클라이언트가 '내면 게임'을 잘 할 수 있도록 자신을 개발하는 것을 돕는 것이다.

'외부 게임outer game'은 행동 및 환경적 측면과 관련이 있다. 스포츠에서는 장비(라켓, 스키, 공, 신발 등)를 사용하는 것 등이 외부게임이다. 이는 대부분 신체적 측면의 성과를 높이기 위한 도구들이다. 비즈니스 환경에서 외부 게임은 다양한 경영도구를 활용하고, 핵심 업무를 수행하며, 시장에서 효과적으로 경쟁하기 위해 필요한 절차를 구현하는 것과 관련된 것들을 말한다.

'내면 게임'은 자신이 하고 있는 것에 대한 정신적, 정서적 접근 방식과 관련된 것이다. 예를 들면 마음의 태도, 자신과 팀에 대한 믿음, 실수와 압력에 효과적으로 대처하는 능력 등을 말한다. '내면 게임'은 사람들이 다양한 스포츠(테니스, 골프, 스키 등) 활동, 예술 활동, 그리고 비즈니스에서 탁월함을 얻도록 돕는 방법을 말하는데, 티모시 겔웨이Timothy Gallwey가 알린 개념이다. 그는 모든 분야, 모든 영역에서 몸의 활동 못지않게 마음의 활동이 중요하다는 것을 강조한다. 어떤 분야든 최고의 성과를 위해 육체적뿐만 아니라 정신적, 정서적으로 최상의 상태를 준비하는 것이 '내면 게임'의 본질이다.

우리는 외부 게임과 내면 게임을 모두 잘 준비하고 활용할 때 자신의 탁월성을 발휘할 수 있다. 얼마나 자신이 내면 게임을 잘 하고 있는지는 아래 몇 가지 기준으로 자가점검해 볼 수 있다.

- 잔잔한 자신감: 불안과 자기 의심의 부재
- 겸손한 권위: 오만하지 않은 자부심
- 실패에 대한 두려움 없음 또는 당신의 목표 달성이 가능하다는 확실한 의식
- 아름답고 탁월한 수행에 초점, 몸의 편안한 준비상태와 마음속의 넓은 공

　간감

- 성과는 애쓰거나 집착하지 않아도 온다는 자연스러운 믿음

　이러한 상태가 아닌 경우, 즉 긴장하거나, 자신감이 사라지거나, 에너지가 낮아지거나, 겁이 나거나, 스트레스가 심해진다면 내면 게임을 위한 훈련이 필요하다는 신호다. 대개 우리 내면의 한계는 우리 행동의 한계로 이어진다. 그것이 컴퓨터를 다루는 일이든, 세일즈이든, 운동이든 실질적으로 몸을 가지고 하는 훈련은 외부 게임에서 기술을 익히고 숙련도를 높여 그것을 '근육 기억' 속에 넣는 것이다. 이런 경우 게임 중에 그것을 생각할 필요가 없다. 무의식적 능력상태로 수행하기 때문이다. 이런 신체훈련과 마찬가지로, 무의식적 능력상태에 이를 수 있도록 반복하는 '마음 훈련'은 마음의 근육을 강화하는 것으로 내면 게임의 향상에 도움이 된다.

현존現存, presence의 힘

　지금/여기에 오롯이 머물 수 있는 '현존'은 내면 게임이 핵심이다. 이는 외부 상황에 휘둘리지 않고 자기답게 존재하는 것이고, 주의와 관심이 지금 이 순간 바로 여기에 머물러 있는 것이다. 이러한 현존의 힘은 존재감으로 주변에 전달된다. 나아가 현존할 수 있는 힘은 사람들과 효과적으로 관계를 맺고 유지할 수 있도록 해주는 매우 주요한 자원이다. 코치, 교사, 리더 등 타인과의 효과적인 상호작용을 해야 한다면 대인관계기술이나 처세술을 익히기에 앞서 우선적으로 갖춰야 할 역량이다.

　현존할 수 있는 능력, 즉 현존의 질은 우리가 행복할 수 있는 능력, 삶을 즐길 수 있는 능력, 타인과 협업할 수 있는 능력, 나아가 다른 사람의 성장과 변화에 기여하는 데 있어 '차이를 만드는 차이'이다. 현존함은 얼마나 가슴 뛰는 하루하루를 살아가는지, 타인과 잘 교류하는지, 얼마나 감사할 줄 아는지, 그리고 얼마나 유연하게 사고하고 판단할 수 있는지를 결정짓는다. 우리가 현존하지 못하는 경우 타인과 분리되는 느낌을 받으며, 공허한 마음과 무력감을 느끼게 된다. 열심히 살지만 목표를 향해 나아가는 데만 집착해 지금 여기의 감사와 기쁨을 간과하기 십상이다.

변형주의 대가인 리차드 모스Richard Moss는 나와 타인과의 거리는 나와 나 스스로의 거리와 같다고 설명한다. 이것은 우리가 나의 내면과 어떻게 관계 맺는지가 다른 사람이나 우리 주변 세상과의 관계를 반영한다는 것이다. 지구별에 살면서 만나게 되는 타인 및 외부 세상과의 관계의 질은, 자기 자신과의 관계, 즉 우리가 나를 만나고, 받아들이고, 유지하고 사랑하는 방법을 얼마나 잘 하는가에 달려있다고 해도 과언이 아니다. 내가 나를 만날 수 있어야, 타인도 만날 수 있는 것이다. 우리는 자신과 만날 수 있을 때 그리고 그런 존재들이 만날 때 상호공경, 존중, 공감, 관심, 진정성 그리고 즐거움이 나눠지게 된다. 결국 마법사의 모든 것은 내면 게임으로 시작해서 내면 게임으로 끝난다고 해도 과언이 아니다.

현존과 신체

우리가 현존할 때, 우리는 우리 몸에 거주할 수 있다. 몸에 대한 민감성이 높아진다. 현존하는 시간동안 우리의 인식 중 일부는 신체에 있다. 몸과 마음이 다르지 않다는 NLP의 전제처럼 우리의 신체는 현재에 살고 숨 쉬고 있다. 때문에, 우리가 현존의 단계에 있을 때, 우리의 인식 중 일부는 몸에 자연스럽게 주의를 기울인다. 현존의 순간이라 하더라도 우리의 주의와 관심이 현재 하고 있는 일, 지적 활동, 함께 있는 사람 또는 우리가 집중하기를 원하는 부분에 쏠릴 수도 있지만, 우리의 알아차림awareness이 우리의 몸과 영원히 변하는 우주의 상태에 동시에 뿌리를 두고 있을 수만 있다면, 우리는 우리가 하고 있는 경험을 풍요롭게 만드는 모든 것이 담겨 있는 정보의 창고[2]에 접근이 가능하다. 우리가 어떤 사람을 '몸의 감각에 둔감하다'고 말하는 것은 이러한 풍요로운 일련의 감각적 경험에 대한 접근의 부재를 말한다. 잡념이 올라온다는 것은 우리의 집중이 현존상태에서 벗어났다는 것을 말한다. 현존을 벗어난 상태는 다양한 형태의 육체적 그리고 감정적 징후로 나타난다. 얕고 빠른 호흡, 빨리 말하기, 어깨, 목 그리고 얼굴의 긴장과 같은 모습으로 드러나는 긴장 즉 스트레스 생태가 그 예다. 반대로, 현존의 상태는 현재 상황과 잘 어우러져 있는 것으로 나타난다. 편

---

2 이런 정보의 창고를 아카식레코드, 순수의식, 공적영지, 슈퍼의식 등 다양한 용어로 지구별에서 사용되고 있다. 우리가 고요한 선정에 들게 되면 만나는 것은 더 큰 상위의 자아다.

안하고 깊게 숨을 쉬고 평화와 생명의 상태를 향한 감정의 경험을 포함한다. 우리의 몸이 편안할 때 감정은 긍정적으로 변화하고 생각은 고요해진다.

우리의 현존상태를 유지하는 다양한 방법 중 하나는 우리 몸의 주인master이 되는 것이다. 우리 몸에 대해 알아차리는 힘을 키우고 개발하는 방법에는 여러 가지가 있다. 일상생활의 잔잔한 활동 속에서도 몸의 미묘한 느낌이나 반응을 인식하는 것은 중요하다. 우리 몸은 이러한 간단하지만 깊이 변화시킬 수 있는 삶의 일상적인 활동들을 통해 알아차림과 현존의 기회를 제공한다.

몸의 자세

검도나 요가, 혹은 몸의 자세와 움직임에 대한 공부를 한 사람들은 우리의 몸 자세와 움직임의 방법이 우리의 내적 생명을 반영한다는 것을 알 것이다. 무술이나 요가를 배운 사람이나 신체의 구조와 운동(카이로 프라틱chiropractic, 알렉산더 테크닉Alexander technique, 휄든크라이스Feldenkrais 등)에 초점을 둔 신체 활동을 경험해 본 사람은 우리의 신체 자세와 움직임이 우리의 내면 세계의 반영이라는 것을 경험해 보았을 것이다. 동시에 역으로 신체 자각을 실천함으로써 우리의 내면상태에 영향을 줄 수 있다는 것 또한 경험해 보았을 것이다. 필자 역시 30여 년 전 검도 훈련을 하면서 몸을 단련하는 과정이 마음상태를 단련하는 과정임을 온몸으로 깨달은 경험을 한 적이 있다. 여러분은 어떤 경험이 있는가?

이런 측면에서, 우리가 보다 더 현존하기 위해 배워야 하는 것은 몸의 자세에 대한 자각의 힘을 개발하는 것이다. 몸에 귀를 기울이고, 몸의 소리를 듣는 것. 이것이 현존을 위한 중요한 훈련이다. 꾸준한 노력을 한다면 어느 순간 우리는 몸에 주의를 보내고 더욱 집중할 수 있으며 자신의 몸을 통해 마음의 상태를 알 수 있게 된다. 몸에 집중한다는 것은 우리의 현재 상황에 집중하게 만드는 것이며 잡념의 상태에서 벗어나 현존의 상태에 머물 수 있도록 도와준다. 몸에 대한 집중을 통해 우리는 얼마나 필요하지 않는 긴장을 하고 있는지 인식하게 되고, 불필요하게 많은 에너지를 엉뚱한 곳에 쏟고 있다는 것을 깨닫게 된다.

어쩌면 현대인에게 필요한 것은 휴식이 아니라 이완일지 모른다. 진정한 휴식은 이완이 전제되는 것이다. 안타깝게도 우리는 휴식을 사업하듯 계획하고 일하듯이 쉬다 보니 휴가를 마친 후 피곤한 몸을 달래기 위해 다시 휴식이 필요하

다고 외치는 삶을 살고 있다. 우리에게 진정 필요한 것은 이완할 수 있는 능력
이다. 완전한 이완은 몸의 재생을 넘어 마음의 재탄생을 촉진시킨다. 리차드 러
드Richard Rudd의 유전자 키Gene Keys를 묵상하며 훈련하다가 개별적 훈련보다는 함
께 나누는 훈련의 필요성을 느껴 결성한 '진키 코리아 네트워크' 1기 단체훈련
당시 훈련 파트너였던 약사이자 명상교수인 유하진 선생은 부신기능의 저하 때
문에 고생하는 나에게 '부신만 건드려서는 안 된다. 뇌하수체와 시상하부의 작
용이 중요하다. 오감을 충분히 활용해야 한다. 특히 시상하부와 관계없이 바로
뇌로 들어가는 맛과 향기에 대한 민감성을 키우라'는 사랑 가득한 충고를 해주
었다. 특히 향기는 몸에 영향을 미치고, 결국 마음에까지 다다른다는 것이었다.
그렇다. 우리의 몸과 마음은 강력하게 하나로 연결되어 있는 것이다. 2세대 NLP
에서는 이러한 소매틱 러닝SOMATIC Learning인 '몸 학습'을 특히 강조한다. 몸에 대
한 민감성이 우리에게 필요하다. NLP에서는 조용히 이완하면서 상상으로 이렇
게 자신의 몸을 방문하는 훈련을 오랫동안 강조해왔다. 만약 바디스캔훈련 등에
익숙하다면 그와 유사하게 이해해도 좋다.

　　자, 이 글을 읽고 있는 당신의 자세를 인식하라. 당신의 몸을 방문하는 시
간을 가져라. 어깨, 목, 얼굴, 척추, 배, 가슴, 엉덩이 그리고 당신의 주의를 부르
는 신체 부위에 집중해보라. 과도한 긴장(특히 목이나 어깨)이나 활력의 결핍(가슴
이 내려 앉아 어깨가 둥글게 말리는 모습)이 있는 곳을 느껴라. 몸이 가급적 유연해
지고 부드러워질 수 있는 자세를 취하라. 긴장하거나 위축된 몸의 그 부위를 풀
기 위해 경직된 그 부위를 통해 숨을 내쉬어라. 에너지가 부족한 부분이 느껴지
면 그곳에 호흡을 통해 숨을 불어넣어 에너지를 채워라. 아무것도 하지 말고, 대
신 당신의 몸이 당신의 관심이 이끄는 대로 보다 충만하고 균형된 상태로 갈 수
있도록 하라.

　　가슴을 들어 올리고 펴는 것을 상상해 보는 것도 도움이 될 수 있다. 가슴
부위가 열리는 것을 느낄 때 가슴의 중심을 위쪽으로 움직인다. 동시에 척추가
길어지는 것을 상상해본다. 머리 꼭대기에 끈이 달려있어 머리가 부드럽게 위쪽
으로 당겨지는 것을 느낀다. 머리가 자유롭다고 생각하고 목의 뒷부분이 느껴지
고 턱이 약간 아래쪽으로 오게 된다. 척추가 두개골과 만나는 후두부 관절에서
자유를 느껴본다. 척추 사이의 공간을 상상해본다. 척추가 바닥으로 내려 가면
서 탄탄하게 쭉 뻗어 길어지는 것처럼 척추 바닥에서 천골과 미저골(꼬리뼈)이
바닥으로 쭈욱 뻗어 있다고 상상해본다. 이것은 골반 부위의 허리와 전체 이완

상태에서 길어지는 느낌을 가질 수 있도록 해 준다. 척추기립근이 땅 속 깊이 뿌리처럼 더 깊고 깊게 퍼져 나가는 것을 상상해본다. 이 작업을 할 때 중요한 것은 아무것도 하지 말고 계속해서 몸에 있는 감각을 인식하는 데 초점을 맞춘다. 준비가 되면 몸 상태에 대한 인식을 유지하면서 자신이 하고 있는 일에 주의를 기울인다.

호흡

운동 중의 으뜸은 숨 쉬기 운동이다. 의식을 높이기 위한 많은 전통적인 접근법 중에 호흡에 기반한 수련이 포함되어 있다는 것은 그리 놀랄 일이 아니다. 호흡은 열 달간 머물러 있던 엄마 뱃속에서 나와 처음으로 숨을 들이 쉬는 순간부터 죽음에 이르러 마지막으로 숨을 쉬는 순간까지 계속된다. 호흡은 항상 현재의 순간에 일어나고 있으며, 따라서 우리의 인식을 현재로 가져오는 훌륭한 앵커라 할 수 있다. 죽음이란 호흡이 멈추고 지속되지 않는 것을 말한다. 그러니 숨을 쉬는 것은 삶을 사는 것이다. 숨을 잘 쉬면, 쉼을 잘 할 수 있고, 숨과 쉼이 잘 어우러지면 삶을 잘 사는 것이다. 그만큼 숨 쉬는 것은 소중한 활동이다. 대부분의 사람들이 '무의식적-능력' 단계에 올라가 있기에 숨 쉬고 있음을 잊고 산다. 이제 천둥과 함께 판도라의 상자를 열었으니 그저 숨 쉬는 것이 아니라, 잘 숨 쉬는 것을 배워야 한다. 잘못 숨 쉬는 '무의식적-능력'상태를 해제하고, 잘 숨 쉬는 '무의식적-능력'상태를 구축해야 한다. 새로운 습관을 창조해야 한다는 말이다.

우리의 주의를 호흡의 움직임으로 옮기기 위해 하는 단 몇 초간의 호흡은 잡다한 사념에서 우리를 해방시키고 몸을 조금씩 이완시킬 것이며, 현재 하고 있는 것보다 더 많은 존재감과 자원을 가지고 무엇을 하든지 계속할 수 있게 만들 것이다. 물론 초기엔 아니 한동안은 호흡에 주의를 보내는 의식적인 순간을 제외하곤 금세 잡념의 세계로 빠지는 경험을 지속적으로 할 수 있다. 하지만 괜찮다. 옆길로 샌 것을 알아차리는 순간 바로 호흡으로 돌아오면 된다.

잠시 시간을 내어 호흡에 주의를 기울어보자. 콧구멍으로 들숨과 날숨을 반복하며 공기가 들어오고 나가는 것을 느껴보라. 들숨에 공기가 들어오며 몸이 확장되는 것을 느껴본다. 콧구멍이나 입을 통해 공기를 내보낼 때 호흡으로 인해 근육 긴장이 풀어지는 것을 느껴본다. 어떤 나만의 리듬이 자연스럽게 생기고 호기심이 생기면 호흡이 몸통에서 만들어지는 것을 느껴보자. 내면의 상태가 바뀔 때까지 호흡에 주의를 기울인다. 준비가 되었다면 내면의 상태가 변할 때까지 호흡에 주의를 기울인다. 기분이 좋으면 자신이 한 일로 관심을 돌리고 호흡에 의식의 일부를 남겨 둔다. 호흡에 잠시 동안 관심을 기울이는 데 저항(조급함, 좌절감, 회의적인 생각, 미루고 싶은 마음 등)이 있다면 재빨리 알아차린다. 내면의 저항이 이 활동을 방해할 수도 있지만, 다시 원래대로 돌아올 것이라고 자신을 차분히 격려하며 반복한다.

당신의 호흡과 몸에 집중할 때 내면상태에 어떤 변화가 만들어지는지 관찰하라.

4·4·4·4호흡을 통한 현존

호흡은 우리가 우주와 숨을 주고받는 환경에서 가장 중요한 연결고리다. 우리는 세상에게 호흡을 통해 우리의 영감을 주고 있다. 그리고 우리는 호흡을 통해 세상으로부터 영감을 받고 있다.

NLP에서는 내면을 다듬는 기초호흡으로 4 Square breathing을 활용한다. 방법은 다음과 같다. 아래의 지시를 따라 해보라.

1. 넷을 세면서 숨을 내쉰다(내뱉을 때 완전히 내뱉는다).
2. 넷을 세면서 숨을 멈춘다.
3. 넷을 세면서 숨을 들이마신다(잘 내뱉으면 마시는 것은 자연스럽게 된다).
4. 넷을 세면서 숨을 멈춘다.
5. 반복

들숨과 날숨이 같은 리듬이면 되고, 호흡은 가급적 코로만 한다. 어려운 경우라 하더라도 들숨은 가급적 코로 한다. 호흡하면서 숨 쉬는 속도가 달라질 때 그 차이를 알아차린다. 당신의 호흡이 몸에서 어디로 가는지, 폐를 통해 가는지, 팔 아래에서 혹은 등 뒤에서 가는지 주목하라. 당신의 호흡이 가는 대로 따라가 보라.

이는 명상의 한 방법이긴 하지만 NLP에서는 '호흡을 통한 내면상태관리'라고 이야기하며 4·4·4·4호흡법이라고 한다. 하루 세번 매회 15분씩 실천을 권한다.

03

탁월함의 원 the circle of excellence

탁월함의 원은 NLP의 창시자인 존 그린더John Grinder와 현재 NLP University의 공동 리더인 주디 딜로지어Judith DeLozier가 함께 만든 NLP의 매우 기초적인 기법이다. 방법은 사람들이 최적의 성능인 상태에 앵커하는 것이며, 목적은 이 공간 앵커를 통해 최적의 성과를 내는 상태에 언제든 접근할 수 있도록 자원을 풍부하게 하는 것이다. 탁월함의 원은 1) 효과적인 상태를 위한 자신의 내적, 행동적 단서에 대한 무엇인가를 발견하는 것 2) 그 상태에 더 쉽게 접근할 수 있도록 내부 앵커를 만드는 것 3) 다른 사람의 성공 요인을 보다 효과적으로 관찰하고 읽는 법을 배우는 것이다.

ⓘ Activity 005 　탁월함의 원 연습

다음을 따라하며 몸으로 배워본다.
앵커링은 가장 적절한 내면상태를 선택하여 그 상태를 만들기 위한 매우 간단하면서도 강력한 도구 중 하나다. 앵커링은 자신이 원하는 구체적인 내면상태에 대한 신호 또는 트리거를 설정하는 것이다. 다음 단계를 따라 해보라.

01　더 자주 경험하고 싶은 자원이 풍부한 상태(예: 가장 열정 넘치던 순간)를 선택한다.

02　그러한 상태를 완전히 경험했던 구체적인 시간과 장소를 파악한다.

03　당신 앞에 원이 하나 있다고 상상하라. 그리고 위에서 선택한 상태와 연관된 원의 구체적인 색깔, 상징 또는 다른 시각적 단서나 소리를 찾아 선택하여 오감을 총동원하여 상상하라.

04　준비가 되면 원 안으로 들어간다. 완전하게 자원이 풍부한 상태에 들어간다. 오감을 총동원하여 자원이 풍부한 상태에 완전히 개입한다. 그 상태를 자신의 눈을 통해 보고, 자신의 귀를 통해 듣고, 온몸의 감각으로 느끼고, 당시의 호흡까지 그대로 느낀다.

05 당신의 주의를 내면으로 집중하고 내적 선호표상, 종속 모형의 특징, 호흡 패턴, 근육의 긴장 등을 알아차릴 수 있도록 당신의 내면에 완전한 주의를 보낸다.

06 모든 내적 선호표상(시각, 소리, 느낌, 움직임, 후각, 미각 등)을 포함하여 그 상태와 연합된 모든 종속 모형(색, 움직임, 밝기 등)을 강화시키고 확대하여 그 상태에서의 경험을 강하게 유지시킨다.

07 원 밖으로 물러나며 그 상태에서 떨어져 나온다.

08 다시 원 안으로 걸어 들어가 얼마나 빠르고 완전하게 그 자원이 풍부한 상태에 다시 들어갈 수 있는지 '탁월함의 원'의 작동을 점검한다.

09 그 자원이 풍부한 상태에 쉽고 깨끗하게 들어갈 수 있을 때까지 1~7단계를 반복한다.

10 나의 일상에서 이 상태를 유지하고자 하는 몇 가지 상황을 선택한다. 당신이 각각의 상황에 방금 작업한 '탁월함의 원'을 활용하여 언제나 자원이 풍부한 상태를 유지한다는 당신의 미래 경험을 미리 경험future pace할 수 있다고 상상해보라.

탁월함의 원을 사용하면 우리는 자신에게 가장 적합한 최적의 수행을 위한 몸과 마음의 상태를 발견할 수 있다. 이는 나아가 코치, 상담가, 교사로서 타인의 내적 상태를 인식하고 관리하는 측면에서 도움이 되고 가치가 있는 다양한 단서들의 유형에 대한 인식 개발에 도움이 된다.

아주 미묘한 행동도 수행과 성과에 차이를 만들 수 있다. 만약 우리가 이러한 단서들 중 일부를 찾을 수 있다면, 좀 더 의식적이고 의도적인 방법으로 나와 타인이 필요한 경우 그 상태에 다시 들어가도록 도울 수 있다.

물론, 몇몇 단서들은 특이할 수 있다. 모든 단서는 사람마다 다르며 그 사람의 고유함이다. 또한 어떤 단서들은 대부분의 사람들도 가지고 있는 것일 수도 있다. 특정한 신체 자세, 제스처 등이 그러하다. 물론 같은 동작이라 하더라도 사회 문화적인 차이로 인해 다른 의미가 담길 수도 있지만 그 단서가 표정, 몸짓, 목소리 톤 어떤 것이든 마음의 상태와 함께 움직인다는 것이다.

자신의 개인적인 수행과 성과에 있어서 중요한 것은 메타인지능력을 개발하는 것이다. 자신이 가지고 있는 자신만의 독특한 단서에 대한 인식을 개발하는 것은 효과적인 수행을 하는 데 도움이 된다. 이러한 단서를 정확히 아는 것은 필요할 때 언제든 활용할 수 있는 도구를 가지는 것이다. 자신이 자신의 능력을 최대한 발휘하는 최고조의 상황에서의 생리상태와 마음상태를 정확히 알고 있고, 그 상태로 언제든 들어갈 수 있는 준비를 한다는 것은 엄청난 자원을 가지게 되는 것으로 무엇이든 마음먹은 대로 되게 하는 최적의 준비를 하는 것이다.

　　보통 사람들은 자신이 생각하고 느끼는 방식대로 다른 사람들도 생각하고 느낄 것이라고 생각한다. 또 사람들의 특정 행동 단서가 모든 사람들에게 같은 것을 의미한다고 쉽게 생각하기도 한다. 허나 이는 대개 사람들 사이에 오해나 갈등을 만드는 단서가 된다. 사람들의 생김새가 다르듯 우리는 모두 각자의 독특한 행동 단서들을 가지고 있다. 이를 민감하게 알아차리고 활용할 수 있는 능력은 자신의 내면 갈등은 물론 타인과의 긍정적이지 않는 에너지 소모를 막아주는 중요한 역량이다.

마음으로 만든 '탁월함의 원'에 들어가기

ⓘ **Activity 006 내면 속 '탁월성의 원' 발견하기**

앞에서 본 '탁월함의 원'은 물리적으로 공간을 가상으로 만들어 몸을 움직이면서 활용하지만, 마음으로 상상훈련을 할 수도 있다.

01 편안한 자세로 앉는다. 엉덩이를 바닥에 단단히 대고, 꼬리뼈가 닿는 것을 느낀다. 척추를 곧게 펴서 몸을 수직으로 만든다. 배를 통해 규칙적인 호흡을 한다. 배꼽 아래까지 숨을 들이마시고 내쉰다. 가슴에서 일어나는 짧은 호흡은 대체로 스트레스가 높을 때 나타난다.

02 발바닥에 주의를 보낸다. 나의 마음을 발바닥 밑에 둔다. 발바닥에서 느껴지는 감각에 집중한다. 발뒤꿈치, 발가락, 발가락 사이, 발등, 발목으로 이어지는 공간들을 느껴본다.

03 자신의 발을 통해 온 몸의 무게를 느껴본다. 의식을 발에서 시작해 다리, 무릎, 허벅지, 골반으로 올려 보낸다. 배의 중심을 알아차리고 깊게 숨을 쉬며 "나는 여기 있다", "나는 존재한다", "나는 중심에 있다"라고 말해본다.

04 계속해서 하체에 주의를 보내면서 차차 위로 올린다. 배, 폐, 가슴으로 의식을 확장한다. 가슴의 중심에 의식을 놓고 호흡하며 "나는 열리고 있다", "나는 열려 있다"라고 말한다.

05 어깨, 팔뚝, 팔꿈치, 팔, 손목, 손, 손가락, 그리고 목, 얼굴로 주의를 보내며 의식을 확장한다. 머릿속에 모든 감각과 느낌을 담는다. 눈, 귀, 코, 입, 혀, 머리 뒤의 두개골, 뇌 그리고 몸의 중심을 의식한다. 머리로 숨을 쉬고 산소와 에너지를 가져와서 말한다. "나는 깨어 있다", "나는 알고 있다", "나는 깨어 있고 명료하다."

06 발에서 시작하여 몸의 중심이 되는 세 곳인 배꼽, 심장 머리를 모두 포함하여 몸 전체의 감각을 유지하면서 내가 있는 공간을 인식한다. 머리 위 하늘까지 거리의 모든 공간, 내 몸의 왼쪽방향의 모든 공간, 오른쪽 모든 공간, 뒤에 있는 모든 공간. 이 공간과 나의 발, 다리, 배, 심장, 머리 그리고 주변 환경과 장Field 간에 깊은 관계를 느껴본다. 나와 내 주위를 둘러싸고 있는 방대함을 넘어서는 무한의 에너지 자원을 알아차리고 "나는 연결되어 있다", "나는 연결되어 있다", "나는 연결되어 있다"라고 세 번 말한다. 이때 오감을 총동원해 연결되어 있음을 상상하고 느낀다.

당신 내면의 탁월성의 존에 있는 이 COACH상태를 매일 느낄 수 있도록 실천하면, 언제나 침착하고 명료하게 점점 더 많은 자원의 경험을 가질 수 있다. 이 상태에서 우리는 두려움, 분노, 슬픔 등과 같은 불안한 에너지 뿐만 아니라 자신의 힘, 지능 및 지혜 등 모든 자원을 사용할 수 있다.

코치(COACH) 상태와
붕괴(CRASH) 상태

로버트 딜츠Robert Dilts는 CRASH와 COACH라는 단어로 바람직하지 못한 코치의 내면상태와 바람직한 코치의 내면상태를 정의한다.

Contraction 수축
Reactivity 반응
Analysis Paralysis 분석 불능(마비상태)
Separation 분리
Hurting and Hating(hostility) 상처 및
증오(적대성)

Center. 중심잡기
Open. 마음열기
Attend. 집중하기
Connect. 더 큰 시스템에 연결하기
Hold. 이런 상태를 유지하기

출처: 실리콘 밸리의 최고 기업은 어떻게 협업하는가, pp.14-15. 박영스토리

필자는 소위 C.O.A.C.H.체조를 통해 코치들이 COACH상태를 유지하도록 권한다. 삶에서 움직이면서 균형을 유지하는 것이 어렵지 않지만 격동의 시기에도 평형을 잘 유지하기 위해서는 '근육 속의 피와 살'이 될 때까지 COACH의 자질을 키우는 것은 NLP코치가 지속해야 하는 훈련 중 하나임에 틀림없다. 코치체조의 자세한 설명은 학습영상을 참고하면 된다.

ⓘ **Activity 007   코치체조 연습**

다음 사이트를 방문하여 COACH 체조 훈련 강좌(20분)를 시청하고 COACH체조를 연습해
보자.
https://vimeo.com/443830180

05

표상체계^{representation system}

표상체계^{representation system}

사람은 자신의 오감 중 하나를 다른 감각보다 중시하거나 빈번하게 사용하는 경향이 있다. 자신이 경험하는 주관적 세계를 내적으로 정리할 때 주로 사용하는 감각이다. 즉, 누구나 내적 경험을 할 때 시각, 청각, 촉각을 통하여 경험을 하고 그것을 언어로 표현할 때 사용하는 단어들을 살펴보면 어느 하나의 표상을 선호하는 의사소통을 하는 경우가 많은데, 이를 NLP에서는 '선호표상체계^{primary/preferred representational system}'라고 명명한다.

개인의 현재 경험은 각각의 감각, 즉 '표상체계'의 조합으로 구성된다. 이러한 감각은 크게 시각^{visual}, 청각^{auditory}, 촉각^{kinesthetic}, 미각^{gustatory} 그리고 후각^{olfactory}까지 다섯 가지로 구분한다. 이러한 오감은 그 사람의 타고난 특성과 성장 과정의 영향을 받아 발달되면서 표상체계가 만들어진다. 사람은 이 다섯가지 감각을 통해 타인을 포함한 세상과 소통한다. 표상체계^{Representational System}는 어떤 정보를 인출하는 과정이나 감각을 통해 기억을 회상할 때 그림으로 보거나(V), 소리로 듣거나(A), 촉감으로 느끼는(K) 것이 무의식에서 이루어지는 것을 말한다.

우리는 오감을 통하여 세상의 정보를 받아들이고, 이것을 내부에서 진행시켜 나름대로 해석하며 또 그 해석을 세상에 표현하기도 한다. 이것이 커뮤니케이션이다. 교사, 코치, 상담가, 부모 등 인간의 변화와 성장을 돕고자 하는 사람들이 타인과 소통할 때 상대방이 어떻게 나의 이야기와 세상을 받아들이고, 내면에서 해석하며 의미부여를 하는지 관찰할 수 있다면 큰 힘이 될 것이다. 사람은 외부 정보를 오감을 통해 수집하고, 수집된 정보는 내적 소화 과정을 통해 정리된다. 외부에서 정보를 받아들일 때뿐만 아니라 내적 소화 과정에서도 오감이 활용된다. 만약 이러한 내적 경험의 과정과 그 구조까지 파악할 수 있다면 상당히 큰 정보를 가지게 되는 것이다.

타인과의 소통에서 사람들은 자신의 선호표상체계를 본능적으로 사용하며 자신이 선호하는 표상체계를 기준으로 자연스럽게 타인을 평가한다. 예를 들어 선호표상체계가 청각으로 발달된 사람은 귀를 통한 정보수집이나 소통을 선호하며 자연스럽고 빈번하게 청각을 사용한다. 시각 지향적인 사람들은 주로 눈을 사용하여 주변의 세계에 접촉하고 무엇인가를 기억할 때 또는 중요한 의사결정을 할 때 시각화를 강조한다. 정서적이고 감정이 풍부한 사람들은 촉각에 민감하며 배우고 결정을 내릴 때 감정과 느낌에 의존하는 경향이 높다. 냄새와 맛은 전형적으로 1차적인 감각은 아니다. 시각, 청각, 촉각의 보조감각이긴 하지만, 요리사처럼 고도로 발달된 자신만의 후각 또는 미각을 가지고 있는 사람도 있다.

선호표상체계는 미국 자기계발 분야의 원조라 할 수 있는 윌리엄 제임스에 의해 처음 알려졌다고 한다.[3] NLP의 입장에서 보면 윌리엄 제임스의 시각, 청각 및 촉각을 활용한 학습자에 대한 고전적 기술은 반가운 이야기다. 갈튼Galton, 샤르코트Charcot, 비넷Binet 등을 인용하며 제임스는 자신의 연구에서 오감의 활용이 타고난 특성에 따라 개인마다 다름을 다양한 사례를 통해 설명했다. NLP 개발자들은 사람들의 사고과정에서의 감각적 차이를 인식하고 활용하는 방법을 개발하였는데, 이는 윌리엄 제임스가 말한 습관적인 '생각 덩어리', 즉 자신도 모르게 빈번하게 사용하는 감각에 기반을 둔 것이다.

NLP에 따르면 한 사람이 사용하고 있는 표상체계는 그 사람의 단어 선택에 반영된다. 감각에 기반을 둔 술어는 "네가 말하는 것이 보여", "그 이야기 좋네", "난 그것에 대해 더 느껴야 해"와 같은 표현으로 나타나며, 한 사람이 어떤 특정한 순간에 주로 어떤 감각적 양식에 의존하고 있는지를 보여준다.

표상체계에 있어 우리 각자는 자신만의 감각의 방향을 가지고 있다. 대체로 하나 이상의 감각으로 날카롭게 외부를 관찰할 수 있다. 하나의 감각을 더 많이 사용한다는 것은 다른 감각의 희생을 기반으로 한다. 예를 들어 어떤 사람은 무

---

3 윌리엄 제임스는 그의 책 ≪심리학의 원리(The Principles of Psychology)≫(1890년)에서 인간의 감각에 대해 서술하고 있다. "어떤 이의 생각은 매우 시각적이고, 어떤 이는 청각적이며 또 어떤 이는 운동적이다. 물론 대부분의 사람들은 이런 감각이 균등하게 혼합되어 있다. 많은 사람은 시각적인데 무엇을 기억할 때 모습을 그리는 것이 자연스럽다. 청각형은 시각형보단 적다. 청각형은 소리라는 언어에서 무엇을 생각하는지 상상한다. 교훈을 기억하기 위해 그들은 페이지의 모습이 아니라 단어의 소리로부터 그들의 마음에 깊은 인상을 받는다. 정신적인 덧셈을 할 때 그들은 구두로 이름을 반복한다. 무엇인가를 상상할 때 청각적 형태를 취한다. 어떤 사람들은 무엇인가를 만지며 느끼는 것이 매우 강하다. 이들은 다친 사람들을 볼 때 그 아픔을 몸으로 느끼며 인지한다. 모터 타입은 아마도 가장 흥미롭고, 가장 알려지지 않은 형태일 것이다. 움직임으로부터 파생된 이미지들을 기억, 추론, 그리고 그들의 모든 지적 운용에 활용한다."[Dilts, NLPU Practitioner Handbook, Dynamic Learning Publications and NLP University Press(2016): 18~36]

엇인가를 사진을 찍듯이 기억하는 능력을 가지고 있다. 이런 경우 NLP에서는 이 사람은 Vr형이라고 이야기한다. 하지만 이런 경우 시각적 상상력이 풍부하지 않다(Vc).[4] 이와 유사하게, 매우 창의적인 사람들은 세부사항이나 약속 등을 깜빡 깜빡 잘 잊어버리는 것으로 악명이 높다. 분명 사람에게는 특별히 발달한 감각기관과 상대적으로 덜 발달한 감각이 있다.

개인의 표상체계는 타고나는 것보다는 보통 성장과정 속에서 자연스럽게 빈번하게 사용하며 더욱 개발되는 것으로 본다. 표상체계의 개발은 체계 내의 정보(종속 모형sub-modalities, 방향 등)를 작동시키고, 조직화하고, 합성하고 구별하는 능력으로 결정된다. 표상체계가 얼마나 본인에게 가치 있는지는 개인의 행동에 미치는 영향을 보면 알 수 있다. 특정한 표상체계의 영향이 결정에 미치는 요소에 대해서는 이후에 자세히 기술할 것이다.

표상체계의 의식은 한 사람이 그 체계를 통해 처리되고 있는 정보를 얼마나 많이 인지하는가에 대한 함수다. 물론 감정 인식은 잘 할 수 있지만 감정을 제대로 다루지 못하는 경우가 빈번한 것처럼, 사용 감각을 잘 의식할 수 있다는 것은 감각을 제대로 잘 다루는 것과는 별개의 문제다. 어떤 사람은 시각적 이미지를 만들고 잘 반응하는 능력을 가지고 있을 수 있지만 내부 이미지를 만드는 것에 대한 의식이 없을 수 있다. 누구든 가장 발달한 가장 가치 있고 의식적인 하나의 표상체계를 갖는 것은 가능하다. 물론 이러한 기능들은 각각 다른 감각 체계를 포함할 수 있다. 예를 들어, 어떤 사람이 말과 소리를 조작하고, 감정에 가장 자주 반응할 수 있지만, 자신이 보는 것에 대해 가장 의식적으로 인식할 수 있는 것처럼 말이다.

이러한 표상체계는 개인이 어떤 직업과 어떤 직무에 어울리는지에 대한 적합성 판단에 활용될 수 있다. 나아가 특정한 표상체계의 높은 수준의 개발이나 또는 개발되지 못함은 개인의 기본적인 성격 특성의 기초를 형성한다. 즉 한 개인의 표상체계는 그의 성격적 특성은 물론 나아가 학습 능력의 많은 부분을 결정한다. 서로 다른 표상체계를 가진 사람들은 어떤 면에서는 서로 다른 세계에서 살고 있는 것이기도 하다. 서로의 선호표상체계가 다른 사람들은 소통을 통

---

4 V는 시각(Visual)이고 r은 기억(remember)의 약자표기다. c는 구상(construction)의 약자다. 즉 Vr은 시각적 기억력을 Vc는 시각적 상상을 표현하는 NLP용어다. 우리나라 최대 학회 중 한곳인 한국상담학회의 분과 한국NLP상담학회에서는 매월 사례발표를 하는데, 임상의 사례를 스크립터로 기술할 때 이러한 NLP기호를 사용한다.

해 서로를 이해하는 데 종종 어려움을 겪게 된다.

- 남편: 여보, 난 애들이 크면 클수록 점점 멀어지는 것 같아. 너무 거리감
  을 느껴.
- 아내: 무슨 말을 하는지 감이 잡히지 않아요.

남편은 시각적visual으로 이야기하지만 아내는 촉각적kinesthetic으로 대답한다. 서로의 선호표상체계가 다르면 무의식적으로 대화가 잘 되지 않는다고 느낄 수 있다.

- 아이: 자꾸 마음이 요동치며 흔들려요.
- 엄마: 목표를 정확히 그리지 않아서 그래. 더 선명한 목표를 그려봐.

아이는 촉각적으로 표현하는데 엄마는 시각적으로 반응한다. 이 역시 선호표상체계의 다름으로 인해 살짝 어긋난 소통 사례다.

- 팀장: 왜 이렇게 엇박자가 나는지 모르겠습니다.
- 임원: 팀장인 너도 보기 싫지? 임원인 난 얼마나 보기 흉하겠냐!

이런 대화는 무의식적으로 일어나고 우리는 누군가와 '코드가 맞다' 또는 '맞지 않다'라는 것을 몸으로 느끼며 사회생활을 하고 있다. 특정 선호표상체계가 잘 발달되었다는 것은 장점이지만 반대로 다른 표상체계를 활용하는 것에는 한계가 있을 수 있다. 이에 우리는 다양한 표상체계를 인지하고 활용하는 노력을 할 필요가 있다. 이것이 NLP를 이해하고 활용하는 묘미다. 하지만, 분명한 것은 각자에게 가장 가치 있고 잘 활용하는 선호표상체계가 있다는 것은 그 사람의 세상 인식과 행동방식의 선택에 큰 영향을 미친다는 것이다. 선호표상체계는 좋은 상황에서 잘 할 때 뿐만 아니라 스트레스를 받는 상태에 있을 때 더욱 명백하게 드러나기도 한다.

같은 영화를 봐도 다른 감동을 받는다

저녁노을에 비친 주인공의 실루엣이 인상적이야	주인공의 목소리가 멋있더라	액션 장면이 마음속에 강렬하게 새겨졌어
시각 선호(V)	청각 선호(A)	신체감각 선호(K)

　　이러한 표상체계는 신경언어망의 연구로 더 깊이 들어가면 '유도체계lead system'와 '참조체계reference system'로 구분할 수 있다. '유도체계'는 개인이 정보를 입력하거나 수집하는 감각채널이다. 사람이 어떤 정보를 제기하는데 기억나지 않을 때는 그 정보를 새로운 구상을 통해 접근하여 기억을 더듬어야 한다(대개 이런 경우 접근 과정의 단서는 눈의 동작으로 나타난다. 안구접근 단서는 그 사람의 내적인 활동에 대한 강렬한 정보를 제공한다). 기억을 꺼내는 내적 정보처리 진행과정에서 처음으로 사용되는 접근 단서를 유도표상체계Leading Representational system라 부른다. 한 가지의 접근단서가 습관적으로 제일 먼저 사용된다는 것을 의미한다. 예를 들면, 어떤 사건을 기억할 때 언제나 시각적으로 장면이 먼저 떠오르는 사람은 시각적인 활동으로 세상을 접하는 경향이 있다는 말이다.

　　'참조체계'는 그 사람이 결론을 확인하고 결정을 내리는 데 의존하는 감각형식sensory modality을 말한다. 예를 들어, 철자법에 능한 사람은 소리내서 발음을 하면서(즉, 청각적 '리드 시스템lead system') 어떤 단어를 받아들이며, 정확한 철자를 내면적 정신적 이미지(시각적 '표상체계')로 나타낼 수 있지만, 느낌(신체감각적 '참조체계')에 근거하여 정확한 철자임을 식별한다. 철자가 '맞는 느낌'이기 때문에 그는 정확한 철자라고 판단한다. 시각적인 '참조체계'를 가진 사람은 선택과 결정에 관한 '통찰insights'과 '계시illuminations'를 경험한다. 청각적 기준 시스템을 가진

사람들은 종종 내면의 목소리를 듣거나, 결정을 내리는 데 도움이 되는 공명이나 조화를 경험한다.[5]

'시각'이 강한 사람은 유도체계와 참조체계가 함께 돌아간다. 시각적으로, 자신의 눈을 통해 수집하고 그것을 시각적으로 처리하고 정신적 이미지를 통해 표현하며 그 결과를 시각적으로 또한 평가하며 무엇을 해야 할지에 대한 '통찰'을 얻는다. 청각 또는 신체감각 지향적인 사람들도 이처럼 각 체계가 하나로 연결되어 작동할 수 있다.

NLP는 언어와 행동 방법을 통해 사람들이 표현 능력을 확장하고 강화할 수 있는 방법을 제공한다. 특히 제1세대 NLP 도구와 기법은 이러한 표상체계를 활용하여 의사소통, 치료, 사업, 교육 등과 같은 분야에서 실질적인 결과를 얻도록 돕는다.

다음 연습은 그룹에서 수행되는 것으로, 사람들이 서로 다른 감각적 특징을 어떻게 사용하고 가치를 평가하는지를 인식하도록 돕는다.

ⓘ Activity 008   발견 연습: 감각과 접속하기

이러한 연습은 시각, 청각, 촉각(신체감각) 중 자신의 선호표상체계가 어떤 것인지를 탐색하는데 도움을 줄 것이다.

01 그룹을 둘러본 다음, 눈을 감고 가능한 한 많은 그룹의 구성원을 떠올린다. 구성원 한 사람 한 사람을 어떻게 표상하는지 주목하라.
- 당신은 이들 개개인에 대한 내적 이미지를 가지고 있는가? 사람들 전체의 이미지는 어떠한가?
- 누구의 이름을 기억하는가? 그의 목소리는 어떠한가?
- 사람들에 대한 어떤 느낌이나 어떤 '감각'을 가지고 있는가?
- 당신의 기억은 얼마나 명확한가? 아니면 가물가물한가? 당신이 떠올리는 이미지는

---

5 NLP는 미국에서 그들의 언어로 개발되었고 발전되었기에 개념을 한국어로 소개할 때 가장 어려운 것은 적절한 우리말을 선택하는 것이다. 어떤 경우엔 우리말 찾기가 쉽지 않다. 우리말 옆에 영어단어를 표기하는 이유는 한글을 사랑하지 않음이 아니라 독자들의 정확한 이해를 위해서다. 수많은 NLP워크숍을 참여하고 그곳에서 활용한 워크북의 개념을 나름대로 소화하거나 정리하여 최대한 우리말로 새롭게 저술하는 노력을 하지만, NLP를 공부하시는 분이 범세계적인 활동을 할 수 있도록 돕기 위해선 필요한 개념은 영문표기를 함께 함에 양해를 구한다.

얼마나 멀리 있는가? 그것들은 사진처럼 평평한가 아니면 입체적인가? 당신의 기억 속 사진의 크기는 실물크기인가?

• 들리는 소리는 얼마나 크고 선명한가? 그것은 특정한 이미지와 연관되어 있는가?
• 당신은 어떤 감정을 가지고 있는가? 그것들은 얼마나 강렬한가?

02 방 안을 조용히 돌아다니며 최대한 많은 사람을 둘러본다. 서로 눈을 마주치는 것은 꼭 필요한 것은 아니지만 원하면 해도 된다. 자리로 돌아와 위와 동일한 질문을 사용하여 그룹의 대표성을 확인해 보라. 상기의 그룹 감각은 어떻게 달라졌나. 어떤 방법으로 달라졌나?

03 방 안을 조용히 돌아다니며 다음 안내를 따라 가능한 한 많은 사람을 만난다.
절차: 서로 마주보고 악수를 하거나 손으로 그들의 팔이나 어깨를 만지는 것으로 신체적인 접촉을 한다. 그런 다음 몇 초 동안 눈을 감고 접촉에 대해 가능한 한 많은 것을 느껴본다. 마치고 나면 눈을 뜨고 다른 파트너를 찾아 반복한다.
자리로 돌아가서 위에 열거된 것과 동일한 질문을 사용하여 그룹에 대한 당신의 표현을 다시 한 번 확인해보라.
• 그룹에 대한 의식이 바뀌었는가? 어떤 방법으로 바뀌었는가?
• 어떤 종류의 감각 접촉이 당신에게 가장 큰 차이를 만들어 주었는가? 어떤 점에서 그러한가?
• 어떤 접촉이 가장 친숙한가?
• 가장 발달한 감각은 무엇이라고 생각하는가?
• 당신의 감각 중 어느 것을 가장 높이 평가하거나 의지하는가?

디지털 표상체계

디지털digital 표상체계는 오감으로 구성된 표상체계Visual, Auditory, Kinesthetic, O/G와 달리 내면작업에서 나타나는 표상체계다. 오감을 통해 입력된 경험을 내면작업을 통해 새롭게 정리하고 이것이 밖으로 표출할 때 자신의 내면경험은 언어로 표현된다. 우리가 사용하는 언어를 통해 자신의 내면 경험을 표현한다. 이를 통해 우리는 개인이 내적으로 경험하는 경험의 구조를 알 수 있게 된다. 나아가 그가 세상을 어떻게 경험하고 있는지, 즉 그의 세상 모델을 간접적으로 유추할 수 있다. 내면세계에서 처리되는 수많은 정보는 객관적이지 않다. 우리는 실제 오감을 통해 경험하는 것을 내부세계에서 다시 오감의 작동으로 편집한다. 그리고 이를 언어로 표출한다. 만약 누군가가 자신의 경험을 이야기하는데 '~라고 생각한다'라는 이야기를 많이 하면 내면세계에서 여과된 경험을 보여주는 것이다. 예를 들어, 재미있다고 생각해요, 기분이 좋다고 생각해요, 슬프다고 생각해요 등의 언어 구사는 대표적인 디지털 표상체계의 예가 된다. TV뉴스를 볼 때 시민 인터뷰나 다양한 예능 프로그램에 나오는 사람들의 언어를 유심히 관찰해 보라. "코로나19로 집에만 있으니 갑갑하다는 생각이 들어요", "이번 선거는 후보자들의 현장 유세가 별로 볼 만한 것이 없다는 생각이 들어요", "친구들과 식사를 함께 하기 어려우니 답답하다는 생각이 들어요"…. 등등. 이러한 인터뷰를 보면 적지 않은 현대인들이 오감이 막혀 생각의 디지털 표상체계에 익숙해져 있는 것을 발견하게 된다. 이런 경우 모든 경험을 생각으로, 논리로 하는 것이 습관이 된 것이기 때문에 더욱 오감을 그대로 느끼고 활용하는 훈련이 요구된다.

▌선호표상이 드러나는 언어 패턴

청각	"당신 이야기하는 것 정말 좋게 들리는데…."
시각	"그것 정말 좋아보여"
촉각	"좋게 느껴지는데"

경험의 4축^{Tuple}

사람의 내적 경험은 시각조직이나 청각조직, 촉각, 미각, 후각조직을 통하여 가능하다.

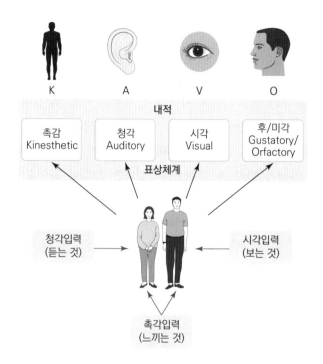

(i) **Activity 009   선호표상체계 검사**

아래 선호도 검사에서 다음에 나열한 네 가지 가운데 자신에게 해당하는 번호를 골라 각 문항 앞에 숫자로 표시하시오.

4 = 나를 가장 잘 설명한다.

3 = 두 번째로 나를 잘 설명한다.

2 = 세 번째로 나를 잘 설명한다.

1 = 나에 대한 설명으로 가장 적절하지 못하다.

01   내가 중요한 결정을 할 때 나에게 가장 영향을 미치는 것은 다음과 같은 것이다.

　　가. 나는 직감에 의존한다(　　).

　　나. 다른 사람들이 하는 말을 선택한다(　　).

　　다. 전체적인 일의 모습과 조화를 선택한다(　　).

　　라. 면밀한 검토와 연구를 한 후 결정한다(　　).

02   다른 사람과 논쟁을 벌일 때 내가 가장 민감하게 반응하는 부분은 다음과 같다.

　　가. 상대방의 목소리 톤이다(　　).

　　나. 상대방이 논쟁하는 모습이다(　　).

　　다. 상대방의 논쟁 내용이다(　　).

　　　라. 상대방이 몸으로 표현하는 감정이다(　　　).

03　나는 평소와 다른 심리상태가 될 때 다음과 같은 것이 바뀌는 경향이 있다.
　　　가. 옷차림새나 화장을 통해서다(　　　).
　　　나. 감정의 표현을 통해서다(　　　).
　　　다. 언어나 용어를 통해서다(　　　).
　　　라. 목소리 상태를 통해서다(　　　).

04　나는 다음과 같은 것을 하기가 가장 쉽다.
　　　가. 음질 좋은 오디오를 켜놓고 음악을 듣는 것이다(　　　).
　　　나. 관심 있는 주제와 관련하여 논리적으로 생각하는 것이다(　　　).
　　　다. 가장 안락하게 느껴지는 가구를 고르는 것이다(　　　).
　　　라. 색상이 잘 어울리는 디자인을 고르는 것이다(　　　).

05　나를 가장 잘 나타내는 것은 다음과 같다.
　　　가. 주변 소리에 매우 민감하다(　　　).
　　　나. 어떤 사실이나 자료를 분석할 때 논리성을 따진다(　　　).
　　　다. 옷의 촉감에 매우 민감한 편이다(　　　).
　　　라. 실내의 가구 배치나 색상에 민감한 편이다(　　　).

06　사람들이 나를 가장 잘 알려면 다음과 같이 하는 것이 좋다.
　　　가. 내가 느끼는 것을 경험하기(　　　)
　　　나. 나의 관점과 함께 하면서 보기(　　　)
　　　다. 내가 무슨 말을 하며 또 표현을 어떻게 하는지 주의 깊게 들어보기(　　　)
　　　라. 내가 하고자 하거나 말하는 것의 의미에 관심갖기(　　　)

07　나는 다음과 같이 하는 것을 좋아한다.
　　　가. 다른 사람들이 말하는 것을 듣기(　　　)
　　　나. 계획을 세울 때 전체적인 모습을 먼저 그려보기(　　　)
　　　다. 정보나 자료가 있을 때 논리적 체계를 세우고 정리하기(　　　)
　　　라. 사람을 처음 만날 때 그에 대한 느낌을 중시하기(　　　)

08　나로 말할 것 같으면⋯.
　　　가. 나의 눈으로 보고 확인하기 전에는 잘 믿지 않는 경향이 있다(　　　).
　　　나. 상대방이 애절한 목소리로 부탁을 해오면 거절하지 못한다(　　　).
　　　다. 나의 느낌으로 옳다고 여겨지면 이유를 따지지 않고 믿고 받아들인다(　　　).
　　　라. 이치에 맞고 합리적이면 나는 받아들인다(　　　).

09   나는 스트레스를 받으면….

가. 음악을 듣는다(   ).

나. 책을 읽고 사색을 한다(   ).

다. 편안하게 누워서 휴식을 취한다(   ).

라. 좋은 경치를 배경으로 하는 영화나 그림을 본다(   ).

10   나는 처음 본 사람이라도 다음과 같은 식으로 그를 기억해 낼 수 있다.

가. 얼굴 모습이나 옷 차림새(   )

나. 목소리(   )

다. 그에 대한 느낌(   )

라. 그의 직업이나 하는 일이 무엇일까 생각해 보고(   )

선호표상체계검사 결과표

문제지의 답들을 문제별로 답의 순서에 따라 아래의 빈칸에 옮겨 쓰시오.

1	2	3	4	5	6	7	8	9	10
K( )	A( )	V( )	A( )	A( )	K( )	A( )	V( )	A( )	V( )
A( )	V( )	K( )	D( )	D( )	V( )	V( )	A( )	D( )	A( )
V( )	D( )	D( )	K( )	K( )	A( )	D( )	K( )	K( )	K( )
D( )	K( )	A( )	V( )	V( )	D( )	K( )	D( )	V( )	D( )

〈유형별 합계점수〉

	V	A	K	D
1				
2				
3				
4				
5				
6				
7				
8				
9				
10				
계				
	V =	A =	K =	D =

검산 V + A + K + D = 100

〈꺾은선 그래프〉

V	A	K	D

학습 스타일^{learning style}

학습 스타일은 사람들이 종종 자신의 선호표상체계에 맞는 습관적인 학습 전략을 개발한다는 사실에서 시작되었다. 즉, 시각 능력이 발달된 사람은 무엇인가를 배울 때 시각 학습 전략에 초점을 맞추고, 언어 능력이 발달한 사람들은 청각 학습 전략에 더 많이 의존하고, 촉각이 더욱 발달된 사람은 몸의 느낌이나 감정을 통해 자신의 학습역량을 발달시킨다.

시각 학습자들은 보거나 읽음으로써 배우는 경향이 있다. 시각적인 사람은 아무리 옆에서 잘 설명을 해줘도 뭔가를 봐야 직성이 풀릴 수 있다. 보면 오래 기억하고 정확히 이해한다. 청각 학습 스타일을 가진 사람은 듣기와 토론을 통해 가장 잘 배울 것이다. 청각적인 사람은 오디오 북을 듣는 것이 익숙할 수 있다. 누군가 한 이야기와 음색과 말의 톤까지도 기억과 배움의 도구가 된다. 만약 선호표상체계가 신체감각이라면 몸을 사용하며 배우는 것을 선호할 것이다. 몸을 흔들거나 돌아다니며 무언가를 시도하면서 배우는 것을 좋아할 가능성이 높다. 하지만 많은 사람이 학교나 교실에서 고군분투한다. 왜냐하면 그들의 특정한 학습방식이 특정 과목을 가르치는 전통적인 접근방법과 맞지 않기 때문이다. 또는 선생님의 가르치는 스타일과 상충하기 때문이다. 특히 온몸으로 배우는 촉각적 학습자들은 시각 및 청각 정보를 강조하는 전통적인 교실 교수법에서 배워야 하는 것은 다른 선호표상체계를 가진 사람들에 비해 고역일 수 있다.

(i) **Activity 010   학습스타일 검사**

당신은 어떻게 배우는가?How do you learn best?
당신의 선호도를 가장 잘 설명하는 답안지에 동그라미를 쳐라. 당신의 지각과 가장 어울리는 하나를 선택하되, 필요한 경우 두 가지 이상을 선택해도 된다.

01 장기나 바둑 또는 부루마블 게임 같은 것을 배우던 시절을 회상하라. 어떻게 배우는
   것이 제일 좋았는가? 나는_____
   V) 남들이 하는 것을 보거나, 직접 설명서를 읽는 것이 제일 좋았다.
   A) 누군가 설명하는 것을 듣는 것이 제일 좋았다.
   K) 일단 경험해보고 배우는 것이 좋았다.

02 당신은 며칠간 머물렀던 호텔을 찾아가는데 길을 잃었다. 어떻게 찾는 것이 편한가?
   K) 차를 몰고 다니며 가장 눈에 익었던 랜드마크가 되는 큰 건물이나 익숙한 장소를
      찾는다.
   A) 누군가에게 호텔을 찾아가는 길을 물어본다.
   V) 지도를 펼쳐본다.

03 컴퓨터로 새로운 프로그램을 사용하는 법을 배울 필요가 있다. 어떻게 하는 것이 편한가?
   K) 친구한테 좀 가르쳐 달라고 부탁한다. 친구가 하는 것을 보며 따라 한다.
   V) 프로그램과 함께 제공되는 설명서를 꼼꼼히 읽어본다.
   A) 친구에게 전화를 걸어 물어본다.

04 한 단어의 철자를 '옳게'라고 써야 할지, '올케'라고 써야 할지 헷갈린다. 어떻게 하겠
   는가?
   V) 마음속에 그 단어를 그려보고 제대로 보이는 것을 고르겠다.
   A) 마음속으로 소리를 내어 발음해본다.
   K) 두 단어를 모두 적어놓고 맞는 것을 선택하겠다.

05 어떤 교수방법을 활용하는 강사를 좋아하는가?
   V) 흐름도, 유인물, 슬라이드를 잘 사용하는 사람
   K) 현장학습, 실험, 연습을 위주로 하는 강사
   A) 특강 형태로 이야기하거나 토론을 시키는 강사

06 직접 조립해야 하는 물건을 구입했다. 다음과 같은 세 가지 방법이 제공된다. 어떤 방
   식으로 조립하겠는가?
   A) 조립 방법을 도와주는 AS센터에 전화해본다.
   K) 일단 혼자 하는 데까지 조립해본다.
   V) 회사 홈페이지에 올라와 있는 조립 영상을 시청한다.

07 친구가 휴가 간 사이 친구집 정원을 관리하고 반려견을 돌봐주기로 했다. 사실 반려견
   을 돌보는 것은 처음이다. 어떻게 하겠는가?
   V) 누군가 하는 걸 지켜본다.
   A) 친구가 휴가 가기 전에 전화로 자세하게 설명을 듣는다.

　　K) 일단 그냥 내 생각대로 해본다.

08　사람이 아주 중요한 번호(전화번호, 코드, 일련번호 등)를 알려준다. 당신은 이 번호를 암기해야 한다. 확실히 기억하기 위해 당신이 제일 먼저 하는 방법은?

　　A) 마음속으로 또는 실제 소리를 내며 반복한다.

　　V) 마음속으로 숫자를 써본다.

　　K) 몇 번씩 종이에 쓰거나 타이핑 해본다.

09　소그룹에 구술 발표를 해야 한다. 가장 당신에게 편한 방법은?

　　A) 발표문에 사용되는 단어와 문장을 여러 번 소리 내어 연습해서 발음과 톤에 익숙해지는 것

　　V) 발표 중에 노트나 강의 보조 장치를 내가 편하게 볼 수 있도록 준비하는 것

　　K) 미리 현장에 가서 리허설을 몇 번 하는 것

10　다음 중 어떤 취미를 가장 즐겨하는가?

　　K) 야외 걷기/조립하기/식물 키우기/춤추기

　　V) 드로잉/페인팅/시선/사진

　　A) 음악 듣기/노래 부르기/웅변, 동화 낭독/토론하기

11　새로운 기술을 습득하기 위해 가장 선호하는 것은?

　　A) 설명을 듣고 질문하기

　　V) 도표를 보고 시연을 보기

　　K) 직접 해보기

12　다른 사람에게 무언가를 가르치고 싶을 때 당신은 어떤 생각을 먼저 하는가?

　　V) 그들을 위해 그림을 하나 만들까?

　　A) 그들에게 어떻게 논리적으로 설명하지?

　　K) 어떻게 그들이 실제 경험해 볼 수 있게 하지?

진단: 당신이 체크한 V, A 및 K의 개수를 더하십시오.

진단	개수
V	
A	
K	

출처: NLPU NLP Practitioner Certification Course Booket. pp.63-64.

(i) **Activity 011** **학습스타일 적용**

학습스타일 결과를 어떻게 적용할 것인가?(결과를 가지고 서로 토론하라)
시각(Visual)적인 사람
시각적 학습자는 보거나 읽음으로써 배우는 경향이 있다.

수업 시간에 가능한 학습촉진방법
밑줄 긋기/다양한 색의 펜을 사용하는 것/기호, 차트, 순차도, 배열을 사용하는 것
/목록, 표제를 사용하는 것/코스 주제의 예를 시각화하는 것

공부할 때 해야 할 일:
- 유인물과 교과서를 읽는다.
- 요점 정리를 하거나 개념을 설명할 때는 사진이나 그림을 사용한다.
- 다른 방법으로 이미지를 재구성한다.
- 기억을 그림으로 표현한다./단어를 상징이나 첫 글자로 대체한다.

시험을 준비할 때 할 일:
- '책을 하나의 그림'으로 상기한다.
- 그림을 그리거나 적절한 다이어그램을 사용한다.
- 시각화시킨 비주얼을 다시 단어로 바꾸는 연습을 한다.

청각(Auditory)적인 사람
청각 학습 스타일을 가진 사람은 듣기와 토론을 통해 가장 잘 배운다.

수업 시간:
- 강의에 꼭 참석하도록 한다./친구와 함께 주제 토론한다.
- 다른 사람들에게 새로운 아이디어를 설명한다./음성녹음을 사용한다.
- 내용, 그림 및 비주얼을 다른 사람에게 설명한다.
- 나중에 메모할 수 있도록 메모 공간을 남겨둔다.

공부할 때:
- 강의 노트를 사용한다./아이디어를 다른 말로 다시 쓴다.
- 요약한 내용을 녹음하여 들어본다./요약한 내용을 소리 내어 크게 읽는다.
- 메모를 다른 '청각'유형의 사람에게 설명한다.
- 다이어그램을 문장으로 구성한다./사전과 정의를 사용한다.

시험준비/시험 중:
- 내면의 '목소리'를 듣고 쓴다.
- 답을 소리 내어 말해본다.

• 이전 시험 문제에 대한 답을 연습한다.

촉각/운동감각(Kinesthetic)적인 사람
촉각적 학습자는 몸으로 참여하고, 움직이고, 무엇인가를 경험하면서 배운다.

수업 시간:
• 모든 감각을 사용한다./실험실에 가고 현장을 체험한다.
• 시행착오를 통해 배운다./실생활의 사례를 들어본다.
• 실용적인 접근 방식을 사용한다.

공부할 때:
• 메모 요약에 예제를 함께 기록한다.
• 핵심 및 아이디어를 특정 몸동작(춤)과 함께 정리한다.
• 다른 '촉감'유형의 사람과 노트에 기술한 내용을 이야기한다.
• 단어를 반복해서 써본다.
• 목록을 작성한다.
• 단락, 시작과 끝을 기록한다.

시험준비 중:
• 연습 답안을 작성한다.
• 시험 상황의 역할극을 한다.

	시각	청각	촉각
잘 사용하는 표현	보다 그려보자 비친다 눈에 띈다 밝다 어둡다 명확하다 선명하다 눈에 선하다 비전 전망	듣다 말하다 이야기한다 노래한다 설명하라 속삭인다 박자 소리가 발언이 이야기가 투덜거리는	느끼다 부드럽다 따스하다 압력 진하다 긴장하다 편안하다 만져보니 던지다 안락하다 불편함 없게

(i) **Activity 012   행복한 상태를 기억하고 재생하기**

01   살아오면서 행복했던 일을 기억해본다.

02   그때로 돌아가 당신이 보고, 듣고, 느끼고, 맛본 체험을 생생하게 느껴본다.

03   다음의 질문에 구체적으로 답해본다.
  • 어떤 장면이 보이는가?

  • 색은 어떠한가?

  • 무엇이 들리는가?

  • 누구의 목소리가 들리는가?

  • 몸의 감각은 어떠한가?

04   심호흡을 하며 확실하게 그 감각들을 느껴본다. 그리고 언제라도 이 같은 감각들을 재생할 수 있도록 꾸준히 연습한다.

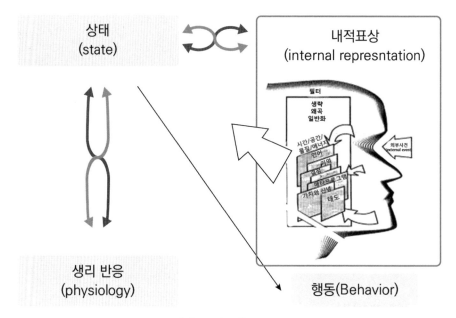

Information Process

NLP
커뮤니케이션

III

심리적 단서: B.A.G.E.L Model

B.A.G.E.L 모델은 로버트 딜츠Robert Dilts가 타인의 내면 프로세스를 알아차리기 위해 NLP에서 주로 사용하는 주요행동 단서를 쉽게 식별하는 기준으로 명명한 것이다. B.A.G.E.L은 다음의 첫 글자를 딴 조어다. 이 다섯 가지를 잘 관찰하면 내면상태를 살펴볼 수 있다. 몸과 마음은 하나라는 NLP의 대전제 하에서 몸의 표현이나 미묘한 변화는 마음의 변화를 보여주는 것이다. 마음의 변화의 단서가 되는 것은 다음과 같다.

- Body Posture 몸의 자세
- Accessing cues 접근 단서
- Gestures 몸짓
- Eye movements 안구 움직임
- Language Patterns 언어 패턴

마음이 기능함에 있어 우리 마음의 프로그램은 무엇인가 통합하거나 표현하기 위해 신체 생리적인 어떤 과정의 도움이 필요하다. 이러한 신체적 반응은 특정한 멘탈 프로세스에 대한 외적 관찰의 단서, 즉 내면 마음의 흐름에 대한 이해나 개발의 단서가 되기도 한다.

Body Posture 몸의 자세

사람들은 종종 깊은 생각에 잠겨 있을 때 자신도 모르게 고정된 습관적인 자세를 취한다. 이러한 자세들은 그 사람이 사용하고 있는 표상체계가 무엇인지에 대한 많은 정보를 준다. 다음의 대표적인 표상체계별 자세들이다.

a. 시각적인 몸의 자세   b. 청각적인 몸의 자세   c. 촉각적인 몸의 자세

a. 시각: 머리와 어깨를 위로 하거나 둥글게 한다. 보통 얕은 호흡을 하며 뒤로 젖힌다.
b. 청각: 몸을 앞으로 기울이고, 머리를 감싸고, 어깨를 뒤로 하고, 팔짱을 낀다.
c. 신체/촉각/운동신경: 머리와 어깨를 아래로 하고, 깊은 호흡을 한다.

Accessing Cues 접근 단서

사람들이 생각을 할 때 다양한 방식으로 특정한 유형의 표현을 자신도 모르게 만들어 낸다. 자신도 모르게 한숨을 쉴 수도 있고 호흡 속도가 달라질 수도 있다. 이를 깨물거나, 미간을 찌푸릴 수도 있다. 이 외에도 머리 긁적이기, 다리 떨기, 헛기침하기 등등 우리는 자신도 모르게 습관적인 비언어적 방식으로 마음의 상태를 표현한다. 사람들은 모두 자기 고유의 행동패턴이 있다. 이러한 모든 비언어적 단서는 특정한 감각 과정과 연관되어 있다. 우리는 환경을 통해 무엇인가를 느낄 때 유인체계lead system에 따라 감지하며 동시에 이를 내면에서 해석하고 확인하는 표상체계representation system가 자동적으로 작동된다. 이러한 비언어적의 단서들은 유인체계와 표상체계 간의 상호작용을 알도록 해준다. 작은 부분에서 일어나는 미묘한 변화도 다른 부분이나 전체에 영향을 미치기 때문이다. 우리 인간의 모든 유의미한 행동은 내면세계의 미묘한 변화로부터 시작된다. 이는 내적 신경작용에 변화를 주며 다양한 신체 생리적 변화를 통해 우리의 외부로 드러나게 된다. 미소를 짓는 것, 인상을 찌푸리는 것, 눈의 움직임, 안색이 달라지는 것, 근육이 긴장되거나 또는 풀리는 것, 입술의 모양, 손발의 움직임, 호흡의 빠르기와 위치 등은 내면의 상태를 보여주는 단서가 된다. 이런 단서는 그가 말하는 언어보다 더 신뢰성이 있다. 이러한 정보를 BMIRBehavioral Manifestation of Internal Representation, 다시 말해 '내적표상의 외적증표'라고 한다. 특히 이러한 외적증표는 개인의 선호표상체계에 반응하는 경향이 높다. 교육, 상담, 코칭 등의 장에서 타인의 선호표상체계를 안다는 것은 적절하고 효과적인 반응과 대응을 통해 깊은 라포 형성을 돕고 보정pacing하고 이끌어 리딩leading하는 데 도움이 된다.

다음은 선호표상에 따른 접근 단서다.

- 시각: 높고 얕은 호흡, 가늘게 빛나는 눈, 높은 음조의 목소리, 빠른 템포.
- 청각: 횡경막식 호흡, 이맛살, 요동치는 목소리 톤과 템포.
- 촉각, 운동감각: 복식호흡, 느린 템포 속 깊은 호흡의 목소리.

	시각	청각	촉각
특징	• 결과 지향적이다 • 효율/효과 중심	• 이론적이다 • 혼자 생각이 많다	결과보다 과정을 중요시한다
호흡	• 얕은 호흡 • 가슴과 목으로 호흡	• 중간 호흡 • 횡경막 호흡	• 깊은 호흡 • 배호흡
얼굴 표정	가늘게 뜨는 눈	미간을 찌푸림	근육긴장이 풀어짐
눈동자	주로 위로 올라감	옆으로 빈번하게 감	주로 아래로 내려감
신체자세	머리를 뒤로 기대고, 어깨를 위로 올리거나 둥글게, 얕은 숨을 쉰다	몸을 앞으로 기대고, 머리를 곧추세우며, 어깨를 뒤로 하고, 팔짱을 자주 낀다	머리와 어깨가 아래로 쳐진다. 깊은 호흡을 한다.
목소리 톤	높다	파동치는 멜로디	낮고 차분한
말의 속도	빠르다	오르락내리락 리듬 있는	느리다(느끼면서 대화)
잘 사용하는 표현	• 전망이 밝다 • 눈앞에 선하다 • 요점이 보이지 않는다 • 미래가 어둡다 • 잘 꾸며봐라	• 속 시끄럽다 • 듣기 좋은 이야기 • 박자를 맞춰라 • 리듬이 안 맞다 • 장단이 맞아야지	• 일 진행 느낌이 좋네 • 이야기가 재밌네 • 편안한 사람이에요 • 마음이 무겁다 • 오금저리는 이야기
선호학습법	사진, 그래프, 도식화	듣기, 단어사용에 민감	직접 체험

ⓘ **Activity 013   접근단서 훈련**

즐거운 경험을 기억하라. 다음 각 지침을 따라 할 때 당신에게 어떤 생리적 변화가 생기는지를 파트너와 함께 살펴보라.

01   기억과 관련된 소리에만 주의를 기울인다.

02   자, 이제 소리를 완전히 없앤다.

03   기억과 관련해 마음에 떠오르는 이미지에만 집중하라.

04   자, 이제 이미지를 사라지게 한다.

05   기억과 어떤 감정이 연상되는지에 모든 주의를 기울인다.

06   감정을 사라지게 하라.

Gestures 몸짓

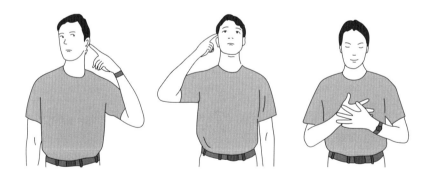

사람들은 종종 뭔가를 의식/무의식 중에 생각할 때 사용하는 감각기관을 암시하는 몸동작을 한다.

a. 시각: 눈을 만지거나 가리킴. 눈높이보다 높은 곳에서 만들어지는 몸짓
b. 청각: 귀 근처를 가리키거나 손짓을 하며, 입이나 턱을 만진다.
c. 촉각, 운동신경: 가슴과 위 부위를 만지는 것. 목 아래에서 행해지는 몸짓.

우리는 수많은 몸동작을 통해 내적 상태를 표현한다. 모든 몸짓은 내적 상태의 표현이다. 이를 또 다른 언어라는 의미로 바디 랭귀지body language라고 이야기한다. 몸과 마음은 다양한 방법으로 연결되어 있기 때문이다. 동시에 마음의 상태를 변화시키는 효과적인 방법 중 하나는 몸짓을 바꾸는 것이다. 마음과 몸은 생리적으로 하나이며 몸의 자극이나 변화를 통해 내적 마음의 상태에 변화를 주는 것이다.

ⓘ **Activity 014 몸짓 읽기 훈련**

다음은 어떤 마음의 상태인지 추측해보라.

01 듣는 도중 팔짱을 낀다.

02 뭔가를 생각하다가 두 주먹을 불끈 쥔다.

03 이야기를 듣더니 얼굴이 붉게 달아오른다.

04 이야기를 하는데 얼굴에 홍조를 띈다.

05 대화 도중 자꾸 눈을 피한다.

06 머리를 긁적인다.

ⓘ **Activity 015 내면상태 접근 훈련**

내적 상태를 보여주는 행동적 단서에 대해 이야기하시오.

01 기쁠 때

---

02 슬플 때

---

03   섭섭할 때

04   우울할 때

05   희망이 보일 때

06   초조, 불안할 때

07   자신감 넘칠 때

08   기타

ⓘ **Activity 016 몸과 감정 훈련**

01 자리에 앉아 어깨에 힘을 빼고, 목을 앞으로 축 늘어뜨린 후, 두 팔을 아래로 축 처지게 한 상태에서 자신감과 용기를 가져본다. 몸을 움직이지 않는다.

02 단단히 앉아 두 주먹을 불끈 쥐고 무릎에 올린 후 고개를 들어 전방 15도 위를 눈에 힘을 주고 응시한다. 그 상태에서 우울함을 느끼시오. 자세를 바꾸지 않는다.

ⓘ **Activity 017 감각에 기초한 묘사**sensory based descriptions **훈련** ①

다음 문장에서 감각에 기초한 표현을 ✔하여 분류하시오.

01 ____ 그녀의 입술이 튀어나오고 얼굴 근육이 단단해졌다.

02 ____ 눈을 깜빡이며 숨이 길었다.

03 ____ 그녀는 안도감을 가지게 됐다.

04 ____ 그의 이야기 템포는 빨라졌다.

05 ____ 그의 음성 크기가 줄어들었다.

06 ____ 그는 불안하게 보였다.

07 ____ 그녀는 책임이 무거워졌다.

08 ____ 그녀는 얼굴이 붉어졌다.

09 ____ 그에게 안도감이 도는 것을 볼 수 있었다.

10 ____ 그녀는 이를 물었다.

11 ____ 그는 밑을 보고 옆을 보았다.

12 ____ 그는 자책하는 것으로 보였다.

13 ____ 그의 눈동자가 아래로 움직였다.

14 ____ 그녀의 머리칼이 노랗게 빛에 바랬다.

15 ____ 그는 그의 머릿속에 있었다.

16 ____ 그녀의 손바닥에 땀이 났다.

17 ____ 그는 추워 보였다.

18 ____ 그 남자가 몸을 앞으로 기울이니 그녀의 숨결은 얕아졌다.

19 ____ 나는 그의 심장이 1분에 1킬로를 가는 것을 알았다.

20 ____ 그는 완전히 시선을 떨어뜨렸다.

21 ____ 그의 부츠 굽에 붉은 흙이 묻어 있었다.

22 ____ 하늘은 깨끗이 개었다.

23 ____. 그의 옷은 살아 있었다.

24 ____. 그녀는 눈살을 찌푸린다.

25 ____. 그는 웃고 있다.

26 ____. 그들의 협동심은 권장할 만하다.

27 ____. 그들은 서로 지루해졌다.

28 ____. 그들은 이야기를 하지 않고 있었다.

ⓘ Activity 018   감각에 기초한 묘사 훈련 ②

두 사람이 한 조가 되어, A는 클라이언트, B는 코치가 된다.

01   정서적 상태를 묘사하는 단어를 선정하여 최근에 A가 경험한 구체적인 사건을 이야기
하게 한다(예를 들어 좌절했다. 슬펐다. 호기심이 발동했다. 즐거웠다. 등...).

02   B는 청취자로서 A가 해석적 언어를 활용할 때 큰소리로 비감각적 언어로 말을 한다.
만일 A가 감각에 기초한 언어를 사용하면 이야기를 중단시키고 곧장 감각적 언어를
지적해 준다. 그런 다음 이어서 계속한다(5분 정도).

03   A가 청취자가 되고 B가 이야기를 한다. 감각에 기반한 언어만 사용한다. 만일 B가 해
석적 묘사를 하면 A는 B의 이야기를 바로 중단시킨 후 다시 이어간다.

감각에 기초한 정보는 보고, 듣고, 느끼고 하는 것으로 경험한 현실을 나누
기 위한 기반이며 비감각에 기초한 정보는 보고, 듣고, 느끼는 것을 판단하여 해
석 보고를 하는 것이어서 직접적인 내적 느낌이나 생각을 물어보지 않고 공감할
수 있는 사실이 아니다.

안구 움직임 Eye movements

눈의 반응은 사람이 숨길 수 없기 때문에 내적 동요를 보이지 않기 위하여 아랍의 보석 상인들은 색안경을 쓰고 흥정을 한다고 한다.

– 에드워드 홀Edword Hall

(1) 안구 접근단서Ocular Accessing Cue

모든 몸짓은 내적 마음의 상태를 표현하는 비언어적 표현이다. 우리의 마음 상태는 생리적으로 기능하며 이것이 몸의 반응으로 연결된다. 우리 신체기관 중 가장 마음의 상태와 민감하게 연동되는 기관이 바로 눈이다. 우리 인간의 몸을 이루는 세포는 죽음과 탄생을 반복한다. 하버드대 의학 박사로 내분비계 의사이 자 영성 분야 리더로 활동하고 있는 디팩 초프라Deepak Chopra는 모든 세포는 죽 고, 나기를 반복하는데 피부세포는 죽으면 3주 안에 재생되고, 심지어 뼈도 2년 6개월에서 3년 주기로 죽고 나기를 반복한다고 이야기한다. 라 우루 후Ra Uru Hu 의 의해 시작된 휴먼디자인 관점을 주장하는 곳에선 7년을 그 주기로 이야기하 기도 한다. 분명한 것은 우리의 세포는 죽고 나기를 반복한다는 점이다. 하지만 우리 몸의 기관 중 유일하게 뇌세포는 재생이 되지 않는다. 뇌세포는 인간의 탄 생과 동시에 완성되며 더 이상 생성되지 않는다. 뇌세포가 죽으면 할 수 있는 것은 기능이 손상되지 않은 다른 세포가 그 기능을 할 수 있는 소위 신경가소성 을 촉진하는 것이 유일한 대책이다. 뇌경색, 뇌출혈 등 뇌세포에 손상이 가면 회 복이 불가능하다. 그만큼 가장 소중한 곳이 뇌다. 이런 뇌만큼 중요한 장기는 바 로 눈이다. '몸이 천 냥이면 눈이 구백 냥이다'라는 속담처럼 눈은 어떤 기관과 비교할 수 없을 만큼 소중하다. 더욱 그러한 것은 눈의 시신경은 우리 신경 중 뇌와 직접적인 연관이 있으며 안구세포는 뇌세포와 같이 손상되면 회복되지 않 는 세포이기 때문이다. 즉 눈은 뇌와 가장 민감하게 연결되어 있다. 인간의 중뇌 의 복측부에 시신경의 운동을 담당하는 동안신경의 핵이 있으며 안구의 운동을 지배한다. 이런 조건하에 뇌의 활동과 가장 민감하게 연결된 것이 안구활동이 다. 내적 마음의 상태라고 하는 모든 내면의 생리활동은 뇌를 통해 일어난다. 뇌 에 어떤 작용이 생기면 가장 민감하게 반응하는 것이 우리의 안구세포다. 이런 원리를 활용하여 우리는 눈동자의 움직임 패턴을 면밀하게 관찰함으로써 사람 들의 생각과 감정에 의한 뇌의 활동을 통한 내면 마음의 움직임을 눈을 통해 확

인할 수 있다. '눈은 마음의 창' 이라고 하는 속담처럼 눈을 통해 그 사람의 내적
상태를 추측할 수 있다는 것이다. 특히 누군가와 대화를 할 때 눈, 정확히 안구
의 움직임을 접근 단서로 활용할 수 있다는 의미이다.

초기 NLP연구자들의 결과에 따르면 우리 안구의 움직임은 내적 상태의 변화
를 보여주는 매우 중요한 단서가 된다고 이야기한다. 과거의 어떤 기억을 떠올리기
위해 내면으로 들어가거나 또는 어떤 새로운 것을 구상하기 위한 새로운 생각에
몰입할 때 눈은 내적 활동을 상징적으로 보여준다. 내적 변화의 상징적 표상이
안구의 움직임인 것이다. 겉으로 볼 때는 아무런 변화가 없어 보이지만 우리 인간은
내면적 정보활동을 하는 동안 끊임없이 내적으로는 움직인다. 그리고 내적선호표
상에 따라 마음 안에서 심상적 그림visual, 소리auditory, 또는 느낌kinesthetic을 가지게
되고 내적선호표상의 움직임은 눈동자의 움직임으로 드러나게 된다.

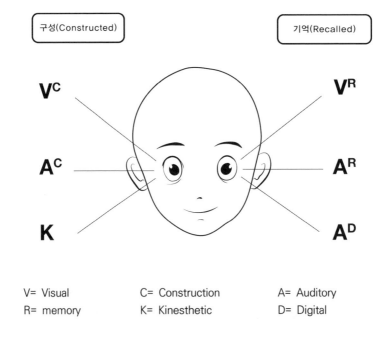

이러한 단서는 사람의 내면활동에 대한 정확한 정보를 제공한다. 우리는 오
감 특히 시각, 청각, 촉각을 매우 빈번하게 사용한다. 그리고 그 사용은 오랜 세
월에 걸쳐 패턴을 만들게 되고, 주로 사용하는 표상체계가 자연스럽게 정해진
다. 습관적으로 주로 사용하는 단서가 있다는 것이다. 과거의 어떤 일을 생각할
때 시각적 장면이 제일 먼저 떠오를 수 있고, 어떤 사람은 특정한 소리가, 또 다

른 이는 어떤 느낌이 제일 먼저 떠오르기도 한다. 몸이 반응하는 것이다. 무엇인
가를 경험할 때 작동하는 유인표상체계leading representation system에서 안구접근단서
는 교육, 코칭, 상담 등의 장에서 유용하게 활용할 수 있는 매우 정확한 단서다.

시선의 움직임으로 상대의 생각을 피한다-눈동자 접근 단서

이러한 안구접근단서의 유용함을 살펴보면, 먼저 사람의 내적 마음의 변화
를 알 수 있게 해준다. 인간의 모든 행동은 내면세계의 반영이다. 그가 의식의
지각 밖에서 진행되는 내면의 특정 프로세스를 안구의 움직임은 드러낸다. 나아
가 라포rapport 형성에 도움이 된다. 의사소통을 더욱 깊이 있게 할 수 있다. 상대
방의 내적 변화에 대한 정보를 알고 이를 통해 소통한다면 서로의 이해를 더 높
일 수 있는 상호작용으로 연결할 수 있다. 상대의 선호표상체계를 알 수 있고,
내면의 표상체계를 알 수 있다면 교사, 코치, 상담가 등은 그의 선호 빈사predicate
를 사용할 수 있으며, 이는 마음을 열 수 있도록 지원하는 환경을 만들게 되어
더욱 친밀한 라포를 형성하는 데 도움이 된다.

(2) 눈동자의 움직임 유형(보는 사람 중심)

Vc: 창조/구성 시각Visual constructed

한 번도 보지 못한 것에 대한 시각적인 상을 만들어 떠올리며 눈동자가 왼쪽 위로 올라간다.

→ "손흥민이 홈런을 치는 장면을 떠올려보세요"

Vr: 회상 시각Visual remembered

과거의 기억을 되살려서 시각적으로 어떤 이미지를 떠올린다. 눈동자는 오른쪽 위로 향한다.

→ "초등학교시절 교정과 교실은 어떤 모습이었나요?"

Ac: 구성 청각Auditory constructed

한번도 들어보지 못한 소리, 이야기 스토리를 상상한다. 눈동자가 중앙의 왼쪽으로 향한다.

→ "만약, 세종대왕이 당신을 부른다면 그 목소리는 어떨 것 같은가?"

Ar: 회상 청각Auditory remembered

실제 언젠가 들어본 소리를 기억하여 회상한다. 눈동자는 중앙의 오른쪽으로 향한다.

→ "지난번 학교에서 선생님이 뭐라고 하셨니? 어떻게 이야기 하셨니?"

Ad: 내적 언어, 자기대화Auditory digital

마음속으로 무엇인가를 생각하거나 혼잣말을 한다. 눈을 오른쪽 아래로 향한다.

→ "교가가 기억나시나요?" "고교시절 국어시간에 배운 시 중에 기억하는 시가 있나요?"

K: 촉각, 신체감각Kinesthetic(feelings)

기분, 감정, 느낌, 신체적 촉감 등과 관련한 내용을 생각한다. 눈은 왼쪽 아래로 간다.

→ "하루를 마치고 이불 속으로 들어가는 느낌을 이야기 해주신다면?" "비가 많이 와서 신발에 물이 들어오면 어떤 느낌이죠?"

ⓘ **Activity 019 안구 접근단서 연습 ①**

질문	눈 동작	표상체계
어제 본 영화 주인공 헤어스타일은 어땠는가?		
아빠 머리가 보라색이라면 어떻게 보일 것 같은가?		
제일 좋아하는 노래가 어떻게 시작하는가?		
근무(공부) 중에 갑자기 절의 종소리가 들린다면?		
누가 나의 어깨에 손을 올리면 느낌이 어떠한가?		
지금 무슨 생각하고 있는가?		

ⓘ **Activity 020 안구 접근단서 연습 ②**

질문	안구동작패턴	사용감각
1. 구두 신고, 정장을 입고 한강에 빠졌다면 그 느낌은 어떠한가?		
2. 어머니(여자친구)의 립스틱 색은 무엇인가?		
3. 당신 일터에서(친구들 중) 가장 시끄러운 사람은?		
4. 바퀴가 7개인 차를 그려 보시오.		

ⓘ **Activity 021   안구 접근단서 연습 ③**

세 사람이 한 조가 되어 각각 코치, 클라이언트, 관찰자의 역할을 맡아 눈동자의 반응을 살펴
본다.

질문	동작패턴	감각활용
당신(부모님) 차는 무슨 색인가?		
좋아하는 가수의 노래를 떠올려보시오.		
좋아하는 프로야구팀이 우승했던 장면을 기억해보시오.		
올림픽 금메달을 딴 선수를 떠올려보시오.		
시원한 맥주나 콜라를 마시는 것을 느껴보시오.		
첫 데이트를 떠올려보시오.		
시골의 거름 냄새를 떠올려보시오.		
뜨거운 한여름 운동장 한가운데 서 있다고 생각해보시오.		
아빠가(남편이) 치마를 입었다고 생각해보시오.		

(i) **Activity 022   안구 접근단서 연습 ④**

아래 문장 표현에 맞는 동작에 ✔를 하시오.

01   나는 야근해야 할 일이 있어요.

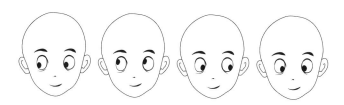

02   사람들이 저에 대해 좋은 인상을 가지고 있다는 것을 볼 수 있었습니다.

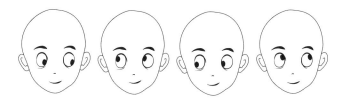

03   당신 이야기에 집중하기 어렵습니다.

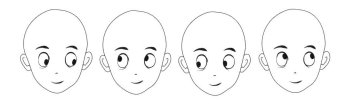

04   얼마나 짜릿한지 충분히 상상할 수 있어요.

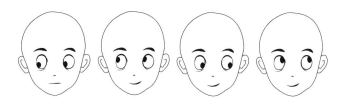

05   이 정도는 할 수 있다고 스스로에게 말하고 있습니다.

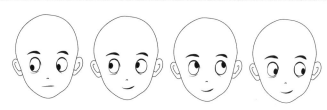

언어 패턴 Language Patterns: 빈사^{Predicate}

신경언어Neuro-Linguistic 분석 중 가장 대표되는 방법은 특정한 신경학적 언어 습관, 즉 빈사predicate를 찾는 것이다. 언어는 상호 소통을 하게 하는 최고의 도구이자 그가 누구인지 표현하는 대표적인 도구이다. 사람은 자신의 생각이나 느낌 또는 감정을 표현하거나 타인과 나눌 때 언어를 사용한다. 이때 사용되는 언어에는 그 사람의 세상 모델이 표상으로 나타난다. 어떻게 세상을 바라보는지 그가 사용하는 언어를 통해 알 수 있는 것이다. 이런 언어 사용 패턴은 무의식적으로 선택되어 습관적으로 나온다. 표상 중에서 가장 빈번하게 사용하는 단어를 빈사라 한다. 빈사는 신경학적 표상체계나 종속 모형을 보여준다. 우리가 무엇인가를 생각할 때 우리의 내면세계에서는 무의식적으로 습관적인 신경학적 사고체계가 작동된다. 표상체계나 종속모형에 따라 그것은 빈사로 드러난다. 빈사는 동사, 부사, 형용사와 같은 단어로서 무의식적 수준에서 선택된다. 이 빈사는 내면의 무의식적으로 작동하는 생각방식의 구조를 반영하는 것이다. 다음은 자신의 선호표상체계에 따른 빈사의 예다.

사람의 빈사를 보고 그의 선호표상을 알 수 있으며, 이를 잘 이해하고 바르게 활용한다면 상호 간의 라포 형성에 도움이 된다. 서로를 이해하고 신뢰를 쌓아가는 데 동질감을 만들어주는 큰 역할을 하기 때문이다. 모든 사람은 자신만의 독특한 표상을 가지고 있고, 그 표상은 그의 언어행동을 만들어 낸다. 나아가 그가 세상을 경험하는 채널로 사용된다. '모든 사람은 자신에게 필요한 모든 자원을 가지고 있다'는 NLP의 전제처럼 없는 것을 주는 것이 아니라 그의 선호표상체계에 맞게 교육, 코칭 또는 상담을 한다면 누구든 충분히 자신을 표현하고, 대화를 나누며 성장할 수 있다.

다음은 오감 중 시각, 청각, 촉각의 빈사의 예다. 이러한 빈사는 자신의 선호표상체계에 기반한다.

시각	청각	촉각
눈에 꽉찬	시끄런 생각	다 씻어 내린
모범답안을 보여줘	답을 말해라	답이 손에 안 잡히잖아
내게 보여진다.	수다스런 입	끓어오르는 솥
왕뚜껑 같은 눈	씽잉벨 소리처럼 맑은	이가 빠진 그릇
눈에 어른거리는	귓가에 맴도는	감이 안 오자나
명확히 구분되는데	명확히 표현하다	시원한
의견을 보여줘	의견을 말해라	기초가 튼튼한
그림이 안 그려진다	귓가에 생생하다	사람이 가볍다
눈에 비친	들리는 음성	어깨가 무겁다
전망을 밝다	숨은 메시지가	접촉을 가지다
범위를 그려라	쓸데없는 이야기	손 꼭 잡고 함께
구름같은 이상	크고 청명한	열렬한 다툼
대조적 색상	말하는 습성	그 사람 잡아
마음의 눈	끙끙거리고 있다	나에게 너무 매달리지마
그림을 그려라	쑥덕대지 마라	뜨거운 머리
그림같은 얼굴	말이 지나친	가벼운 머리
미래를 본다	시끄럽다	고통의 순간
근시안적	사실을 말하면	바닥에서 시작한다
과시하다	잘 알려진	매끄러운 움직임
정상에 오르다	또렷한 말소리	입술을 깨물며 각오를
바로 코밑에	밀고하는 자	송곳같이 날카로운

(i) **Activity 023   빈사연습 ①**

01 위의 박스 안의 각 표현 체계에 대한 또 다른 예를 적어보시오. 이야기 나눠보시오.

_____

_____

02 후각과 미각에 대한 빈사의 예는 어떤 것이 있는가?

_____

_____

ⓘ **Activity 024   빈사연습 ②**

다음 목록의 각 구절에는 (V)시각, (A)청각, (K)운동학, (O)후각/미각 또는 (X)해당없음 중
어느 범주에 가장 속하는지 표시한다.

___ 그 위를 더듬더듬	___ 아이디어 색이 다르다
___ 그 사람에게 범인 냄새가 난다	___ 상당한 합의
___ 약속의 징표를 손에 쥐어 줘야	___ 그 사람 생각을 잘 읽어라
___ 지루한 전망	___ 씁쓸한 결과
___ 진정한 믿음	___ 새로운 지평
___ 유리 천장	___ ~의 압박
___ 생각을 잡아라	___ 강의 전에 충분히 몸풀어
___ 그 사람 큰손이야	___ 지금 페이스를 유지해

ⓘ **Activity 025   빈사연습 ③**

01   가장 최근에 다녀온 여행지에 대한 이야기를 적고 이야기해보시오.

02   바다를 떠올리며 이야기로 묘사해보시오.

03   가장 최근에 본 영화에 대해 이야기해보시오.

ⓘ **Activity 026   빈사연습 ④**

다음 빈사의 표상체계를 구분하시오.(V. A. K. O/G)

보기	체크	보기	체크
걸려 넘어진		그림 같이 설명하네	
냄새가 역한		어둠 속에 갇혀 있는	
수원시 와글와글 포럼현장		떨리는 목소리로	
결과가 희미한		다양한 아이디어	
명석한 생각		속 시끄럽다	
착잡한 생각		쓴소리 많이 들었다	
저 사람 빅 마우스야		두 사람 잘 버무려봐	
변화를 느끼다		압력이 너무 심한	
해는 수평선에서		꾸물거리는	

• 선호표상 단서에 접근하기
사람들이 생각을 하고 있을 때, 그들은 특정 형태의 표상을 다른 방식으로 암시하거나 유발한다.

	시각적	청각적	신체감각적
호흡, 얼굴표정, 목소리 톤, 목소리의 박자	높으면서 얇은	횡격막의	깊은 복식의
	곁눈질을 하는	이맛살을 찌푸리는	근육 긴장을 이완하는
	높은 고음의	변동이 심한 멜로디의	낮은 음고의 숨이 깊은
	콧소리가 빠른	변동이 심한 리듬의	느린

(ⓘ) **Activity 027**   **BMIR**Behavioral Manifestation of Internal Representation **읽기 연습**

앵커링은 가장 적절한 내면상태를 선택하고 그렇게 만들기 위한 매우 간단하면서도 강력한
도구 중 하나다. 앵커링은 자신이 원하는 구체적인 내면상태에 대한 신호 또는 트리거를 설
정하는 것이다. 다음 단계를 따라 해보라.

01   2인 1조가 되어 최근에 있었던 기쁜 일에 대해 이야기한다.

02   관찰자는 호흡, 눈 동작, 얼굴 근육, 음성, 몸의 변화를 관찰한다.

03   최근에 있었던 즐거운/슬픈/섭섭한/감사한 일에 대해 이야기한다.

04   역시 호흡, 눈 동작, 얼굴 근육, 음성, 몸의 변화를 관찰한다.

05   역할을 바꾸어 반복한다.

〈체크리스트〉

부정적인 기억				
호흡	눈	얼굴근육	음성	몸
횟수	회전	색상	고저	자세
위치	상하	톤	템포	제스처

긍적적인 기억				
호흡	눈	얼굴근육	음성	몸
횟수	회전	색상	고저	자세
위치	상하	톤	템포	제스처

ⓘ **Activity 028   판단중지를 위한 4F 연습**

삶 속에서 일어나는 사건, 생활속에서 마주치게 되는 일들을 4F법으로 정리해 본다.
4F는 Fact(사실), Find(생각), Feel(느낌), Feed(교훈)의 머릿글자를 딴 것으로 우리가 삶
속에서 벌어지는 일들에 반응하지 않고 주도적인 선택을 할 수 있는 힘을 키우는 훈련 중
하나다. 먼저 일어난 사건을 있는 그대로 사실fact만 적어본다. 오감을 활용해 적으면 더 좋
다. 두번째 사실을 보고 어떤 생각find이 들었는지 찾아본다. 그 사실을 생각하면서 어떤 느
낌feel이 올라 왔는지 적어본다. 그리고 이 사건을 통해 내가 무엇을 배웠는지feed 통찰을 적
어본다. 훈련을 위해 글을 적을 때는 한 줄씩만 간결하게 적는 것이 좋다. 수시로 4F를 작
성해도 좋고, 매일 4F일기를 써도 좋다.

• Fact: 무엇이 있었나? 어떤 일이 있었나?
• Find: 무엇을 알게 되었는가? 어떤 생각이 들었는가?
• Feel: 어떤 감정이 올라 왔는가? 어떤 기분인가? 어떤 느낌인가?
• Feed: 무엇을 배웠는가? 어떤 통찰이 있었는가?

사례)
• Fact: 아침에 출근하면서 스스로에게 주는 카페라떼 한잔을 샀다.
• Find: 주문하면서도 커피를 받아들면서도 카페 문을 나서면서도 감사하다는 생각이 들
　　　었다.
• Feel: 마음 저 깊숙한 곳에 따스한 물결이 찰랑거리며 가득 차는 듯한 느낌이 들면서 몸
　　　이 따뜻해졌다.
• Feed: 이렇게 존재하는 것만으로 감사하다. 작은 일을 통해 감사함을 느껴가는 하루하루
　　　　를 보내야겠다.

• Fact: 3주만에 새벽수영을 갔다.
• Find: 몇 바퀴 안돌았는데도 숨이 턱끝까지 차고 힘이 든다.
• Feel: 새벽에 집을 나설 때 찬바람이 얼굴을 스칠 때 상쾌했고, 수영을 하고나서는 가슴이
　　　뿌듯하며 온 세포가 살아나는 느낌이었다. 가득 찬 충만감이 몸을 채운다.
• Feed: 그래 이거야! 일어날 때만 견디면 얼마나 기쁜지 몰라. 이 느낌으로 나의 새벽을
　　　　잘 관리해야겠다.

02

코칭컨테이너^{COACHing Container™} 창조

코칭컨테이너^{COACHing Container™} 창조

나답게 존재하고 행위할 수 있기 위해 내면 마음의 상태관리는 매우 중요하다. 로버트 딜츠는 최적의 상태를 대문자 COACH상태로 표현한다. 이는 언제나 중심을 잡고 있는 Centering의 마인드, 스스로를 한정 짓지 않고 경계에 제한 받지 않는 마음의 상태인 Open 마인드, 언제나 깨어 있으며 자신의 언행은 물론 메타 포지션에서 나를 알아차리는 상태인 Aware 마인드, 세상 만물이 서로 영향을 미치며 함께 생태적으로 어울려 살아가는 하나의 큰 시스템의 일부임을 알고 있는 Connect 마인드, 그리고 이러한 상태를 오랫동안 유지하고자 하는 의지를 표현하는 Hold 마인드의 첫 글자를 딴 조어다. 자신의 내면에 COACH 상태를 창조하고 유지하는 것은 자신답게 존재할 수 있는 힘을 키우는 좋은 방법이다.

탁월한 리더, 부모, 코치, 상담가는 자신의 내면을 COACH상태에 오래 머무를 수 있는 힘을 가진 사람이며, 함께 하는 타인들 역시 이 상태를 창조하고 오랫동안 유지할 수 있도록 영향력을 발휘할 수 있는 사람이다. 타인과의 관계에서 내가 먼저 이 상태를 유지할 수 있다면 타인에게도 영향을 끼칠 것이다. 우리가 언제나 COACH상태를 유지할 수 있다면 언제나 최상의 마음상태를 유지할 수 있고 우리와 타인의 잠재력이 발휘되는 상태를 만들 수 있을 것이다. NLP에서 이러한 상호작용의 특별한 상태를 코칭컨테이너^{COACHing Container™}라고 부른다. 강력하고 풍부한 코칭컨테이너^{COACHing Container™}를 만드는 것은 다른 사람과 함께 하며 도전과 변화를 지원하는 데 필수적이다.

ⓘ **Activity 029 COACH 체조로 공명의 장 만들기**

다음의 연습은 COACH상태를 타인과의 상호작용에 가져오는 방법이다. 이 연습의 목적은
두 참가자가 상호작용을 최대한 활용하기 위해 각자의 내면상태를 최상의 상황으로 만들어
둔 후 상호작용을 시작하도록 하는 것이다. 운동선수들이 경기 중 최고의 기량을 발휘하기
위해 시합 전 워밍업을 하는 것처럼 코칭컨테이너COACHing Container™는 참가자들이 서로에
게 최고를 얻을 수 있도록 자신의 내면을 준비하는 방법이다.

01   편안하고, 내면이 정렬되고, 균형 잡힌 자세로 서로 마주보고 앉는다/선다.

02   천천히 호흡하며 의식을 몸과 호흡으로 보낸다. 현존의 마음상태가 되게 한다.

03   COACH State 만들기 연습을 각자 진행한다. 다음과 같은 선언을 한다.
   • Centering 나는 중심이다.
   • Open 나는 열려 있다. 나는 경계가 없다.
   • Aware(Attention, Awaken) 알아차리고, 주의를 보내고, 깨어 있다.
   • Connect 나는 나 자신, 당신, 그리고 우리 내부의 자원 분야와 연결되어 있다.
   • Hold 나는 이 상태를, 우리의 상호작용을 지금처럼 유지할 것이다.
   • 진정성 가득한 현존상태가 되었을 때, 아주 강하고 상호 친밀감을 느끼는 자원이 풍부
     한 상태가 완성된다. 이를 장field이 형성된 '컨테이너Container'상태라고 한다.

04   관계의 장場을 어떻게 감지하는지를 서로 공유하라. 은유나 상징을 사용해도 된다.

05   자신이 만든 코칭컨테이너의 경험으로 언제든 되돌아가는 데 사용할 수 있는 앵커(몸
     짓, 언어, 기호 등)를 함께 만든다.

ⓘ **Activity 030   코치채널COACH Channel 열기 연습 ①**

COACH상태의 각 요소에 대해 다음 단계를 살펴보라.

01   지금의 경험을 10점 만점에 몇 점을 줄 수 있는가?

_____

_____

02 점수를 조금 더 높이기 위해 어떤 노력을 더 할 수 있을까?(예를 들어, 물리적, 언어
    적, 시각적, 역할 모델, 'As IF' 행동 등) 한번 시도해 보라.

03 (2번 시행 후) 지금은 몇 점을 줄 수 있는가?

04 무엇이 차이를 만들었는가? 이제 무엇이 가능해지는가?

캘리브레이션^{calibration}

캘리브레이션은 타인과의 상호작용 중 다른 사람의 반응을 읽는 것의 의미와 방법을 찾아가던 과정에서 탄생한 NLP의 대표적인 용어다. 커뮤니케이션을 잘하는 사람들은 타인의 내부 반응에 대해 선입관이나 편견을 가지지 않고, 그러한 타인의 반응을 섬세하게 관찰하고 그 의미를 정확하게 읽으려고 노력한다.

우리가 마음 안에서 경험하는 생각, 감정 등은 몸으로 자연스럽게 드러난다. 만약 난감한 상황에서 식은땀이 나는 생리활동을 의도를 가지고 의식적으로 멈출 수 있다면 그는 이미 공중부양을 하고 있는 도사일 것이다. 천리를 단걸음에 달려가는 축지법 정도는 가볍게 쓰는 사람은 내면의 감정적 변화가 어떤 형태로든 의식/무의식적으로 드러나는 것을 의지로 통제할 수 있을 것이다. 대개 어떤 일에 마음이 불안한 사람은 얼굴색이 변하고, 얼굴 근육이 경직되며, 호흡 패턴이 달라진다. 몸의 자세나 동작이 어딘가 평소와 달라지며 말의 템포와 음색이 변한다. 이런 변화는 본인은 아닌 척하려 해도 주변 사람들은 이내 알아볼 수 있다. 미세한 변화라도 가까이 있는 상대방은 알아챌 수 있으며 그의 내적 경험과 마음상태를 유추할 수 있게 된다. 이렇듯 BMIR은 사람의 내적 정보를 정확하게 알려주는 훌륭한 단서가 된다. 따라서 사람의 내면세계의 변화와 경험을 말로만이 아니라 이러한 비언어적 표현을 통해 감지할 수 있는 능력은 사람들의 변화와 성장을 돕고자 NLP를 전문적으로 배우고 활용하는 사람들에게는 꼭 필요한 것이다.

특히 감정이란 것은 머그잔에 커피를 가득 채우고 걸어 다니는 격이라 내적·외적 자극에 반응하며 흔들리기 십상이다. 이처럼 내면의 감정은 밖으로 드러나는 것인지라, 상대의 내면 변화가 겉으로 드러나는 것을 잘 관찰하고 여기에 초점을 맞추어 라포를 유지한다면 교육, 코칭, 상담은 물론 상호작용을 더욱 효과적으로 유지하는 데 큰 힘이 될 것이다. 여기서 내면의 변화를 살펴보기 위해 관찰할 수 있는 접근 단서는 내담자나 클라이언트의 신체 생리적, 의식·무의식적 변화는 물론 크고 작은 모든 몸 동작의 전체를 포함한다. 몸과 마음이 하나라는 NLP의 전제를 기반으로 할 때 그 사람의 정서적 변화는 생리적 변화와 매우 밀접하게 연관되어 있기 때문이다.

예를 들어, '혼란'을 느끼는 것에 대해 교사가 말할 때마다 학습자가 눈썹을 찡그리며 어깨를 움츠리고 입술을 깨문다고 가정해 보자. 얼마 후 다른 수업시간에도 만약 그 학생에게서 똑같은 반응을 본다면 교사는 그 학생이 뭔가 '혼란'을 느낀다는 것을 추측할 수 있고 이에 적절한 대응도 할 수 있을 것이다. 이러한 종류의 관찰 가능한 감각적 인식을 할 수 있다면 의사소통의 모든 부분에서 대단히 중요한 기술을 가지고 있는 것이다. 이러한 능력을 키우는 방법은 충분한 연습을 하는 것이다.

편안한 가족이나 친한 친구에게 진짜 매우 만족한 어떤 일을 생각해 달라고 요청해보라. 그는 매우 만족한 어떤 사건을 생각하며 점점 그 사건과 관련된 감정으로 빠져들게 된다. 이때 면밀히 관찰해 보라. 표정, 눈동작, 미세근육의 변화 등을 자세히 관찰한다. 다음엔, 반대로 가장 불만족스러운 경험을 생각하도록 요청하고 다시 주의 깊게 관찰하라. 그의 비언어적 반응에서 처음의 경험과 비교해서 어떤 차이를 볼 수 있어야 한다.

마지막으로 당신의 파트너에게 또 다른 경험을 생각해 달라고 요청하라. 다만 어떤 종류의 경험인지는 이야기하지 않고 생각한다. 그리고 당신은 유심히 관찰하여 그가 의식, 무의식적으로 표출하는 다양한 미세단서들을 보고, 그가 생각한 경험에 대해 알아차린 것을 이야기해보라. 어쩌면 그가 당신에게 "자리 깔아야 겠다"라고 이야기할지도 모른다.

만족

불만족

만족인가? 불만족인가?

　　캘리브레이션은 생각의 변화 등 내면상태와 관련된 미세단서 및 행동적 표현에 대한 알아차림과 밀접한 관련이 있다. 캘리브레이션은 NLP가 우리나라에 소개되면서 초점 맞추기라는 말로 번역되어 사용되어 왔다. 상대방의 표현 행동을 면밀히 감지하고 그의 반응을 내면행동과 연결시키는 데 초점을 맞추어 살펴본다는 의미를 살리기 위해 사용된 용어다. 이러한 마음상태에 대한 몸의 반응에 초점을 맞추면 상대의 현재 내적 상태에 대해 알게 되어 적절한 대응을 할수 있다. 이처럼 초점을 맞추는 캘리브레이션은 BMIR와 같은 유추 행동을 잘관찰하는 것이다. 캘리브레이션은 타인과의 커뮤니케이션을 더욱 효과적으로 증진시키는 데 큰 정보가 된다.

　　초점을 맞출 캘리브레이션 유추 행동을 살펴보면 다음과 같다.

- 시각정보: 호흡의 빈도와 깊이, 안면 근육의 긴장, 피부색, 자세, 크고 작은 몸동작 등
- 청각정보: 음색, 말의 고저, 템포, 톤 등
- 촉각정보: 근육의 긴장도, 피부의 건기, 습기, 윤기 등
- 미각, 후각: 입냄새, 땀냄새, 향수 등

　　이처럼 유추할 수 있는 행동은 내면의 특정한 감정상태와 연결되어 있다. 따라서 이를 통해 즉 상대방의 내면에서 일어나는 활동을 유추할 수 있고 이를 정보로 사용하여 적절한 반응을 할 수 있어 상호 공감의 심도를 높일 수 있다. 우리가 하는 의사전달의 93%는 비언어적으로 이루어진다는 커뮤니케이션 연구가들의 고전적 연구가 있다. NLP에서는 이처럼 큰 비중을 차지하는 비언어적 정보 수집에 필요한 매우 세밀한 방법을 제공하고 있다.

ⓘ Activity 031　캘리브레이션 연습 ① 셜록홈즈 게임

'캘리브레이션'은 행동 단서들을 내면에서 일어나는 인지 및 감정적 반응과 관련된 행동과 연결시키는 것을 포함한다. 파트너를 찾아 다음 연습을 시도하라.

01　파트너에게 파트너가 ＿＿＿＿＿＿＿＿＿ 느끼는 개념을 생각해 보라고 한다.
　　(알고 이해한다, 이해가 잘 안되고 어렵다, 정말 그것이 궁금하다, 의심을 안 할 수가

없다... 등등)

02　파트너의 생리를 자세히 관찰하라(마치 셜록홈즈가 된 것처럼). 파트너의 눈 움직임, 표정, 손동작 등을 면밀히 관찰한다.

03　이제 파트너에게 혼란스럽고 불분명한 것을 생각해 달라고 부탁하라. 다시 한번 파트너의 눈과 특징을 주의 깊게 관찰하라.

04　형상의 패턴이 다른 것에 주목하라.

05　이제 파트너에게 어느 한 가지 생각을 골라 다시 그 생각을 경험해 보라고 한다.

06　파트너의 특징을 관찰한다. 이해 또는 혼란과 관련된 특징의 단서들 중 하나를 살펴보아라.

07　추측하고 나서 파트너에게 확인하여 당신이 맞았는지 확인한다.

08　파트너에게 이해하거나 또는 혼동하는 다른 개념을 생각하게 하라. 그를 잘 관찰하여 그가 어떤 생각을 하고 있는지 추측하라. 파트너에게 당신의 추측을 확인하라.

09　당신의 파트너에게 어떤 것의 개념을 설명하고, 당신의 파트너의 관찰함으로써 그가 그것을 이해했는지 아니면 혼란스러워 하는지. 언제 이해가 이루어지는지 그 순간을 찾아보라.

캘리브레이션 훈련표

	상태 1 (혼란스러움)	상태2 (이해됨)
몸의 자세		
안구 위치		
호흡		
미세한 움직임		

ⓘ Activity 032   캘리브레이션 연습 ② 셜록홈즈 게임

A는 경험자, B는 관찰자의 역할을 한다. 서로 역할을 바꿔본다.
또는 5~6명이 한 조가 되어 한 명을 경험자로 선택하고 맞춰본다.

01   B는 A가 평소 사랑하거나 존경하는 사람을 마음속으로 떠올릴 수 있도록 리드한다.
      A는 떠올린 이가 마치 그가 지금 자신과 함께 있다고 느낀다. 그의 표정, 언어, 몸짓
      등을 떠올려 본다. B는 잘 관찰한다.

02   B는 A를 1의 상태에서 분리시킨다.

03   A는 반대로 평소 싫어하거나 불편한 감정이 드는 사람을 마음속으로 떠올린다. 그와
      함께 있다고 느끼고 그의 표정, 언어, 몸짓 등을 떠올려 본다. B는 잘 관찰한다.

04   다시 03의 상태에서 분리시킨다.

05   B는 A에게 다음의 질문을 한다.
      • 두 사람 중 누가 키가 더 큰가요?
      • 두 사람 중 누가 돈을 더 잘 쓰나요?
      • 두 사람 중 누가 당신과 집이 더 가깝나요?
      • 두 사람 중 누가 술을 잘 마시나요?
      • 두 사람 중 누가 말이 많은 편인가요?
      • 두 사람 중 누가 노래를 잘하나요?
      • 두 사람 중 누가 머리카락이 긴가요?
      • 두 사람 중 누가 가족 구성원이 더 많은가요?
      • 두 사람 중 ...
         이때 A의 미세 단서를 면밀하게 관찰하여 A의 대답이
         누구를 이야기하는지 추측해본다.
         A는 답을 할 때 언제나 **"그 사람 입니다"**라고 말한다.

ⓘ Activity 033 캘리브레이션 연습 ③ 셜록홈즈 게임

A는 경험자, B는 관찰자의 역할을 한다. 서로 역할을 바꿔본다.

01 B는 A가 평소 사랑하거나 존경하는 사람을 마음속으로 떠올릴 수 있도록 리드한다.
    A는 떠올린 이가 마치 그가 지금 자신과 함께 있다고 느낀다. 그의 표정, 언어, 몸짓
    등을 떠올려 본다. B는 잘 관찰한다.

02 B는 A를 1의 상태에서 분리시킨다.

03 A는 반대로 평소 싫어하거나 불편한 감정이 드는 사람을 마음속으로 떠올린다. 그와
    함께 있다고 느끼고 그의 표정, 언어, 몸짓 등을 떠올려 본다. B는 잘 관찰한다. 그리
    고 맞춰본다.

04 다시 03의 상태에서 분리시킨다.

05 B는 A에게 다음의 질문을 한다.
    • 두 사람의 키와 생김새에 대해 이야기 해주십시오.
    • 두 사람이 타고 다니는 차에 대해 이야기 해주십시오.
    • 두 사람이 살고 있는 동네에 대해 이야기 해주십시오.
    • 두 사람의 학력과 전공에 대해 이야기 해주십시오.
    • 두 사람의 취미에 대해 이야기 해주십시오.
    • 두 사람의 ...에 대해 이야기 해주십시오.
    이때, A는 두 사람에 대한 설명을 할 때 언제나 "이 사람은~~"으로 시작하는 문장으
    로 설명해야 한다. B는 면밀하게 미세단서를 관찰한다. 그리고 맞춰본다.

ⓘ Activity 034 페이싱(맞추기) 연습

01 세 사람이 한 팀이 되어, 한 명은 코치, 한 명은 클라이언트, 한명은 관찰자가 된다.
    코치와 클라이언트는 한 쌍이 되어 서로 마주 보고 의자에 앉는다. 서로 무릎이 닿을
    정도의 거리로 다가앉는다. 관찰자는 약간 떨어져 두 사람을 관찰한다.

02 먼저 클라이언트는 자신의 페이스로 호흡한다. 그저 편하게 일상적인 호흡을 하면 된
    다. 코치는 클라이언트를 잘 관찰하고 그의 호흡에 맞추어 클라이언트가 볼 수 있도록
    손을 아래위로 호흡의 크기와 길이에 맞춰 움직인다. 손의 방향이나 모습 크기 등에
    대해 클라이언트의 요청이 있으면 그 요청을 듣고 그가 원하는 대로 한다(2-3분).

03   코치는 클라이언트에게 다음의 질문 중 하나를 한다.
  • 가장 즐거웠던 여행에 대해 이야기해주십시오.
  • 즐겨보는 TV 프로그램이나 유튜브 방송에 대해 이야기 해주십시오.
  • 요즘 취미나 관심사에 대해 이야기 해주십시오.
  • 또는 클라이언트가 요청하는 질문을 한다.

04-1 코치는 클라이언트와 대화를 나눌 때 다음 사항을 하나씩 시행한다.
  • 몸의 자세를 맞춘다.
  • 제스처를 맞춘다.
  • 목소리의 크기, 색, 속도 등을 맞춘다.
  • 호흡의 깊이와 속도를 맞춘다.

04-2 코치는 클라이언트와 대화 나눌 때 의도적으로 다음과 같이 한다.
  • 몸의 자세를 달리 한다.
  • 다른 제스처를 사용한다. 다른 곳을 바라본다. 집중하지 않는다.
  • 목소리의 크기, 속도를 달리한다.

05   코치, 클라이언트, 관찰자는 소감을 서로 나눈다.

06   세 사람은 역할을 교대하여 위의 연습을 진행한다.

ⓘ **Activity 035 캘리브레이션 종합연습**

사람들은 매순간 미세하게 변화한다. 따라서 감각적 민감성이 많이 발달한 사람은 그러한 변화에서 의미를 찾을 수 있다. 두 사람이 파트너가 되어 다양한 주제로 대화를 나누며 캘리브레이션 연습을 한다.
(대화주제 예: 좋아하는 영화, 잊지 못할 여행 등)
대화를 나누며 파트너를 잘 관찰하며 아래 체크리스트를 작성하라.

01   피부색
  밝다 -- 어둡다

02   피부 탄력성 (근육의 긴장도-윤기를 관찰한다.)
  균형이 잡혔다 --------------------------------- 균형이 잡히지 않았다

03 호흡
　　• 속도
　　빠르다 -- 느리다
　　• 위치
　　높다 -- 낮다

04 아래 입술의 크기
　　라인이 있다 --------------------------------------- 라인이 없다

05 눈
　　• 초점
　　초점이 있다 ---------------------------------- 초점이 없다
　　• 동공 확장
　　동공이 확장됨 ------------------------------ 확장되지 않음

라포^{rapport}

라포를 잘 형성하는 능력은 중요한 관계기술 중 하나이다. 우리가 타인으로부터 끌어낼 수 있는 최상의 결과는 그와 얼마나 라포를 잘 만들었는가에 달려 있다고 해도 과언이 아니다. 코칭이든, 상담이든, 교육이든, 또는 직장생활이든 어떤 관계에서든 타인과의 소통을 위해 상대방의 수준에서, 그의 자리에서, 그의 입장에서 대화를 나누는 것은 매우 중요하다. 사람들은 일반적으로 자신과 비슷한 세상 모델을 가지고 있는 사람들과 더 깊은 라포를 경험한다. 상대방이 사용하는 언어에 맞추는 것은 그 사람의 세상 모델을 인정하는 한 가지 방법이다. 특정 개인이나 집단에서 일반적으로 사용하는 단어, 말, 은유 등을 정확히 이해하고 함께 사용하는 것은 그들의 세상 지도를 공유하게 되는 것이며 빠르고 깊게 라포를 형성하는 또 다른 방법이다.

필자는 초등학교 시절 경기도 수원에서 경상남도 부산으로 전학을 갔다. 전학 간 첫날 학교에서 만난 아이들의 사투리와 그들의 구사하는 언어 태도는 태어난지 10년만에 처음 보는 푸르고 광활한 부산 앞바다를 보며 머리가 정지했던 충격 이상이었다. 처음으로 생존을 고민했고 선택은 같은 언어를 사용하는 것이었다. '하모! 하모!'를 뜻도 모르며 외치는 어느 날 수많은 엄석대와 어느새 친구가 되어있었다. 같은 언어를 사용한다는 것은 같은 방향에서 세상을 바라본다는 동질감의 표현인 것이다. 나의 사투리 구사능력이 능숙해질수록, 친구들과의 관계는 깊어져 갔다.

또한 비언어적 의사소통으로 페이싱하거나 미러링^{mirroring}하는 것 역시 나는 당신에게 '관심이 있다'는 표현으로 마음의 벽을 허물고 더욱더 친밀한 관계를 맺는 데 크게 도움이 된다. 이는 다른 사람의 신발을 신는, 즉 타인의 입장이 되어주는 매우 강력한 형태의 라포 형성방법이다. 특히 NLP에서는 라포를 신체 생리적 측면에서도 살펴본다. 공감은 정서적 느낌이고 이는 신체 생리적인 현상으로까지 연결되기 때문이다. NLP의 다양한 방법은 특히 라포 형성에 많은 도움을 준다. 상대방의 신체 자세, 제스처, 음색, 말투, 표정은 물론 안구의 움직임까지 파악하여 그의 내면을 이해하고 맞추며, 나아가 그가 주로 사용하는 선호 표상체계와 빈사를 자연스럽게 사용하여 편안하게 대화 나눈다면 상대는 매우 안정감과 친숙감을 느낄 수 있을 것이다. 이것이 NLP커뮤니케이션의 남다른 점 이라고 할 수 있다. 반대로 상대의 상황을 고려하지 않고 자신의 언어로만, 자신 의 입장에서만, 자신의 세상 모델만이 존재하는 듯한 태도로 소통한다면 공감과 신뢰는 요원할 것이다. 이러한 라포 형성의 대표적인 NLP의 기술로 페이싱과 리딩leading이 있다.

05

페이싱^{pacing}과 리딩^{leading}

페이싱은 보조를 맞춘다는 말이다. 마라톤선수가 훈련을 할 때 훈련을 돕기 위해 함께 달리는 선수를 페이스메이커^{pace maker}라고 부른다. 이들은 정해진 속도에 맞춰 선수와 함께 달린다. 어린 아이들과 산책을 할 때 어머니도 아이의 발걸음과 보조를 맞춘다. 아이를 바라보며 천천히 보폭과 그 속도를 조절한다. 대화란 이런 것이다. 어린아이들이 가고 싶어 하는 곳에 데리고 갈 때 어머니는 그 아이의 발걸음을 맞추어 걸어가는 것과 같다. 페이싱은 상대방의 세상 모델에 함께 서서 그의 생각과 감정을 그대로 반영하고, 표상체계를 맞추고, 언어는 물론 비언어적 행동을 함께 하며 적절한 피드백을 가하는 모든 활동이다.

카페나 식당에서 사람들의 행동을 관찰하다 보면 사람들이 서로의 몸짓과 행동을 따라하거나 유사하게 하는 장면을 종종 목격할 수 있다. 보통은 서로 친분을 쌓기 시작할 때 이러한 행동이 빈번히 일어난다. 그들은 비슷한 자세로 앉고, 비슷한 속도와 비슷한 어조로 말하고, 심지어 비슷한 제스처를 취하기 시작할 것이다. 이것은 1세대 NLP에서 페이싱이라고 명명한 과정의 자연스러운 모습이다. 사람들을 주의 깊게 관찰하면, 두 사람이 정말로 서로 친하게 지낼 때, 서로의 행동을 많이 미러링한다는 것을 알게 될 것이다. 이것은 사람들을 보다 효과적으로 이끌 수 있는 도구로서 기본적인 의사소통의 원칙이다.

페이싱은 상대방의 언어적, 비언어적 단서^{non-verbal cue}를 자신의 세계 모델과 일치시키기 위해 사용한다. 그것은 자신이 사용하는 어휘와 행동을 다른 사람의 어휘와 행동에 맞춰 유연하게 선택하고 통합하여 활용하는 것을 포함한다. 이러한 과정은 효과적인 신뢰를 쌓고 라포를 형성해가는 소통을 위해 매우 중요하다. 우리가 타인에게 페이싱한다는 것은 그의 입장이 되어 그의 세상 모델을 경험하려고 노력한다는 의미이다. 누군가가 자신의 언어로 자신의 사고방식으로 소통하며 다가온다면 사람들은 마음을 더 쉽게 열게 된다.

예를 들어, 관계를 발전시키는 한 가지 방법은 한 사람이 사용하는 언어 패턴의 종류를 듣는 것이다. 그리고 나서 어떤 사람이 "나는 우리가 이것에 좀 더 깊이 들어갈 필요가 있다고 느낀다"라고 말하면 여러분은 "네, 나는 당신이 이 것을 탐구할 필요가 있다는 느낌을 가지고 있다는 것을 이해합니다"라고 말할 수 있다. 물론, 이미 알고 있는 사람들과 이미 친분이 있는 사람들에게 페이싱하는 것은 상대적으로 쉽다. 반면 익숙하지 않은 사람들과는 더 많은 노력이 필요하지만 페이싱은 분명 효과적인 방법이 될 수 있다. 이 경우 한번에 한 가지를 페이싱하는 것이다. 먼저 상대방의 목소리 톤을 맞추는 것으로 시작해서 조심스럽게 몸 자세, 몸짓 등을 추가하며 넓혀 나갈 수 있다.

리딩은 자신의 언어와 행동 패턴을 원하는 방향으로 미묘하게 이동시킴으로써 다른 사람이 그들의 행동이나 사고 과정을 바꾸거나, 더하거나, 풍부하게 만들려는 시도를 말한다. 우리나라의 초기 NLP상담 분야에서는 리딩을 유인으로 표현하기도 했다. 보정과 유인으로 표현되기도 하는 페이싱과 리딩은 마치 두 사람이 춤을 추는 것과 같다. 상대방의 리듬에 맞춰pacing 춤을 추면서 동시에 파트너를 자신의 리듬으로 끌어들이는leading 댄스처럼 소통은 페이싱과 리딩으로 이루어 진다. 탁월한 코치나 상담가는 처음에는 클라이언트나 내담자에 맞춰 페이싱하다가 자연스럽게 자신의 페이스로 상대방을 리딩하여 변화와 성장을 돕는다. 이러한 과정은 매우 자연스럽게 이루어지며 그 결과는 신뢰와 라포의 강화다.

일반적으로 사람들은 리더십은 '리딩'하는 능력에 달려 있다고 생각한다. 하지만 효과적인 리더십의 비밀은 다른 사람의 세상 모델을 이해하고 존중하며, 나아가 다양한 세상 모델에 자신의 비전을 통합할 수 있는 유연성에 있다. 어쩌면 리더십은 이끄는 리딩보다는 페이싱을 잘하는 페이서십pacership에서 나오는 것인지도 모른다.

NLPU 프랙티셔너 워크북에 리딩하기 전에 페이싱하는 것의 힘을 보여주는 예가 있다. 미국의 어느 기업에서 텔레마케팅을 위한 세미나에서 나온 사례인데, 도대체 아무 것도 판매할 수가 없었던 한 고객에 대한 것이었다. 그 고객은 대기업의 대표이사인지라 매우 중요한 핵심고객이 될 수도 있다는 기대가 있었지만 어떤 것도 그에게 판매할 수 없었다. 영업 부서에서 조사해보니 그 고객은 말이 매우 느린 사람이었다. 그는 아주 중요한 고객이 될 수 있는 큰 회사의 사장이었다. 보통 텔레마케터들은 그에게 전화를 걸어, "안녕하세요, 선생님, 저는 당신이 매우 바쁜 사람이라는 것을 알고 있습니다. 하지만 잠깐 시간을 내주실 수 있다면 정말 좋은 상품을 소개하려 합니다"라며 매우 빠른 속도로 말했다.

이는 그 예상 고객의 마음을 움직이기 어려운 방식이었다. 이때 세일즈 그룹의 한 멤버가 새롭게 접근했다. 그의 말이 매우 느린 것을 중요한 단서로 포착해 매우 느린 목소리로 전화를 했다. "안..녕..하..십..니..까?(매우 천천히). 저는 ○○ 주식회사의 누구인데, 당신에게 정말... 좋은... 제품을... 소개... 하고... 싶은데... 언제... 전화하는 게...편안한지... 알려주세요... 정말... 이 제품은... 시간 날 때... 살펴보면... 당신에게...매...우...적...합...하리라..생각...합니다." 이 세일즈맨은 고객에게 "1분만 시간 내주세요. 좋은 정보 드릴게요"라며 매우 빠른 말로 한 것이 아니라, 오히려 "이 일을 편안하고 철저하게 생각할 시간이 충분하도록 제가 언제 다시 전화할 수 있을까요?"라고 매우 천천히 말했다. 전화를 받은 큰 회사의 사장은 그 접근방식이 너무 편해서 전화 약속을 했고 이후 가장 큰 고객 중 한사람이 되었다고 한다. 이 사례에서 볼 수 있듯 페이싱의 가장 중요한 결과 중 하나는 친밀한 관계를 확립하는 것이다. 사람들은 자신의 세계관이 이해되고 존중받는다고 느끼면 훨씬 덜 저항한다.

페이싱이 성공적으로 잘 이루어졌으면 다음 단계는 피험자에게 새로운 경험을 가지도록 이끌고 나가는 것이 필요하다.

MAGIC OF RAPPORT

라포를 위한 페이싱과 리딩

Ⓘ **Activity 036   페이싱과 캘리브레이션 연습**

01   두 사람이 파트너가 되어 서로 마주 보고 의자에 앉는다. 바로 정면이라도 좋고 약간
    비켜 앉아도 좋다. 서로 무릎이 닿을 정도로 가깝게 앉는다.

02   A는 클라이언트, B는 코치 역할을 한다.

03   클라이언트가 자신의 페이스로 호흡한다. 코치는 클라이언트가 호흡하는 것을 잘 관찰
    하고 그 호흡에 맞추어 클라이언트가 볼 수 있도록 손을 앞에서 아래위로 움직인다.
    잠시 후 멈추고 움직이는 범위, 속도, 위치에 관해 클라이언트의 의견을 듣고 그가 원
    하는 대로 움직임을 맞춘다.

04   클라이언트는 다시 한번 코치가 자신의 호흡에 맞추어 주는 동작(손놀림, 고개, 발 굴
    림 등)을 보면서 자신의 페이스대로 호흡을 계속한다. 코치는 클라이언트가 요구하는
    동작의 크기와 속도에 호흡을 맞추어 손을 아래위로 계속 움직인다. 이때 클라이언트
    는 편안해지고 코치가 나와 함께 있고 자신에게 몰입하고 있다는 느낌을 경험하게 되
    는데 이에 대한 의견을 서로 나눈다.

05   역할을 바꾸어 '01~04'를 반복하여 연습한다.

미러링|mirroring

　　NLP에서 '미러링'은 다른 사람의 행동 패턴을 그대로 반영하거나 보여주는 과정을 말한다. 미러링의 예로는 다른 사람과 비슷한 자세로 앉아 있거나, 그 사람과 같은 제스처를 사용하거나, 비슷한 톤과 템포로 말하는 것이 있다. 미러링은 '페이싱'의 근본적인 형태 중 하나이며, 종종 미러링은 개인의 심오한 관계의 발전으로 이어진다.

　　NLP에서는 행동이나 언어를 미러링하는 단계를 넘어 상대방의 내적경험인 표상체계와 무의식적 행위(신체, 생리, 언어적 표현 등)에까지 맞추는 수준까지 미러링을 하는 것을 요구하며 다룬다. 라포 형성에 있어 다른 커뮤니케이션과 그 깊이가 남다른 접근을 보여준다. 코칭, 상담, 세일즈, 고객관리 등 다양한 분야에서 자연스럽게 미러링을 하기 위해선 표상체계 작동에 대한 섬세하면서도 예리한 분별력이 요구된다. 이는 소통할 때 일어나는 섬세한 신경학적 표현들은 마치 바이오 피드백biofeedback을 활용할 때 진단되는 전극의 피드백 작용과 같은 수준의 매우 미세한 생리적 반응이기 때문이다. 이러한 수준의 미러링은 버지니아 새티어Virginia Satir, 리차드 밴들러Richard Bandler나 밀튼 에릭슨Erickson같은 NLP의 모델이 된 세계적인 심리치료사들에게서 공통적으로 발견된 역량이다. 미러링은 다른 사람과 함께 더 강한 2차 입장2nd position을 구축하는 데 도움을 주는 효과가 있으며, 다른 사람을 모델링하고 그 사람의 내부 경험을 포착할 수 있는 직관을 개발하는 데 유용하다. 미러링의 영향과 효과를 파악하려면 다음과 같은 연습을 시도해 보라.

ⓘ **Activity 037 미러링 연습 ①**

01 두 사람이 마주 앉는다/선다. 코치와 클라이언트로 역할을 나눈다.

02 클라이언트는 먼저 몸짓을 한다.

03 코치는 클라이언트의 몸짓을 그대로 따라한다.

04 클라이언트는 이야기를 한다.

05 코치는 클라이언트의 이야기를 요약 반복한다.
    이때 말투, 감정, 호흡, 표정, 손과 발의 위차, 손발의 동작, 몸동작을 미러링한다.
    클라이언트의 표상체계에 맞춰 대화를 나눈다.

ⓘ **Activity 038 미러링 연습 ②**

01 파트너를 정한다. 대화하는 동안 당신이 그를 거울로 삼아 미러링할 것이라고 말하지 말라.

02 다양한 주제에 대해 파트너의 의견을 물으며 대화를 시작하라.

03 대화를 하면서 상대방의 생리(음성 톤과 템포 포함)를 미묘하게 미러링하기 시작한다. [힌트: 이것은 '적극적 경청'의 맥락에서 가장 쉽게 행해질 수 있다; 즉, 그 사람이 한 말을 되짚어 보면, "그러니까, 당신이 말하는 것은…"이라고 요약한 다음, 그 사람의 의견에 대한 이해를 진술하는 백트래킹 기법과 같은 것이다.]

04 대화가 시작되고 미러링할 때, 당신은 그와 비슷한 자세를 취하고, 같은 종류의 제스처를 사용하고, 비슷한 속도와 크기로 말하고, 비슷한 음성 톤의 범위에서 말하라. 만약 당신이 상대방을 완전히 미러링하고 있다면, 당신은 그와 같은 속도로, 그리고 가슴의 같은 부분에서 호흡을 하게 될 것이다. 당신이 이 정도의 친밀한 관계에 도달했을 때 어떤 느낌인지 알아보라.

05　당신의 라포 수준을 진단해보는 한 가지 방법은 당신이 아직 논의하지 않은 몇 가지 주제에 대해 상대방의 의견을 '두 번째 추측'하는 것이다. 종종 미러링은 당신에게 무의식적으로 전달되고 수신되는 정보에 접근할 수 있게 하고, 당신은 어떻게 하는지를 의식적으로 인식하지 않고 상대방에 대한 정보를 '추적'하게 될 것이다. 이것이 왜 미러링이 모델링을 위한 강력한 도구인지 보여준다.

06　미러링이 얼마나 효과적인지 점검하기 위해 전혀 미러링하지 않음으로써 경험해 볼 수 있다. 자세, 몸짓, 목소리 톤, 호흡에서 갑자기 상대방과 일치하지 않는 것이 어떤 경험인지 시험해 볼 수 있다. 미러링하지 않는 것에 도전해보라. 만약 당신이 이렇게 한다면 당신과 파트너 둘 다 꽤 큰 충격을 경험할 것이고 관계의 질이 극적으로 바뀐 것처럼 느껴질 것이다.

07　대화를 끝내고 파트너에게 전과 비교하여 당신이 파트너를 신체적으로 미러링하여 관계가 친밀해졌는지 확인하라.

　　NLP의 대화형 기술로는 '백트랙킹backtracking', '페이싱과 리딩' 등이 있다.

ⓘ **Activity 039　교차 미러링**Crossover Mirroring

3인 1조로 연습을 한다. A: 탐색자　B: 코치　C: 관찰자　#(과제 지시하는 중엔 방을 떠난다)

01　A와 B는 대화한다. 대화를 시작하는 B는 A의 행동(호흡 등)에서 지속적이고 반복적인 것을 찾는다.

02　B는 어떤 다른 행동 패턴, 예를 들어 A의 호흡과 리듬에 맞춰 머리를 끄덕임으로써 B는 A의 호흡을 '미러링'하거나 속도를 높인다(이것은 '백트랙킹'하면서 자연스럽게 할 수 있다).

03　B는 '크로스오버crossover' 행동을 점진적으로 이동하여 A의 반복적인 행동이 이에 상응하는 방식으로 변화하는지 알아차리면서 라포를 테스트해본다.

ⓘ **Activity 040   비언어적 라포**non-verbal rapport

3인 1조로 연습을 한다. A: 탐색자 B: 코치 C: 관찰자 #(과제 지시하는 중엔 방을 떠난다)

01   B는 A에게 정말 '좋은 관계'를 가지고 있는 사람을 생각해 달라고 요청한다. 또 A에
게 '관계하기 어려운 사람'을 생각해 달라고 요청한다. A가 생각할 때 B는 A의 생리
적 차이를 캘리브레이션한다.

02   B는 A와 다양한 주제에 대해 A의 의견을 구하며 대화에 들어간다.

03   B가 대화를 하는 동안 B.A.G.E.L의 구별을 가이드(음성 톤과 템포 포함)로 삼아 A의
생리에 캘리브레이션을 시작한다. 대화를 나눌 때 지속적인 '백트래킹'이나 '적극적 경
청'을 하면 좋다.

04   B가 완전히 A를 '미러링'하게 되면, B는 리딩을 통해 라포 형성의 정도를 확인할 수
있다. 즉, B는 자신의 생리적 요소 중 일부(예컨대, 자세, 목소리 톤 등)를 변화시키고
A가 자신을 자연스럽게 따르는지 살펴본다.

05   B가 A와 충분히 라포가 형성되었다는 판단이 들면, B는 A의 의견 중 하나에 구두상
으로 동의하지 않음을 표현한다. 하지만 생리적인 일치는 계속 유지한다(C는 A가 B와
라포를 꾸준히 유지하고 있는지 아니면 라포 유지를 어려워하는지 캘리브레이션 한다).

06   B는 생리적으로 A와 일치하지 않게 하지만, 언어적으로는 A의 의견에 동의한다(C는
A가 B와 라포를 꾸준히 유지하고 있는지 아니면 어려워하는지를 캘리브레이션한다).

07   B는 신체적으로 A와 일치시키고 라포를 위한 캘리브레이션을 하면서 마무리한다.

07

커뮤니케이션_{communication}

커뮤니케이션은 메시지와 아이디어를 우아하게 전달하는 행위다. 커뮤니케이션에는 인간의 대표적인 도구인 언어 외에도 다양한 종류의 행동이 포함된다. 커뮤니케이션은 share, impart 또는 partake의 뜻을 지닌 라틴어 communicare에서 유래되었다. 이것은, 차례로, '공통'을 의미하는 communis에서 파생된 말이기도 하다. 어원적으로 커뮤니케이션의 함축적 의미를 살펴보면 그 목적은 공동 이해의 창출이다.

위버Weaver와 섀넌Shannon에 따르면, 모든 의사소통은 1) 의사소통의 상징이 얼마나 정확하게 전달될 수 있는지, 2) 그 상징은 의도된 의미를 얼마나 정확하게 전달하는지, 3) 수신된 의미가 원하는 방식으로 행동에 얼마나 효과적으로 영향을 미치는지 이 세 가지를 가장 중요한 문제로 논했다. 사이버네틱스 설립자 노르베르트 위너Norbert Wiene는 인간, 동물, 그리고 물리적 환경 사이의 상호작용을 관찰하여 추론한 효과적인 의사소통의 필수 요소로 '피드백'이라는 개념을 소개했다. 위너는 유기체가 적절치 않은 행동을 알아차리고 그들 자신의 행동을 수정하는 많은 방법을 기술했다. 커뮤니케이션에서 피드백은 일반적으로 메시지가 수신되고 올바르게 해석되었는지 여부를 나타내는 언어적 또는 시각적 신호로, 이는 고개를 끄덕이는 것일 수도 있고, 얼굴을 찰싹 때리는 것일 수도 있고, 질문을 하는 것일 수도 있다.

문화인류학자 그레고리 베이트슨Gregory Bateson은 의사소통의 핵심 요소로서 메타 통신(통신에 관한 통신), 메타 메시지 및 아날로그와 디지털 코딩의 차이를 강조했다. 그와 그의 아내 마가렛 미드도 의사소통 과정에서 문맥과 관계의 중요성을 강조했다. NLP의 발전에 중요한 영향을 미치는 <Pragmatics of Human Communication(Watzlawick, Bavelas & Jackson, (1967년)>라는 책은 주로 베이트슨의 생각에 바탕을 두고 있다.

여러 면에서, NLP는 근본적으로 의사소통에 관한 논의로 시작되었다. 메타 모델Meta Model, 밀튼 모델Milton Model, 표상체계matching Representational System, 빈사접근법Predicates, 라포 형성, 지각 위치 바꾸기shifting perceptual position, 비언어 접근단서accessing cue, 안구접근단서eye movement 등의 수많은 기법은 NLP를 효과적인 커뮤니케이션을 촉진하기 위한 가장 강력한 기술 중 하나로 자리매김하게 했다.

효과적인 의사소통의 목표

1. 단순히 당신이 말한 것뿐만 아니라, 그 말이 무엇을 의미하는지, 당신이 정말 원하는 것이 무엇인지 사람들이 이해하고 반응하도록 하라.
2. 문제나 과제의 문제 공간을 시스템 내 관련자의 지각공간(세계의 모델)에 연결한다.
3. 문제 공간보다 솔루션 공간이 더 커지도록 한다.

커뮤니케이션 매트릭스The Communication Matrix

커뮤니케이션 매트릭스는 간단하지만 유용한 커뮤니케이션 모델을 제공한다. 이는 사람들이 의사소통의 과정을 더 잘 이해하고 더 효과적인 의사소통 기술을 개발하는 데 도움을 줄 수 있다. 섀넌과 위버는 효과적인 의사소통은 자원source(말하는 사람), 인코더encoder(목소리 시스템), 메시지message(언어와 시각 신호), 채널channel(공기중의 음성파장), 디코더decoder(청중기의 귀), 수신자reciever(청취자)로 구성된다고 정의한다. 효과적인 커뮤니케이션을 위해선 이 관계에서의 소음 문제를 해결해야 한다고 했다.

로버트 딜츠가 1989년에 개발한 커뮤니케이션 매트릭스는 이러한 통신 이론의 기본 요소들을 실제적인 대면 커뮤니케이션 모델로 통합한다. 커뮤니케이션 매트릭스에 따르면, 의사소통은 사람들이 다양한 매체를 통해 서로에게 메시지를 보내는 것을 포함한다. 그러므로 인간의 의사소통 과정에 관여하는 세 가지 기본 요소는 1) 사람, 2) 메시지, 3) 메시지를 전달하는 매체이다.

메시지^{Message}와 메타 메시지^{Meta Messages}

메시지의 내용은 일반적으로 메시지 해석 방법을 강조하거나 화자가 의식/무의식적으로 정말 전하고자 하는 숨은 단서를 제공하는 상위 수준의 '메타 메시지'(흔히 비언어적)를 수반한다. 많은 경우에 '내용'은 커뮤니케이션의 순수한 언어적 측면과 관련되는 반면, 메타 메시지는 커뮤니케이션의 비언어적 부분에 담겨 있다. 메타 메시지는 다른 메시지들에 대한 메시지다. 두 개의 메시지가 서로 모순될 수 있지만 메타 메시지는 메시지의 단순 내용과는 다른 '높은 수준'에 있다. 한 예로 리더는 자신의 눈을 가리키며 그룹에게 "관심을 기울이라"고 말할 수 있다. 이 제스처는 그룹이 주의를 기울이는 방법을 나타내는 '메타 메시지'로 간주될 수 있다(즉, 제대로 봐라!). 지도자가 귀를 가리키고 있다면, 그것은 다른 방식의 주의를 기울이는 것을 나타낼 것이다(제대로 들어라!). 이 외에도 목소리의 스피드나 톤에도 역시 메타 메시지가 담겨 있다.

문서 커뮤니케이션에서도 텍스트의 어떤 부문에 형광펜으로 줄을 긋는 것도 메타 메시지의 또 다른 예다. 점이 어디에 찍혀 있는지도 메타 메시지의 역할을 한다. 물음표를 느낌표로 바꾸면 나머지 메시지의 의미가 바뀐다. 메시지를 보내는 매개체조차도 메타 메시지가 될 수 있다. 메일이냐 문자냐 또는 카톡으로 보내느냐는 일의 경중과 긴급성 등을 판단할 수 있는 메타 메시지이다. 꼭 만나서 이야기 하고싶다는 의사표현도 그 안에 어떤 메타 메시지가 있다고 추측할 수 있다.

다양한 메시지에 담겨 있는 '의미'를 풀기 위해서는 메타 메시지가 필요하다. 따라서, 동일한 메시지라 하더라도 수반되는 메타 메시지에 따라 다른 의미를 가질 것이다.

메시지 수준

메타 메시지의 목적은 종종 메시지의 내용이 어떤 '수준'으로 보내졌는지 또는 수신되었는지를 명확히 하는 것이다. 예를 들어, 직장 상사가 부하직원에게 "그건 실수한 거야"는 구두 메시지를 준다면, 그것은 몇 가지 다른 방식으로 해석될 수 있을 것이다. 이 메시지는 당신의 정체성에 초점을 맞추는 것인가? 아니면 당신의 행동에 초점을 맞추려는 의도인가? 즉, 리더는 그 사람에게 실망을 나타내는 것인가, 아니면 단순히 특정 행동에 대한 피드백을 주는 것인가? 이런 종류의 정보는 종종 의사소통에 담긴 콘텐츠의 정확한 해석에 매우 중요하다. "나는 너에게 화가 난다"인 것인지 아니면 "나는 너를 더 잘 도와주고 싶다"는 것인지 메타 메시지의 정확한 해석은 단순히 "당신이 실수를 했다"는 메시지와는 전혀 다른 차원의 의미를 갖는다. 메타 메시지는 전형적으로 비언어적으로 전달되기 때문에, 말하는 사람과 듣는 사람 양자의 인식에서 벗어나는 경우가 많다. 메타 메시지를 읽고 살펴보는 능력의 개발은 매우 중요한 의사소통 기술 중 하나일 것이다.

의사소통의 매체

분명히 모든 메시지는 어떤 매체를 통해 전달되어야 한다. 메시지를 전달할 수 있는 다양한 매체는 메시지를 보내고 받는 방법에 영향을 미치는 다른 제약 조건과 강점을 가지고 있다. 조직에서 메시지를 주고 받는 커뮤니케이션에서는 커뮤니케이션의 채널, 맥락, 그리고 문화적 배경이 중요하다. 다음은 '일치시키기matching' 대화의 예다.

(1) 동급 청킹chunking same size

• "오늘 날씨가 좋군요."

  → 그러네요. 오늘 날씨가 참 좋아요.

- "이번 달의 영업 실적은 괜찮습니다. 아마 무난히 목표를 잘 달성할 수 있을 것 같습니다."
  → 맞아요. 우리 예상대로 잘 진행되는 것 같습니다.

- "철수 씨는 참 단정한 것 같아요."
  → 그래요. 철수 씨는 참 단정합니다.

(2) 상향 청킹chunking up

- "오늘 날씨가 별로네요."
  → 그러네요. 이번 봄은 날씨가 계속 안 좋은 것 같아요. 미세먼지도 더 심하고.

- "이번 달의 영업 실적은 괜찮습니다. 아마 무난히 이번 달 목표 달성할 수 있을 것 같습니다."
  → 맞아요. 금년에는 목표 달성을 충분히 하겠는데요.

- "철수 씨 구두가 멋지게 광이 나네요"
  → 어디 구두만 그런가요? 들고 다니는 가방도, 입고 있는 코트도 다 멋져요.

(3) 하향 청킹chunking down

- "오늘 날씨가 좋군요."
  → 오늘따라 특히 하늘이 참 맑아요. 구름 한점 없어요.

- "이번 달의 영업 실적이 좋아졌습니다."
  → 그래요. 월초부터 다르더니 특히 지난 주말 실적이 아주 좋았습니다.

- "철수 씨 참 단정하죠?"
  → 그래요. 옷 매무새도, 몸짓도, 가방 들고 있는 모습이 특히 그래요.

ⓘ **Activity 041   청킹 연습**

01   코치와 클라이언트로 역할을 나눈다.

02   코치는 클라이언트와 가장 최근에 있었던 여행에 대해 이야기 나눈다
      (어떠한 주제라도 좋다).

03   코치는 클라이언트의 이야기를 들으며 동급 청킹, 상향 청킹, 하향 청킹 훈련을 한다.

자원개발과 목표 설정

IV

자원개발_{resources development}

우리가 삶을 통해 경험하는 것들은 다양한 형태로 (기억에 저장되든, 세포에 각인이 되든) 우리에게 남는다. 어떤 행위 또는 경험 뒤 스스로를 돌아보는 성찰이 따라온다면 우리는 언제 어디서나 배울 수 있다. 경험하는 모든 것들이 배움이 되고, 만나는 모든 존재가 스승이 될 수 있는 힘은 경험 뒤에 오는 성찰이 있어 가능한 것이다. 성공이라 생각하든 실패라고 규정짓든 무엇인가를 경험하고 나서 스스로 돌아보는 성찰의 시간은 경험을 나만의 지혜로 바꾸는 또 다른 공부다. 진정한 지식은 나만의 지혜로 변화한 것이고, 그 외엔 그저 무미건조한 정보일 뿐이다. 성인교육학의 가장 중요한 원리 중 하나인 무형식 학습_{informal learning}의 핵심은 경험과 성찰의 적절한 조합에서 나오는 것이다. 물론 성찰이 따르지 않아도 배우거나 알아차릴 순 있다. 바로 몸으로 배우는 방법 중 하나인 우발학습_{incidental learning}이나 우연 학습_{accidental learning} 등이 그렇다. 깊은 성찰을 통해 인간적 성숙을 닦아가는 배움이든, 우연한 사고에 의해 몸으로 기억하게 되는 자극이든 사라지지 않고 저장된다. 무의식은 놀랍게도 수많은 정보를 저장해 두었다가 자극을 받으면 활성화시킨다. 이러한 원리를 의도적으로 사용하는 것이 자원개발전략이다.

자원개발전략에선 NLP의 개입/연합_{association}과 관조/분리_{dissociation}기법이 활용된다. 개입/연합이라는 것은 내가 그 상황에서 보고, 듣고, 느끼고, 냄새와 향기를 맡는 것을 말한다. 상황의 주인공이 되는 것이다. 관조/분리는 특정 상황에서 자신을 객관적으로 관찰할 수 있는 지각적 포지션을 유지하는 상태를 말한다. 자신을 관조한다는 것은 외부의 시각으로 스스로를 객관화해서 본다는 말이다. 개입/연합은 특정 상황의 주인공이 되어서 오감을 총동원해 그 상황을 온전히 경험할 수 있는 기회를 만들며, 관조/분리는 특정 상황에서 완전히 객관적 관점으로 지혜롭고 현명한 반응을 선택할 수 있도록 다양한 선택지를 만들 자원을 풍부히 하는 힘을 만든다.

우리는 원하는 특정 상태에서 필요한 자원을 다른 곳(과거 자신의 경험, 타인의 경험, 영화나 소설의 주인공을 통한 간접 경험 등)에서 가져올 수 있다. 개입은 다른 곳, 예컨대 과거의 특정 시간과 공간에서 주인공이 보고, 듣고, 느끼고, 경험한 것과 똑같이 보고, 듣고, 느끼고, 경험하는 것을 말한다. 관조는 다른 곳, 예컨대 과거의 특정 시간과 공간에서 주인공인 나의 모습과 주변인의 모습을 타인이 되어 관찰하고 바라보는 것을 말한다. 물론 개입이나 관조 모두 마음속 오감의 작용으로 만들어 경험하는 것이다. 내가 직접 번지점프를 뛴다고 생각하고, 실제 뛰는 사람처럼 보고, 듣고, 느끼는 마음속 경험으로 완전히 들어가면 그것은 개입이고, 그런 장면을 마치 영화를 보는 것처럼 생생하게 오감으로 볼 수 있다면 관조를 하는 것이다. NLP에서 관조는 차원에 따라 타자가 되어 나를 바라보는 2차입장의 관조에서부터 다양한 지각적 포지션을 동시에 취하는 소위 '신의 눈'이 되는 메타meta position관조까지 다양하게 구조화되어 활용되고 있다.

개입은 특히 과거의 긍정적인 경험의 종속 모형을 살려 현재 필요한 자원으로 활용할 수 있다는 점에서 자원개발의 주요 기법으로 활용되며, 관조는 상황의 긴박함과 감정적 촉박함에서 벗어나게 하고 더 큰 여유와 통찰을 가질 수 있도록 스스로 돕는 데 주로 활용된다. 용기가 필요하면 과거 긍정자원에 개입/연합하여 자원을 가져오고, 지혜와 통찰이 필요하면 관조를 통해 나와 상황을 객관화하는 NLP의 기술은 우리의 삶의 질을 높이는 데 크게 기여하는 기법이다.

개입(associate)-당사자   관찰(dissociate)-구경꾼

ⓘ **Activity 042**   **자원개발 연습**

두 사람이 파트너가 된다. 한 사람은 코치, 한 사람은 클라이언트의 역할을 한다.

01   코치는 클라이언트가 기억하는 (   )의 순간을 질문한다. 클라이언트는 자신의 인생
에서 가장 (   )이 가득했던 순간을 떠올린다. 언제, 어디서, 누구와, 무엇을 할 때
가장 (   )었는지 회상한다. 먼저 자세한 스토리를 떠올린다. 코치에게 이야기한다.

02   코치는 클라이언트가 기억하는 그 스토리를 듣고, 클라이언트가 당시 느꼈던 오감의 느낌
을 회상하도록 질문한다. 코치는 과거의 스토리를 회상하면서 그때 본 것, 소리와 음성,
느낌, 냄새, 맛을 생생하게 기억해 그대로 느껴본다. 그 순간으로 개입한다.

03   코치는 클라이언트가 충분히 그 상태에 몰입할 수 있도록 1~2번을 반복한다. 특히 클
라이언트가 충분히 오감을 느낄 수 있도록 세밀하게 질문하고 그때를 떠올릴 수 있도
록 돕는다.

04   코치는 클라이언트가 이야기한 스토리와 당시의 오감을 아주 자세히(특히 오감을 중심
으로 생생하게) 기록한다.

05   코치는 작성한 스토리를 낭독한다. 클라이언트는 눈을 감고 들으며 그때로 개입한다.

06   코치는 클라이언트의 BMIR를 살펴보며 가장 몰입되는 순간 음악 앵커anchor를 활용
한다.

07   코치는 클라이언트가 적절한 순간 신체적 앵커를 할 수 있도록 안내한다.

* (   ) = 열정, 평화, 자신감, 도전, 기쁨, 용기, 호기심 등등

자원상태의 전송^{transferring a resource state}

자원개발의 핵심은 과거 특정한 상태를 현재로 가져오는 것이다. 그 상태를 '앵커'할 수 있다면 우리는 언제든 필요할 때마다 그 당시의 상태로 의도적으로 돌아갈 수 있다. 언제든 필요한 상황이 되면 과거 자원이 풍부했던 상태에 개입하여 그 자원을 현재로 가져올 수 있는 것이다. 다음 단계는 자원이 풍부한 상태에 접근하여 앵커하고 언제든 활용할 수 있는 훈련을 위한 것이다.

1. 메타 포지션meta position, 즉 자신이 중립적 관찰자가 되어 스스로를 지각하고 느낄 수 있는 아주 편안한 신체 자세를 취한다. 이 지각적 포지션에서, 탐험하고 강화하고 싶은 특정한 자원상태를 선택한다.

2. 선택한 자원이 풍부한 상태에 대한 '공간'을 나타내는 특정 물리적 위치를 선택한다. 이 공간(예를 들어 원, 사각, 별 등 또는 피라미드 등 입체 모형도 괜찮다) 주위에 가상의 경계선을 둔다.

3. 이 자원이 풍부한 상태와 관련된 아주 강렬한 기억을 떠올린다. 그 경험에 완전히 개입하고 물리적으로 그 공간에 들어간다. 가능한 한 자원이 풍부한 그 상태 안에서 완전히 현존하여 그 상태를 가급적 오랫동안 머물고 유지한다. 특히, 내적 상태와 관련된 모든 생리적 단서들을 주목한다.

4. 관련된 자원이 풍부한 상태를 원래 위치에 그대로 두고, 다시 초기 '메타 포지션'으로 이동한다. 이때 생리적 변화가 있는지 확인한다.

5. 자원 공간에 다시 발을 들여놓고 자원이 풍부한 상태와 관련된 중요한 물리적 단서의 존재를 확인함으로써 '지역적 앵커'의 강도를 시험한다. 자원 공간과 '메타 위치' 사이를 왔다 갔다 하는 과정을 여러 차례 반복해 자원이 풍부한 상태가 잘 정리되도록 한다. 이때 자신의 내적 경험의 변화에 주목한다.

뭔가 의심스럽거나 자원이 풍부한 상태가 희석되거나 '오염'되면 다른 위치에 공간 닻anchor을 다시 설정한다.

6. 메타 포지션에서 자원상태와 연합/개입되었을 때 눈에 띄는 인지패턴을 파악한다. (**예** 표상체계, 종속 모형 등)

7. 자원이 풍부한 상태의 위치로 돌아가서 어떤 물리적, 인지적 패턴이 증폭되어 자원상태를 더욱 향상시킬 수 있는지 실험해 본다. 어떤 물리적 단서가 자원이 풍부해지도록 증폭시키는지 확인해 보라.

8. 미래에 더 풍부한 자원의 상태를 원하는 상황을 떠올려 보라. 지금 당신이 만든 자원이 풍부한 상태를 가지고 그 원하는 상황으로 이동했다고 상상해 보라. 자원이 풍부한 그 미래 공간에 들어가서 적절한 물리적 단서를 확인해본다.

ⓘ Activity 043   COACH 채널Channel 열기 연습 ②

앵커링은 가장 적절한 내면상태를 선택하고 그렇게 만들기 위한 매우 간단하면서도 강력한 도구 중 하나다. 앵커링은 자신이 원하는 구체적인 내면상태에 대한 신호 또는 트리거를 설정하는 것이다. 다음 단계를 따라 해보라.

01   자원 결핍상태로 적절한 반응을 하지 못하는 상황을 찾는다.

02   비자원적이고 원하지 않은 반응을 한 01의 경험에 개입한다.

03   그 상태에서 관조한다.

04   관조상태의 또 다른 내가 그 상황에서 최선의 적절한 반응을 찾는다.

05   새 자원을 가지고 비자원 상황을 다시 접한다.

06   미래보정을 한다.

[정리] 구체적 문제파악 → 관조 상태에서 새 행동 선택 → 새 행동으로 문제 접근 → 연습으로 변화 강화

(i) **Activity 044**   **원하는 미래 생생하게 그려보기**

01   다음의 안내에 따라 원하는 미래를 그려본다.
- 어떤 결과outcome를 만들어 내고 싶은가?
- 어떤 상태가 되고 싶은가?
- 당신이 원하는 결과는 무엇인가?
  (긍정적이고 구체적으로 표현해 주시오)

02   그것을 이미지로 떠올리면 어떤 그림이 되는가?
- 함께 있는 사람은 누구인가?
- 주위에는 무엇이 보이는가?
- 어떤 소리나 목소리가 들리는가?
- 당신 자신은 어떤 체험을 하고 있는가?
  (시각, 청각, 신체감각을 살려 그림을 그린다)

03   그 결과를 만들어 내는 것은 구체적으로 언제, 어디서, 누구와 함께인가?
(그림을 말로 설명하고 일시, 장소, 사람을 명확히 한다)

04   그 결과를 손에 넣으면 당신의 일상생활이 어떻게 바뀌는가?

05   그 결과를 만들어 내는 데 당신은 어떤 자원을 사용하는가?

03

앵커링^{anchoring}

NLP에서 '앵커링'은 어떤 환경적 또는 정신적 방아쇠와 개입된 내적 반응의 과정을 말한다. 이 반응은 매우 빠르고 때로는 은밀하게 특정 자극과 마음의 상태가 재접속된 것이라 할 수 있다. 앵커링은 표면상으로는 파블로프^{Pavlov}가 사용한 '조건화^{conditioning}' 기법과도 유사하다. 개에게 먹이를 주는 행위와 종소리를 연관시켰던 파블로프의 실험은 행동주의 심리학의 상징적인 내용이다. 자극－반응의 조건화 공식에서 자극은 항상 환경적인 신호이며, 반응은 항상 특정한 행동으로 연결된다. 이러한 조건화는 매우 반사적이라 인지적인 선택의 수준을 넘어서는 것으로 여겨진다.

NLP에서 이러한 유형의 개입/연합 조건은 단순히 환경적인 단서들과 연계된 행동적 반응을 넘어서는 특정 경험의 독특한 측면과 연계로 확장되는 것을 말한다. 예컨대, 특정되어 기억된 그림은 내면의 감정을 위한 앵커가 될 수 있다. 어깨에 닿는 촉감은 시각적 환상이나 심지어 믿음의 앵커가 될 수도 있다. 어떤 음성의 톤은 흥분이나 신뢰의 상태를 위한 앵커가 될 수 있다. 우리는 의식적으로 자신을 위해 이러한 개입/연합을 설정하고 다시 재트리거^{retrigger} 할 수 있다. 이렇게 만들어진 앵커는 자신을 위한 좋은 도구가 될 수 있다. 앵커링은 마음자세를 새롭게 재생하고 강화하는 데 매우 유용한 도구다. 우리는 필요한 자원 예를 들어, 열정, 마음의 평화, 용기, 호기심, 집중, 유연함 등 필요한 자원에 대한 앵커링을 통해 과거의 경험을 현재와 미래에 활용할 수 있는 실용 자원으로 개발할 수 있다[1].

밴들러와 그린더가 밀튼 에릭슨의 최면^{hypnotic} 기술을 처음으로 모델링하면서 만든 NLP 용어다. 에릭슨은 종종 특정한 단서를 포스트하이프노틱^{posthypnotic}

---

1 이와 관련된 재미있는 공부를 위해 ＜네 안에 잠든 거인을 깨워라＞의 일독을 추천한다. 고교 졸업 후 변변한 직업 없이 어려운 삶을 살던 저자 토니 로빈슨(앤서니 로빈슨을 해외에선 토니로 부름)은 NLP University에서 NLP를 배우고 그 배운 내용을 삶에 적용해 소위 인생역전을 한다. 본인의 이야기를 기반으로 NLP의 기초 원리를 잘 정리한 책이다.

계기(방아쇠)로 사용하거나 제안하여 내담자들이 자신의 내부 마음상태를 바꾸거나 최면상태에 다시 접근하도록 도왔다. 에릭슨의 탁월한 기법을 관찰하며 그린더와 밴들러는 최면상태를 처음 설정할 필요 없이 특정 단서와 트리거를 사용하는 방법이 효과적임을 확인하고 이를 개발하고 발전시켰다. 이것이 앵커링이다. 1976년 최초의 NLP 앵커링 기법이 만들어졌고 다양한 모습으로 개발되었다.

NLP 용어에서 '앵커'라는 상징은 의미심장하다. 뱃사람들은 배를 일정한 구역에 고정시켜 떠내려가지 않게 하기 위해 가급적 안정된 지점에 닻을 내린다. 심한 파도가 쳐도 닻은 언제나 그 자리를 지킨다. 배를 단단히 고정시킨다. 이처럼 심리적 '앵커' 역할을 하는 단서clue는 특정 상태를 안정시키는 기준점이기 때문에 단순히 반응을 만들어내는 기계적 자극과는 다르다. 앵커, 즉 닻이라는 말이 함축하는 것을 생각해보라. 배는 경험의 바다에 우리의 의식을 집중시킨다. 앵커는 우리가 삶의 경험이란 바다에서 특정한 위치를 찾고 그곳에서 우리의 주의attention를 유지하며 표류하는 것을 막는 데 도움이 되는 기준점 역할을 한다.

앵커를 확립하는 과정에서 기초가 되는 것은 시간에 따라 두 가지 경험을 함께 연합시키는 것이다. 교육심리학의 행동 조건 모델behavioral conditioning models에서, 개입/연합은 반복을 통해 더욱 강하게 형성된다. 반복은 앵커링의 강도를 높인다. 예를 들어, 클라이언트에게 가장 마음이 편안했던 때를 떠올리게 하며, 그가 그 경험을 하는 동안 그의 어깨를 쓰다듬어준다. 만약 이러한 행동을 몇 번 반복한다면 어깨를 쓰다듬는 행동은 마음이 편안했던 때의 상태와 개입/연합되기 시작할 것이다. 이러한 앵커링은 음악으로도 가능하다. 매우 자신감 넘쳤던 시절을 회상할 때마다 특정 음악을 듣는 것을 반복한다면, 시간이 지나 특정 음악만 들어도 자신감 넘치던 시절의 상태와 연합될 수 있다.

ⓘ Activity 045   앵커링 연습

앵커링은 가장 적절한 내면상태를 선택하고 그렇게 만들기 위한 매우 간단하면서도 강력한 도구 중 하나다. 앵커링은 자신이 원하는 구체적인 내면상태에 대한 신호 또는 트리거를 설정하는 것이다. 다음 단계를 따라 해보라.

01   당신이 지금 또는 미래에 다시 경험하고 싶은 당신 마음의 상태, 그것을 경험했던 때

를 구체적으로 떠올리고 기억하라.

02 과거의 그 상태에 완전히 빠져들어간다. 그때 어떤 일이 있었는지, 어떤 상황이었는지 생생하게 마음의 눈으로 그려보고, 그때 들리던 소리를 듣고, 그때 느꼈던 그 느낌을 그대로 느껴보라. 당시 몸의 감각과 호흡을 느껴보라.

03 당시 보았던 구체적인 색상, 기호 또는 시각적 신호, 소리, 음성, 단어 또는 특정 감각을 선택해보라. 그리고 그것을 (앵커)상태의 구체적인 감각과 연합시킨다.

04 몸을 가볍게 흔들어 현재 상태를 털어내고 그 상태에 다시 접속하여 앵커한다.

05 원하는 그 내면상태에 쉽고 깨끗하게 접근할 수 있을 때까지 1~4단계를 반복한다.

앵커링을 잘 구축하기 위한 조건

(1) 경험의 강도

구체적인 상태에 얼마나 빠르고 완전하게 접속되는지는 강도와 밀접한 관련이 있다. 아리스토텔레스 시대부터 특정한 반응이 생생하고 강렬할수록 더 기억되기 쉬우며, 다른 자극과 더 빨리 개입/연합되는 것이 관찰되었다. 파블로프는 포만감을 가진 개들보다 배고픈 개들이 집중하는 것을 조건화시키는 것이 더 쉽다는 것을 발견했다. 앵커링을 구축할 때 강도는 강렬할수록 좋다. 강도는 강렬함과 연관이 있으며 이는 대체로 예측 불가능, 신선함 등과 관련 있다. 또한 강도는 반복을 통해서 강화되기도 한다. 노출 빈도가 많을수록 자극은 누적되어 강화되기도 한다. 이를 활용하는 것이 비즈니스 분야의 광고다.

(2) 자극의 고유성

앵커를 착상할 때 다른 경험에 오염되지 않는 것이 중요하다. 우리는 살아가면서 다양한 경험을 하고 자신도 모르게 특정 감정상태의 경험이 앵커로 남아 있는 경우가 있다. 시각, 청각, 촉각, 미각, 후각적 감각이 만약 어떤 특정 상태와 강하게 연결되어 있다면 그곳에 앵커링을 하는 것은 효과적이지 않다. 앵커링의 조건화를 만들 때는 연관된 기억이나 자원이 없는 곳을 선택해야 한다. NLP 전문가로서 스스로 자원 개발을 할 때엔 개발 자원과 앵커되는 신체감각, 시각 또는 청각적 단서는 서로 충돌되지 않고 독립적이고 고유성이 있어야 한다.

어떤 NLP 안내서에선 손가락 링을 만들어 앵커링을 하라고 설명하고 있는데, 이는 방법을 설명하는 하나의 예다. 가끔 손가락 링으로 앵커연습을 하는 분들이 있는데 권하지 않는다. 실제 손가락으로 링을 만드는 것과 같은 자극은 너무 흔해서 효과적이지 못한 닻을 만드는 경우가 많기 때문이다. 이미 너무나 많은 다른 맥락 및 반응과 연관되어 있다면 고유성이 없다는 말이다. 예컨대, 두 주먹을 쥐거나, 손을 흔들거나 또는 합장을 하는 자세 같이 일상생활에서 다양한 맥락을 흔히 하는 행동들이 그러하다. 자극을 만드는 행동은 독특할수록 앵커링 구축은 잘 되고 오래 지속되며 자연 붕괴되지 않는다. 고유하며 독특한 자극은 더 좋고 더 오래 지속되는 닻을 만든다. 예를 들어 리차드 러드Richard Rudd는 자신의 유전자 키gene key 훈련에서 활용하는 주역 64가지 괘마다 그 괘사의 개념과 연결되는 무드라mudra 동작을 구성하여 안내하고 있다. 각각의 동작이 독창적인데, 만약 꾸준한 훈련으로 세부적인 동작의 구분이 명확하다면 64가지 모두는 앵커가 될 것이고, 만약 대강 공부하는 체험 정도라면 오히려 64가지 동작 모두 손가락을 사용하는 것이라 뚜렷한 구분이 없어 앵커는 되지 않는다. 따라서 앵커는 자극의 고유성이 핵심이며, 그 고유함의 강도는 각자의 수련과 단련의 수준에 따라 결정된다.[2]

독특함과 강도는 같은 것이 아니다. 더 강렬한 자극이 반드시 더 효과적인 앵커라고 할 수는 없다. 독특성만으로도 매우 강한 앵커가 구축될 수 있다. 예컨대, 알레르기 반응을 유발하는 미묘한 냄새와 감각 같은 것은 강도와 상관없이 그 독특함만으로도 매우 강한 앵커가 될 수 있다. 청국장이나 김치 냄새를 처음 맡는 외국인은 강도와 상관없이 그 기억은 앵커링되어 오래갈 수 있다.

(3) 자극의 타이밍

자극과 반응 사이의 시간적 관계는 효과적인 개입/연합을 위한 핵심 조건 중 하나다. 개입의 기본적인 법칙에 따르면 연합되는 두 경험이 충분히 함께 있을

---

2 유전자 키 훈련에 대한 정보는 www.coach.kr/gene−keys 또는 http://genekeys.com/ref/1274/ 를 검색하면 된다.

때 더 쉽고 강하게 연결된다. 고전적인 조건화와 관련된 심리학 연구에서는 '자극(벨 소리)은 반응(개의 식사)보다 선행되어야 한다'와 같은 시간적 조건이 명시된다.

또한 다양한 종류의 개입/연합이 가장 잘 이루어지는 최적의 간격도 있는 것으로 밝혀졌다. 예컨대 눈 깜빡임과 같은 빠른 반사작용의 경우 약 1/2초의 간격이 좋은 타이밍이라고 한다. 더 길거나 짧은 간격은 효과가 덜하다.

NLP에서 최적 앵커링 시간은 반응 상태의 강도에 의해 결정된다. 일반적으로 앵커의 반응이 정점의 2/3지점에 도달했을 때 앵커 자극이 시작되어야 한다. 시작된 앵커는 상태가 안정되거나 절정을 지나 강도가 줄어드는 직후까지 지속되는 것이 일반적이다. 이렇게 해서 자극과 반응 사이에 연관성이 만들어진다. 이를 위해서는 앵커링을 시도하기 전에 반응의 행동 특성을 알 수 있도록 캘리브레이션 해야 한다. 클라이언트의 BMIR을 세밀하게 살펴보며 가장 적절한 타이밍에 적절한 강도로 효과적인 시간동안 앵커링하는 능력은 NLP 코치가 가져야 할 중요한 역량 중 하나다. 반응 강도가 최고점에 도달하기 바로 직전에 누르는 강도를 높이거나(촉각 앵커), 볼륨을 올리는(청각 앵커) 등 앵커링의 강도를 가장 강하게 하는 것이 좋다.

(4) 앵커링할 때 고려해야 할 맥락들

앵커링을 할 땐 클라이언트의 상황을 충분히 아는 것이 중요하다. 촉각 앵커링을 하기 전에 앵커 지점에 혹시 과거사가 있는 것은 아닌지 아는 것은 중요하다. 다른 경험이 각인되어 있는 곳을 앵커링하는 것은 고유성의 원칙에 위배되어 앵커 효과가 나타나지 않을 수 있다. 음악을 통한 청각 앵커의 경우에도 사용하려는 음악이 전혀 다른 기억이나 감정과 연결되어 있을 수 있다. 효과적인 앵커링을 위해선 이러한 상황적 맥락을 잘 살펴보는 것이 중요하다. 나아가 환경적인 부분도 앵커에 영향을 끼칠 수 있다. 어린 시절 시골에서 성장한 사람은 특정 과거 자원을 앵커링할 때 도심 한복판의 사무실이나 까페보다는 산천초목이 고향과 비슷한 장소에서 특정 앵커링이 더 잘될 것이다. 앵커링을 둘러싼 맥락은 앵커링의 성공 여부에 영향을 준다. 앵커링은 심리학의 행동과학의 영향을 받은 결과이지만 인간은 동물과 다르다. 심리학의 한계는 심오한 인간의 우주와 같은 마음을 실험실의 동물 연구를 통해 발견한 편협한 정보로 해석하려는 만용을 부린다는 데 있다. 인간은 자극에 단순히 반응하는 몸을 지닌 동물이기도 하지만, 때에 따라서는 목에 칼이 들어와도 아닌 것은 아니라 할 수 있는 철학적 사유의 존재다. 따라서 앵커링은 누구에게나 효과적으로 적용될 수 있는 NLP의 대표적인 기술이지만, 매우 섬세하고 종합적인 활용이 요구된다. 앵커링의 기법도 중요하지만, 앵커링을 둘러싼 다양한 환경적 문맥을 정확하게 이해하고 활용하는 것이 코치가 익혀야 할 역량이다. 클라이언트의 입장에서 '안전하다', '중요하다', '불친절하다'라는 감정의 흐름을 읽는 것은 물론, 눈에 보이지 않는 부분까지 주의를 기울이는 노력은 앵커가 얼마나 쉽고 효과적이게 구축될지를 결정할 것이다. 이러한 관점에서, 코치는 앵커링 과정에 관련된 개인의 생리적 상태, 개인의 역사, 그리고 환경 사이의 관계가 자신이 설립하고자 하는 앵커의 유형과 방법에 도움이 되는지 살펴봐야 한다.

정리
- 강렬한 주관적 몰입 상태가 최고조에 달했을 때, 특정 자극을 주면 특정 자극과 상태가 신경학적으로 연결된다.
- 앵커링을 통해 과거의 내적 상태에 접근하여 그 상태를 현재와 미래로 연결할 수 있다.

앵커링 과정
1. 과거의 생생한 경험을 떠올리게 한다recall.
2. 충분히 과거의 경험으로 들어가 절정 경험의 순간에 특정한 자극을 적용함으로써 '앵커링'을 시도한다anchor.
3. 몰입했던 상태에서 나와 가볍게 몸을 움직이는 등 클라이언트의 상태를 변화시킨다change.
4. 지정한 앵커 상태를 불러온다evoke the State — 변화가 이루어졌는지 확인하기 위해 앵커를 시작한다.

앵커링을 위한 조건들
1. 경험의 강도intensity
2. 앵커 타이밍timing
3. 앵커의 고유성uniqueness
4. 자극의 반복replication

5. 횟수number

6. 맥락적 환경environment

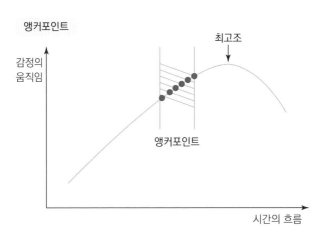

앵커의 종류

(1) 감각 양식에 따른 구분: 어느 특정한 감정이나 기억을 떠올리게 하는…

- 시각 앵커: 가족사진, 십자가, 지팡이, 특정 색깔, 교복입은 사진, 태극기, 명품 로고…
- 청각 앵커: 그 시절 음악, 시그널 뮤직, CF송, 선사의 종소리, 시냇물 소리, 애국가…
- 신체감각 앵커: 악력, 어깨동무, 하이파이브의 느낌, 예비군복 착용, 운동화 끈 조임…
- 미·후각 앵커: 청국장, 콜라의 탁 쏘는 맛, 용두산 고갈비의 양념 타는 향과 소주의 목넘김, 흙 냄새, 그 사람이 사용하는 향수…

(2) 성질에 따른 구분

① 긍정적 닻positive anchors: 긍정적인 경험과 관련된 앵커
- 긍정적인 기분(행복감, 성취감, 만족감, 자신감 등)을 일으키는 닻
② 부정적 닻negative anchors: 부정적인 경험과 관련된 앵커

- 부정적인 기분(실망감, 좌절감, 분노, 의욕상실 등)을 일으키는 닻

미래 보정^{future pacing}을 위한 NLP 기술

미래 보정은 익힌 NLP 기술이나 방법을 실제 삶에서 활용할 때 적용가능한 지를 미리 연습하고 경험해 보는 것이다. 어떤 동작을 앵커링의 도구로 만들었다고 하면, 상상을 동원해 미래로 이동한 후 앵커가 작동하는지 미리 경험해 보는 것이다. 이는 '이겨 놓고 싸운다'라고 하는 강화도에 위치한 금강산 부대의 구호와 일맥상통하는 말이다.

1. 중복overlap
2. 앵커링anchoring
3. 역할극role play
4. 자동행동 활용isomorphic behavioral access

누적 앵커stacking anchors

신체의 동일지점에 누적하여 쌓아 두는 여러 형태의 닻들
1. 긍정적인 자원상태를 3~5가지 선택한다.
   (예 활기찬 자원, 자신감 넘치는 자원, 편안한 자원 등)
2. 첫 번째 자원 앵커링을 한다.
3. 두 번째 자원 앵커링을 한다.
4. 세 번째 자원 앵커링을 한다.
5. 앵커 점검을 한다.
   - 앵커를 누적하기 위해서는 비슷한 성격을 갖는 여러 가지의 상태들을 유도하고 그들을 모두 같은 지점에서 앵커링 하도록 한다. 누적 앵커를 만들기 위해 선정된 상태는 같은 것일 수도 있고 다른 것일 수도 있다(자원 앵커와 붕괴 앵커의 경우에는 퇴적되는 앵커가 달라야 한다. 그러나 연쇄 앵커에서는 같아야 한다).

앵커링 순간의 예

- 자신이 완전히 강하다고 느꼈을 때
- 자신이 진정으로 사랑받았다고 느꼈을 때
- 자신이 원하는 것은 무엇이든 소유할 수 있다고 생각했던 때,
  그것을 다 소유할 수 있었을 때
- 활력이 넘친다고 느꼈을 때, 자신에게 엄청난 에너지가 있었을 때
- 웃음을 주체하지 못했던 때
- 자신감이 넘쳤다고 느꼈을 때

내면 심상 앵커internal anchors

신체 자극 또는 신체 동작으로 앵커를 만드는 것이 원칙이다. 하지만, 상상엔 한계가 없다. 상상력을 동원하여 내면의 앵커를 만들 수 있다. 예를 들어, 만약 빨리 이완 상태에 접근할 수 있기를 원한다면, 마음으로 생생하게 어떤 색을 상상하는 것으로 앵커링할 수 있다. 푸른 녹색이 이완으로 가는 것과 연관된다면 생생하게 녹색을 상상하는 것이다. 4·4·4·4 호흡을 하면서 긴장된 근육을 알아차리고 의도를 가지고 생각으로 이완시키면서 가능한 한 몸이 긴장을 풀도록 하기 시작하라. 원하는 이완 상태에 다다를 때쯤… 그 상태를 가장 잘 보여주는 녹색으로 변하는 것을 보라(본인이 원하는 색으로 바꿀 수 있다. 오렌지색도 좋고 보라도 좋다). 이 과정을 반복해서 나중엔 그저 녹색을(원하는 색을) 떠올리는 것만으로 바로 이완 상태에 접근할 수 있을 때까지 계속 연습하라. 이것이 충분히 반복되어 앵커가 되면, 삶을 살아가다가 어느 순간 긴장하거나 불안하다는 것을 알아차리고 이완이 필요하다고 느끼면, 그저 잠시 눈을 감고, 심호흡을 하고 색을 상상하기만 하면, 그러면 원하는 상태에 도달할 것이다.

내면 소리 앵커internal anchors

특정 음악 또는 만트라와 같은 소리 파동을 가지고 혼자 상상함으로써 앵커를 만들 수도 있다.

ⓘ **Activity 046   자원개발과 앵커링 훈련**

01 개발하고 싶은 자원을 선정한다.
　　예 열정 가득한 상태/어떤 상황에서도 침착함을 유지함/막히지 않은 유연함

02 내 인생에서 가장 그러한 자원상태에 있었던 기억을 떠올린다.
　　• 최대한 구체적으로 사건을 떠올린다. 언제, 어디서, 누구와, 무엇을 하고 있었는지
　　• 그 상황에서 어떤 감정, 기분이었는지를 되살린다. 온 몸으로 기억한다(3~5회 반복).

03 절정의 순간에 앵커링 한다.
　　• 기억을 회상하면서 최상의 감정상태라고 느껴지는 순간
　　• 신체 앵커링을 한다.
　　• 가장 어울리는 음악을 선택해서 청각 앵커링을 한다.

04 앵커가 장착된 신체 동작을 반복하여 강화한다. 음악을 반복해 들으며 강화한다.

ⓘ **Activity 047   앵커 붕괴**collapsing anchors **연습**

01 부정적인 기억과 감정을 선택한다.

02 부정적인 사건 또는 나쁜 느낌을 떠올리고 몰입한 상태에서 왼손을 왼쪽 무릎에 대고 앵커를 고정한다.

03 몸을 털어 상태에서 분리된 후, 다시 앵커를 하여 느낌이 올라오는지 확인한다.

04 긍정적인 사건 또는 기쁜 느낌을 떠올리고 그 기억과 감각에 충분히 개입한다. 그리고 절정의 순간에 오른손을 오른쪽 무릎에 대고 앵커링한다.

05 몸을 털어 상태에서 분리된 후, 다시 앵커를 하여 느낌이 올라오는지 확인한다.

06 동시에 앵커를 발사한다. 이때 긍정적 앵커(우측 무릎)를 조금 더 길게 실행한다.
　　예 오른쪽 무릎에 손을 댄다(긍정 기억 앵커) → 왼쪽 무릎에 손을 댄다(부정 기억 앵커) → 왼쪽 무릎에서 손을 뗀다(부정 기억 앵커) → 오른쪽 무릎에서 손을 뗀다(긍정 기억 앵커)
07 부정적인 상태가 잘 떠오르지 않거나 나쁜 느낌이 가벼워졌다면 성공한 것이다.

(i) **Activity 048   자원개발을 위한 스토리 훈련 개발**

〈15분〉 라포 형성

01   자연스럽게 서로 인사 나누며, 먼저 코치가 자기 노출을 한다. 자신을 열어 보일수록 라포 형성이 잘 된다.

02   클라이언트의 이야기를 듣는다.

〈25분〉 열정 자원 개발을 위한 스토리 듣기

03   인생에서 가장 열정적이었던 순간이 언제인지 질문한다. 2가지 이상의 스토리를 찾는다.
   • 하나의 열정 스토리를 듣고 나면, 코치는 자신의 열정 스토리도 짧게 소개한 후 다른 열정을 물어본다. 이때 스토리는 메모한다.

04   두 개의 이야기 중 더 열정으로 기억되는 스토리를 클라이언트가 결정하게 한다.

〈20분〉

05   선정한 스토리를 다시 확인하면서 듣는다. 이때부터는 오감을 총동원하여 기억하고 느낄 수 있도록 질문한다. 시각, 청각, 촉각을 충분히 살리면서 과거를 기억할 수 있도록 한다.

06   이를 3회 정도 반복한다.

07   그 스토리와 잘 연결되는 음악을 선정한다(클라이언트에게 물어봄).

08   코치는 휴식 시간에 스토리와 스토리에 담겨있는 오감을 정리한다.

09   모두가 모인 곳에서 클라이언트에 대한 스토리를 낭독(뉴스 발표)한다. 동시에 음악도 적절한 볼륨으로 튼다.

잘 만들어진 결과 · 목표 _{well-formed outcome}

목표는 '어떤 목적을 이루려고 지향할 때 실제적 대상으로 삼음 또는 그 대상, 도달해야 할 곳을 목적으로 삼음 또는 목적으로 삼아 도달해야 할 곳 또는 행동을 취하여 이루려는 최후의 대상'으로 정의한다. 그렇다면 목표는 본질적으로 사람이나 집단이 원하는 상태나 결과물이다. 목표는 '무엇을 원하느냐'는 질문에 대한 대답이다. 목표는 동기의 원천이며, 의식적 자원과 무의식적 자원을 모두 동원하는 자신의 잠재력을 끌어낼 수 있도록 하는 참 좋은 자극이다.

목표는 NLP에서 사용되는 많은 기법에서 기본적으로 사용되는 전략이다. NLP에서는 문제 해결 전략이 아니라 미래창조 전략을 사용한다. 목표 설정 활동은 NLP의 다양한 기술에서 자주 활용된다. NLP에서 목표의 특징은 오감의 자원이 활용된다는 데 있다. 또한 스스로 원하는 것이나 바라는 목표가 없는 이에겐 특정한 개입이나 전략과 관련된 모든 활동의 목표와 중심 초점을 이룬다. "만약 당신이 아무것도 원하지 않는다면, NLP는 당신에게 아무런 가치가 없다." 사람들이 적절하고 의미 있는 목표를 세울 수 있다는 것이 중요하다. 다음은 목표를 정의하기 위한 몇 가지 일반적인 NLP 전략이다.

목표 설정을 위한 전략

목표는 대부분 현재 상태나 문제상태와 관련하여 설정된다. 예를 들어, 어떤 사람은 '발표에 대한 두려움'과 관련된 마음의 상태를 가질 수 있다. 가장 단순한 목표 설정의 형태(사실 가장 문제가 있는 목표 설정의 형태)는 목표를 문제상태의 부정으로 정의하는 것이다. 문제상태가 '발표에 대한 두려움'이라면, 평범한 목표(NLP적인 관점에선 가장 비효과적인 목표)는 "사람들 앞에서 발표하는 것을 두려워하는 것을 멈추고 싶다"로 정의하는 것이다.

이것은 확실히 목표를 식별하는 일반적인 방법이고, 좋은 출발점이 될 수 있지만, 이런 목표의 문제는 "무엇을 원하는가?"라는 질문에 실제적인 답변이 없다는 점이다. 이런 목표는 원하지 않는 것에 대한 진술이며, 따라서 진정한 목표와는 거리가 멀다. 사실, 이와 같은 부정적인 진술들은 종종 사람들이 원하는 상태보다 문제상태에 더 초점을 맞추게 한다(例 당신의 목표는 앞으로 30초 동안 원숭이 엉덩이는 빨간색이라는 것을 생각하지 않는 것이다). NLP에서 목표 진술은 개인의 내면상태가 세상을 향한 방향에 따라 달라진다. 삶을 바라보고 해석하는 방법은 Toward형과 Away형으로 구분할 수 있다(例 공부를 더 하고 싶어서 회사를 그만둡니다 vs. 인간관계가 너무 힘들어 그만둡니다). 적극적으로 도전하고 나아가는 에너지인가, 소극적으로 피하는 에너지인가에 따라 다르다. 목표 설정은 Toward의 방향으로 하는 것이 NLP의 철학이자 원리다. '관심이 가는 곳에 에너지가 흐르고, 에너지가 흘러가는 곳으로 인생이 간다'라는 NLP의 전제처럼 부정적인 방향으로 에너지를 보내는 것은 지혜롭지 못한 목표 설정이다.

두 번째 일반적인 목표를 설정하는 방법은 목표를 문제상태의 반대 극성으로 정의하는 것이다. '대중들 앞에서 하는 발표에 대한 두려움'의 경우, 목표를 '사람들 앞에서 이야기하면서 자신감을 갖고 싶다'라고 세울 수 있다. 이렇게 목표를 세우는 것은 나름 논리적인 전략이며, 분명 목표를 설정한 사람이 문제 상황 이외의 다른 곳에 집중하는 것을 돕지만, 사실 이러한 목표 설정은 내적 깊은 곳에서 또 다른 갈등을 일으킬 수 있다. '무엇을 가지고/달성하고 싶다'라는 목표가 밖으로 드러날수록 마음속 깊은 무의식에는 '그것을 가지고 있지 않다/지금은 달성하지 못한 상태다'라는 것을 자동적으로 강화시킨다. 아인슈타인의 이야기처럼, "문제를 만들고 있는 것과 같은 수준의 사고로는 문제를 해결할 수 없다"라는 말처럼, 극성은 그것의 반대와 같은 수준의 사고에서 정의된다. 음은 양을, 양은 음을 끌어당긴다. 과한 부정은 긍정이 되는 것이다. '무엇을 하지 않을 것이다'라는 부정적인 방향으로 에너지를 보내는 것보단 낫지만 여전히 낮은 단계의 목표 설정 전략이다.

세 번째 목표 설정 프로세스는 원하는 상태를 정의하는 수단으로 모델model을 사용하는 것이다. 경영학 분야에선 이를 흔히 '벤치마킹'이라고 한다. 대중 앞에서 발표하는 목표와 관련해서 계속 이야기를 해보면, "나는 김성주 아나운서처럼 이야기하고 싶다"라는 목표를 설정할 수 있다. 이것은 단순한 부정과 분극화分極化에 비해 분명 이점을 가지고 있다. 이 전략은 목표 설정 시 비교 대상을 설정해 목표에 대한 구체적인 기준을 제공하고 문제상태로 에너지가 가는 것을 끊어낼 수 있다. 또한 이러한 목표는 이전의 두 가지 목표 설정보다 스스로 더 동기 부여 되게끔 하는 장점도 있다. 하지만, 모든 우주만물의 법칙이 음과 양으로 구성되듯이, 이러한 목표 설정 전략은 경우에 따라 부정적인 비교와 실패 의식을 무의식 깊은 곳으로 불러올 수 있는 가능성이 존재한다. 또한 이러한 접근법은 개인의 생리학적인 맥락을 세밀하게 고려해 볼 때 긍정적인 것만큼 부정적인 생태학적 위험을 내포하고 있다.

목표를 정의하기 위한 네 번째 전략은 원하는 상태의 구조를 정의하기 위해 규칙과 원칙을 사용하는 것이다. 대중들에게 발표를 한다는 목표와 관련하여 다음과 같은 논리를 규칙으로 설정할 수 있다. 대중 앞에서 발표할 때 "나는 자신감, 융통성, 당당함 등과 같은 발표자의 자질을 가지고 발표할 수 있다." 이러한 연역적인 접근법은 구체적인 상황 안에서 추상적인 원칙을 드러내는 전략이다. 이러한 목표 설정 전략은 행동과 표현의 유연성이 더 높아지기 위한 좋은 방법이지만, 다른 전략보다는 삭제, 생략, 왜곡, 일반화의 대상이 되기도 한다.

다섯 번째 전략은 '생성적인' 결과를 확립하는 것이다. 문제상태로 에너지를 보내거나, 추상적 모델을 활용하는 목표 설정보다, 생성적인 결과는 더욱 효과적이다. 생성적인 목표는 '더 많은 것'을 원하는 것에 대한 진술이며 주로 '더 많은 것'이라는 설명이 목표에 따라붙는다. 예를 들어, 대중 앞에서 발표하는 상황에서는, '나는 좀 더 당당하고, 자연스럽게 발표하고 싶다'라고 목표를 세울 수 있다. 이처럼 '더 많이, 더 크게, 더 높게'를 활용하는 생성적인 결과 목표를 만들어내는 것은 더욱 동기부여 되며 실제 목표에 걸맞은 결과를 만들어 낼 수 있는 이점이 있지만, 한편으로는 목표를 설정하는 사람이 문제상태와 씨름하고 있는 상황에서는 효과적이지 않을 수 있다.

NLP에서는 '마치 자신이 원하는 상태에 이미 도달한 것처럼 행동하는 최종 목표 설정 전략'을 효과적인 목표 설정의 전략으로 제시한다. 어떤 사람이 여전히 문제상태에 연관되어 있는 동안 목표를 정의하는 것은 더 어렵다. 사실, 그것은 종종 문제의 일부분이기도 하다. 한 사람이 문제상태에 갇혀 있을 때, 창의적이고 대안을 생각하는 것은 훨씬 더 어렵다. 이런 경우 마치 'as if' 전략으로, 이미 자신이 원하는 상태에 도달했다면 어떨지 상상함으로써 문제상태에 있는 자신의 상태를 원하는 상태로 적절한 타이밍에 이동한다. 대중 앞 발표와 관련하여 "내가 이미 원하는 상태에 도달했다면 지금 당장 사람들 앞에서 매우 자연스럽고 편안하다"라고 말할 수도 있다.

　　목표를 정의하기 위한 모든 방법들은 각각의 장점과 단점을 가지고 있다. 사실 어떤 면에서는 목표를 만들어 나가는 과정 중엔 위의 모든 방법을 궁극적인 목표 설정의 과정의 일부로 모두 사용하는 것도 하나의 방법일 수 있다. 지금까지 기술한 목표 설정 방법은 다양한 관점에서 달성 가능한 목표를 탐구하고 만들어 가는 순서대로 활용하는 것은 좋은 훈련 방법이다. 당신이 현재 다루고 있는 문제를 가지고 다음 연습을 해보라.

ⓘ Activity 049　잘 만들어진 목표 · 결과 만들기

당신이 바꾸고자 하는 문제상태는?
나의 문제는 ＿＿＿＿＿＿＿＿＿＿＿＿＿＿＿＿＿＿＿＿＿＿＿＿＿ 이다.

각각의 목표 설정 전략을 사용하여 당신의 목표를 정의하라.

01　문제상태를 설정함. 무엇을 멈추거나 피하고 싶은가?
　　나는 ＿＿＿＿＿＿＿＿＿＿＿＿＿＿＿＿＿＿＿＿를 멈추고/피하고 싶다.

02　문제상태의 극성을 파악한다. 문제상태의 반대는 무엇인가?
　　대신 나는 ＿＿＿＿＿＿＿＿＿＿＿＿＿＿＿＿＿＿를 바란다/원한다.

03　외부에 벤치마킹할 만한 상태를 정의하는 것. 이미 원하는 것과 유사한 원하는 상태를 달성할 수 있는 사람/상황이 있는가?
　　나는 ＿＿＿＿＿＿처럼 ＿＿＿＿＿＿＿＿＿＿＿ 되고/하고/가지고 싶다.

04　원칙을 이용하여 원하는 상태의 구조를 연역적으로 정의한다. 즉, 원하는 상태로 나타낼 중요한 특성(이전 답변에서 선택한 역할 모델에 의해 나타남)을 찾아본다.
　　나는 ＿＿＿＿＿＿＿＿＿＿한 특징/특성을 가지고/보여주고/발휘하여
　　＿＿＿＿＿＿＿＿＿ 되고/하고/가지고 싶다.

05　'생성적인' 결과를 확립한다. 즉, 기존의 자질들 중 확장하고 싶은 것은? 원하는 상태와 관련하여 어떤 자질이 필요하거나 더 많이 갖고 싶은가?
　　나는＿＿＿！＿＿＿＿＿＿＿한 특징/특성을 가지고 보여주고/발휘하여
　　＿＿＿＿＿＿＿＿＿ 되고/하고/가지고 싶다.

06　'마치 ~처럼as if' 행동한다. 만약 당신이 이미 원하는 상태에 도달했다면, 당신은 무엇을 할 것인가, 혹은 더 심층적으로 할 것인가?

만약 내가 이미 원하는 상태에 도달했다면,

나는 _____이(을) 되었을/하고 있을 것이다.

일단 목표를 정의하고 나면, 그것이 '잘 형성되어 있다'는 것을 확실히 하기 위해 그것을 확인하는 것이 중요하다. 확인은 생태학적 점검을 통해 한다. 이것이 NLP의 강점이자 묘미다.

결과 각본 검열outcome frame inspection

(다음 질문을 읽고 하나하나 답을 적어본다.)

1. 무엇을 원하는가? 어떻게 달라지고 싶은가?

이 질문은 원하는 것을 향한 매우 구체적인 표상을 구축하도록 이끈다. 원하지 않는 것을 안다는 것은 잘못된 것에 주목하는 것이다. 이것은 자신을 원하지 않는 곳에다 갖다 놓는 것과 같다. 자신이 원하는 것을 알지 못하고, 가고 싶지 않은 장소에 가 있다는 것을 아는 것은 거기서 탈출하는 길을 찾기 위해서 결과 목표가 요구되는 상황이다.

이 질문을 해보면 많은 경우 자신이 무엇을 원하는지 알지 못하거나 이미 원하는 것을 가졌는데 인식을 하지 못하고 있는 것을 발견할 수 있다.

2. 어떻게 내가 원하는 것을 얻었다는 것을 알게 될 것인가?

이 질문은 내가 원하는 것을 얻었다고 내게 알려주는 내 주위의 환경을 알아차리고 내 안에서 이런 나를 어떻게 보고 듣고 느끼는지 구체적으로 알게 해준다. 많은 경우 사람들은 원하는 것을 알고 있으나, 그것의 표상을 알지 못하기 때문에 그것을 얻기 위해 무엇을 해야 하는지, 실제 얻었을 때 얻었다는 것을 어떻게 확인하는지 모른다. 마치 황금이 노란색이라는 것을 알지 못했기 때문에 발로 차버리는 것과 같다. 구체적으로 자신이 원하는 것을 얻었다는 것을 아는 것, 즉 성공했음을 확인하는 것에서 그치지 않고 그것을 가지고 어떻게 할 것이며, 안정화시키는 데는 무엇이 요구되는지 등 중요한 단서를 많이 얻게 될 것이다.

3. 원하는 것을 얻었을 때 내 삶이 어떻게 달라질 것인가?

(그것이 내게 무엇을 해줄 것인가?)

세상에서 일어나는 어떠한 일이든 고립된 상태로 일어나는 일은 없다. 우주 만사가 조직체로 인연을 맺고 있기 때문이다. 나도 조직체의 일부이기 때문에 나의 자그마한 행동 변화나 능력의 변화는 삶의 모든 면에 여러 형태의 변화를 일으키게 된다. 원하는 결과·목표outcome가 어떠한 작은 변화를 일으킬 수 있는지 그 파급효과를 생각(상상)해 낼 수 있다면 원하는 결과 목표를 달성하기 위해 더욱 노력할 수 있을 것이다.

4. 원하는 것을 얻기 위해 어떤 자원이 필요한가?

원하는 것이 언제 필요한지 알고 얼마나 중요한지 안다면 원하는 결과 목표를 현실화하기 위하여 능력을 완전히 가동시키게 될 것이다. 그렇게 하기 위해서는 우리에게 자원이 필요하게 된다. 이때 자원은 그렇지 않은 상황에서는 놓쳤을 수도 있었던 것이다.

이 자원은 당장 우리가 가지고 있는(배울 수 있는 능력이나 유머, 사회적 기술 등) 것뿐 아니라 물리적 자원(돈, 교통수단, 도서관 등)이나 사람도 포함될 수 있다.

5. 가진 자원을 어떻게 최선으로 활용할 수 있는가?

자원이 확인된 다음 단계는 언제 어떻게 사용할 것인가를 고려하는 것이다. 어떤 일은 당장 필요하고, 어떤 일은 나중에 관계될 수 있다. 이것은 진행 단계와 관련이 있다. 만일에 어떤 사람이 자원이라는 생각이 들면 어떻게 상호작용을 통하여 의미 있게 도움을 받을 수 있을까 고려해야 한다. 이 질문은 내가 원하는 결과 목표를 얻기 위한 계획을 세우는 데 도움이 될 것이다.

자료수집의 질문

1. 무엇을 원하죠?
2. 원하는 것을 가졌을 때 가졌다는 것을 어떻게 알 수 있죠?
3. 언제 어디에서 당신을 원하는 상태가 되기를 바라나요?

4. 그것을 얻었을 때 당신 인생이 어떻게 달라질까요?

5. 그것을 얻는 것을 방해하는 것이 무엇인가요?

결과 각본 검열 요약

아래 다섯 가지 질문은 인터뷰를 조직하여 결과를 인출하는 방법이다. 이 질문에 대답하게 함으로써 다른 수단으로 얻어낼 수 없는 정보가 드러날 수 있다. 이것은 효과적인 행동 계획action planning을 위한 전략 구축에 주효하다.

1. 결과 검열

- 무엇을 원하는가?
- 어떠한 결과를 얻으려고 노력하는가?

2. 상관관계 검열

- 당신이 원하는 결과를 얻었다면 당신은 어떻게 그것을 알게 되는가?
- 무엇을 보고, 듣고, 느낄 것인가?

3. 장소 검열

- 언제 그 결과를 원하는가?
- 언제 그 결과를 원치 않는가?
- 무엇무엇 후에는 결코…, 무엇무엇 전에는 언제나…

4. 환경 검열

- 그 결과가 당신을 위하여 무엇을 할 것인가?
- 어떻게 당신의 인생을 변화시킬 것인가?
- 다른 어떤 일들이 일어날 것인가?

5. 제한 검열

- 현재 무엇이 원하는 것을 방해하고 있는가?
- 당신의 현재 상태와 원하는 상태는 어떻게 다른가?

이 질문에 대한 반응은 극히 구체적이고 감각적인 데 기초해야 한다. (보고)시각, (듣고)청각, (느끼고)촉각을 기반으로 생각해야 한다. 치료자의 성공적 결과는 내담자에게서 그가 원하는 것이 무엇이라는 것을 분명한 감각적 진술로 얻어내는 데 달렸다.

성취 가능한 목표의 핵심

1. 긍정문으로 진술한다.

"당신은 구체적으로 무엇을 원하는가?"

2. 현재 상황을 상세히 파악한다.

"지금 나는 어디에 있는가?"(주관적 몰입)

3. 목표를 구체화한다.

"목표를 성취하면 무엇을 보고, 듣고, 느끼게 될까?"
- 지금 마치 ~처럼 상태As if now
- 성취하고 싶은 의욕이 생기도록 한다.
- 미래에 끼워 넣는다. 미래 그림을 객관적으로 관찰한다.

4. 확인 절차를 구체화한다.

"언제 목표를 성취할지 어떻게 알 수 있을까?"

5. 전체적으로 바람직한가?

"목표를 성취한다면 무엇을 얻게 되며, 무엇을 할 수 있게 될까?"

6. 자기가 주도하고 자기 힘으로 관리할 수 있는가?

"이 목표가 자신만을 위한 것인가?"

7. 구체적인 상황을 고려했을 때 적절한 목표인가?

"언제, 어디서, 어떻게, 누구와 함께 그 목표를 달성하고 싶은가?"

8. 필요한 자원은 무엇인가?

"지금 갖고 있는 자원은 무엇이며 목표에 도달하기 위해서는 무엇이 필요한가?"

- "예전에도 이런 목표를 성취한 적이 있는가?"
- "이런 목표를 성취한 사람을 알고 있는가?"
- "이런 목표를 이미 성취한 것처럼 행동할 수 있는가?"

9. 이 목표는 생태적인가?

- "무슨 목적으로 이 목표를 이루길 원하는가?"
- "이 목표를 성취한다면 잃거나 얻는 것은 무엇인가?"
- "이 목표를 성취한다면/성취 못한다면 무슨 일이 일어날까?"
- "성취한다면/성취 못한다면 무슨 일이 일어나지 않을까?"

잘 형성된 목표 조건

목표/목적을 위한

1. 긍정적인 말로 진술한다.
2. 클라이언트가 주도하고 관리한다.
3. 목표 달성에 필요한 단계와 목표를 감각에 기초해서 구체적으로 설명한다.
4. 생태적이어야 한다.
5. 목표를 달성할 수 있는 방법을 두 가지 이상 갖추었다.

6. 첫째 단계는 구체적이어야 하고 성취 가능해야 한다.

7. 선택의 폭이 넓은가?

Ⓘ **Activity 050   목표 설정 실습**

01   목표 진술:

_____

_____

02   현재 상황/장애 상황:

_____

_____

03   방법 진술:

_____

_____

04   결과/증거 제시:

_____

_____

05   생태/환경적 변화:
     (1) 목표를 달성했을 때 얻는 것?

_____

     잃는 것?

_____

     (2) 목표를 달성하면 어떤 일이 생길까?

_____

_____

요약하자면, 결과·목표는 다음과 같은 조건을 충족했을 때 '잘 형성된 well-formed' 것으로 간주된다.

첫째, 결과·목표는 긍정적인 문장과 긍정의 의미를 담아 진술해야 한다. NLP 에서는 부정적 목표나 진술문은 작동되지 않는다고 전제한다. 그러므로 클라이언 트가 목표를 세울 때 "나는 더 이상 불안하지 않고 싶다"고 말하거나, "나는 나를 다시는 그렇게 비난하고 싶지 않다" 또는 "나는 아이들에게 화를 덜 낼거야"라고 말한다면, 여기서 코치가 제일 처음 해야 하는 것은 클라이언트가 부정적인 경험 대신에 진짜 무엇을 원하는지 알아내는 것이다. 코치는 예를 들어, "불안함 대신 어떤 기분이 들길 원하는가?" 또는 "비난하는 대신 자신에게 어떤 행동을 하고 싶을까?" 또는 "만약 당신이 아이들에게 화를 덜 낼 수 있다면 상황은 어떨까?"라 고 물을 수도 있다. 일반적으로 클라이언트가 부정적인 결과를 얻는 것보다 긍정 적인 결과를 얻는 방법을 설계하는 것이 훨씬 더 효과적이고 용이하다.

둘째, 감각 경험을 통해 느끼고 확인할 수 있어야 한다. 결과를 설정하는 것이 의미 있고 효과적이기 위해선 결과가 달성되었을 때의 감정, 느낌을 오감 을 통해 느낄 수 있어야 한다. 원하는 상태의 모습을 미리 느껴보고 정의하는 것은 클라이언트는 물론 코치에게도 유익하다. 오감을 생생하게 느끼는 것은 코 치에게 클라이언트의 내적 진행 상황을 알려줄 뿐만 아니라 코칭 세션의 진행 상황을 진단하기 위한 눈에 보이는 명시적인 자료가 될 수 있다.

셋째, 고객이 희망하는 상태를 창조하기 위한 노력을 시작하고 유지하여야 한다. NLP에서 중요하게 강조하는 것은 코치가 클라이언트의 결과 달성을 위해 클라이언트와 함께 목표를 관리하는 역할을 하는 것이다. 만약 어떤 남성 클라이 언트가 와서 "아내가 나를 더 이상 무시하지 않았으면 한다"고 진술한다면, 그의 진술은 NLP답지 않은 것이다. 부정적 목표이기 때문이다. 이런 경우, 코치는 "아 내가 당신을 무시하지 않는다는 것을 긍정적으로 바꿔 표현하면 당신에게 어떻 게 하는 것일까?"라고 원하는 결과에 대해 긍정적인 진술을 얻을 수 있는 질문하 고 싶을 것이다. 여기서, 코치가 원하는 기본적인 대답은 예를 들면 "아내는 나와 더 많은 이야기를 나누게 될 것이다", "아내는 나와 함께 하는 시간을 더 자주 만들려고 할 것이다" 등과 같은 긍정적인 대답을 하는 것이다.

이때 코치는 그러한 상황이 되게끔 하기 위해 "당신은 무엇을 할 수 있었느 냐"고 물음으로써 결과의 통제권을 클라이언트에게 맡기고 싶어할 것이다. 예를 들어 아내가 클라이언트에게 더 자주 말을 걸게끔 클라이언트가 적절한 행동과 유연성을 가지도록 코치는 노력하게 된다. 또 클라이언트의 행동이 적절한지 확인하기 위해, 코치는 "당신이 원하는 방식으로 아내가 당신에게 관심을 기울이게 하려면 어떤 노력을 해야 할까요?"라는 질문을 던질 수 있을 것이다.

넷째, 원하는 상태는 현재 유지하고 있는 상태가 가지고 있는 '긍정적 의도'를 포괄하고 있어야 한다. 원치 않는 행동에도 사실 긍정적 의도가 담겨 있다. 예를 들어, 많은 흡연자들은 담배가 건강에 좋지 않다는 것을 알고 있지만 그럼에도 담배를 피운다. 마음을 달래기 위해서, 잠시 휴식하기 위해서, 좋은 아이디어를 찾아내기 위해서, 마음의 평정심을 찾기 위해서, 고독을 즐기기 위해서... 필자도 논산훈련소 시절에 배운 담배를 한동안 즐기며 이런 이유를 담배를 피우는 스스로에게 주입한 적이 있었다. 이것이 긍정적 의도다. 만약 흡연자에게 담배를 끊게 하면서 그가 가지고 있는 긍정적 의도를 무시하고 그가 그 의도를 대신할 수 있는 대안조차 갖지 못한다면 담배를 끊는 과정에서 엄청난 어려움과 불편함을 경험할 것이다. 긍정적 의도가 해결되지 않는다면, 담배를 끊을 순 있지만 대신 과음, 폭식 등 다른 대체 수단으로 의도를 충족하게 되는 경우도 있을 것이다. 따라서 원하는 상태는 현재 원치 않은 상태가 바라는 숨겨진 긍정적 의도도 함께 해결할 수 있어야 한다.

ⓘ **Activity 051 잘 만든 결과 · 목표 양식**well-formed outcome sheet

코치:_____
클라이언트:_____

01 결과(긍정적인 용어로 기재)

....

....

02 감각적 증거—결과에 대한 억제할 수 있는 행동 증명
  a. 계속(단기)

....

  b. 결승(장기)

....

03 맥락

    a. 결과가 필요한 상황:

    b. 결과가 원하지 않는 상황:

04 긍정적 의도와 문제상태로 얻는 부산물:

05 가능한 NLP 전략 및 예상 결과의 간략한 요약:

신념과 신념체계

V

주관적 경험_{subjective experience}

주관적 경험subjective experience

지도는 영토가 아니다 – NLP전제

인간은 감각기관sensory system을 통하여 세상을 지각하고 탐색하며, 이렇게 수집된 자료를 해석하고 조직하여 기억 체계에 코딩한다. 이와 같은 기억은 필요시에 이를 인출하여 외부 세계와 의사소통을 한다. 이 과정에 많은 세상 정보와 지각된 자료들을 그 사람의 여과 조직filtering system에 의해 걸러지고 재조직되기 때문에 있는 그대로의 실제를 관찰하고 경험하는 것은 불가능하다. 그래서 아주 적은 부분만을 활용하게 된다. 또 자신의 편리와 필요에 따라 왜곡distortion이 되고 삭제delete가 이루어지고 일반화generalization가 일어나게 된다.

이것은 어떤 틀frame안에서 자신의 안정을 유지하려는 인간의 본능과 관계되어 있다. 그러나 자기가 만들어 놓은 자신의 틀 속frame of world에서는 실제를 있는 그대로 보는 것은 불가능하다. 실제를 보고 내가 그린 내 그림map이기 때문이다. 떡을 보고 그린 그림 속의 떡은 떡이 아니다. 그림의 떡을 먹는 사람은 어떤 사람일까? 그러나 내 머릿속에 들어있는 세상에 대한 각본이 실제 세상이라고 믿고 집착하는 자는 많다.

NLP에서는 그림과 실제reality를 분간하여 그 그림이 어떻게 만들어졌으며, 어떤 그림인가 그 가치를 발견하여, 틀을 벗어나 실제를 있는 그대로 느끼고 경험하는 연습 모델이 다양하게 개발되어 있다.

외부 자극이 시각, 청각, 촉각, 미각, 후각을 통해 들어오면, 신경적 여과neurological constraints를 거치고 사회적 여과social constraint 단계로 옮겨 가 개인적 여과Individual constraint를 하게 되는데 그때 오감의 역할과 내적인 경험에 지배되어 해석된 자료가 코딩된다. 그리고 기억으로 저장된다.

물론 경험은 주관적인 것이다. 플라톤은 실존에 앞서 존재하는 어떤 원형의 이데아가 있다고 주장했다. 하지만 NLP의 철학적 토대가 된 언어철학, 분석철학은 철저히 주관적 경험의 입장을 취한다. 실존은 본질에 선행한다는 것이다.

　　어떠한 개념이 존재하고 그것이 세계를 규정짓는 것이 아니다. 우리의 경험이 존재하고 그것을 명명하며 묘사하는 것이다. "기뻐요, 불안해요, 행복해요, 슬퍼요."와 같은 감정단어도 사실 일반화된 개념일 뿐이다. 정확한 것은 우리의 감각적 경험이기에 오감의 느낌으로 묘사할 때 오히려 더 실존에 가깝게 된다. 우리는 주관적으로 경험하기 때문이다.

수학적 지식을 제외하곤,
객관은 존재하지 않는다.

인과율의 함정에 빠져서는 안된다.
과학미신에 미혹되어서도 안된다.
말할 수 없는 것에 대해선 침묵해야 한다.

생각을 멈추고
있는 그대로 보고, 듣고, 느끼고,
그리고 마음으로 알아차리고
영혼으로 통찰하라

-비트켄슈타인을 기리며, 구르는 천둥-

02

신념^{belief}

신념은 감옥이다 - 니체

신념은 세상이나 자기 자신 그리고 살아가는 모든 일에 대하여 확실히 그렇다고 믿거나 혹은 '이래야 한다, 그렇지 않으면 안 된다'고 믿는 믿음이다. 사람은 강한 신념을 가지고 산다. 그 사람의 신념은 그를 이끄는 원칙guiding principle으로 작용하여 생각, 감정 그리고 행동을 지배한다.

긍정적인 신념을 통해 긍정적인 결과를 낳기도 하지만, 부정적인 신념을 통해 자신의 삶의 걸림돌이 된다는 것을 알지 못한 채 힘들게 자신을 지탱하고 그 신념 때문에 어려움을 겪으며, 목적 달성을 힘들어 하거나 전쟁도 한다. 그러나 신념은 엄격한 의미에서 선택된 것이며, 개발된 것이기 때문에 개선될 수 있다. 제동을 거는 신념, 목적 달성을 방해하며 문제를 일으키는 신념은 제거할 수 있어야 한다. 신념이 바뀌면 능력이 바뀌고 행동이 바뀐다.

신념의 힘

위약효과placebo effect는 효력이 없는 녹말 혹은 유액으로 된 알약pill임에도 불구하고 치료 효과가 있다고 믿고 복용하면 실제로 환자가 건강을 회복하는 현상을 말한다.

ⓘ **Activity 052   가치관 추적 연습**

01   당신이 OOOOO (선택)하고 싶음에도 XXXXXX를 (선택)하는 이유는?

02   XXXXXX를 하려 함에도 불구하고 OOOOOO을 한다면, 그 이유는?

03   무한 반복. (클라이언트가 스스로 멈출 때까지 – 통찰을 확인한다)

04   '그럼에도 불구하고' 이후 대답이 없을 때까지 마음 추적을 하면서 최상의 가치관을 탐색한다.

(1) 신념의 특성

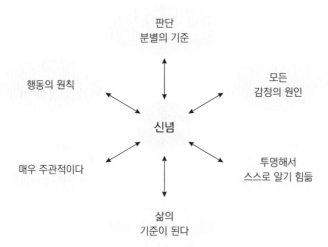

(2) 가치관의 형성

가치관이나 신념은 타고난 것이 아니다. 신념은 자라면서 습득되는 것이다.

신념의 형성에 영향을 미치는 것들

- **부모 또는 양육자**: 부모의 언행은 자녀에겐 세상 모델이 된다. 아이가 세상을 어떻게 바라보고 살아갈 것인가에 대해 크게 영향을 준다. 자녀는 부모가 즐겨 하던 것을 하고, 즐겨 먹는 것을 먹고, 즐겨 부르던 노래를 좋아하게 되고, 믿던 종교를 믿고, 동일시하는 가치관을 가지게 된다. 만약 아이가 부정적인 감정을 모델로 삼으면 그 반대가 되기도 한다.

- **역할 모델링**: 우리는 성장하면서 존경하는 사람, 좋아하는 사람, 부러운 사람 등의 신념과 가치관을 매우 자연스럽게 닮아간다. 대통령, 장군, 종교지도자, 부모, 교사, 친구, 마음속 영웅(가수, 배우 등) 등은 모델이 된다. 준거집단에 대한 무의식적 모델링은 성장과정 속에서 지속적으로 일어나며 그 사람의 행동만을 본뜨는 것이 아니라 그들의 가치관과 신념도 모방한다.

- **사회**(학교, 종교, 군대, 기업 등)**교육**: 특히 어릴수록 사회적 교육은 가치관과 신념에 큰 영향을 줄 수 있으며, 이는 객관적으로 자신과 세상을 바라보는데 큰 걸림돌이 될 수도 있다.

- **각인된 경험**: 자아가 형성되고 나서 겪게 되는 의미 있는 경험은 자신에게 도움이 되는 힘 있는 신념 또는 자신의 한계를 긋고 가능성을 제한하는 제한적 신념으로 각인되기도 한다. 특히 반복된 경험, 우리가 어떤 것을 생각하거나 그것에 노출되는 것이 잦을수록 그것에 익숙해지고, 그러한 반복이 길어지면 습관으로 자리잡고 신념은 굳어진다.

- **중요한 사람의 피드백**: 특히 경험이 각인되는 데 가장 큰 역할을 하는 것은 피드백이다. 부모, 교사, 친구, 또는 사람들에게 영향력이 큰 사람의 피드백은 큰 각인이 된다. 경험에 대한 피드백은 신념의 원천이 되는 것이다. 이는 긍정적 또는 부정적 각인 모두 해당된다. 사실이 아닌 이야기도 세 명이 이야기하면 사실이 된다는 속담처럼, 피드백은 신념 형성의 핵심 기능 중 하나다. 필자는 어린 시절 주변의 친구들이나 사람들로부터 '크게 될 놈이다'라는 이야기를 들었고, 자연스럽게 그렇게 믿었다. 그것이 객관적으로는 아주 빈약한 자원에서 삶을 이끌어 오지만, 그럼에도 불구하고 언제나 무너지지 않고 힘을 내는 원천이 되고 있다. 만약 어린 시절 형들이나 친구들에게 '그릇이 작은 놈이다'라는 말을 계속해서 들었다면... 생각만 해도 아찔하다.

- **미디어**: 손가락 몇 개로 세상을 만나는 아이패드와 함께 태어난 아이들이 이미 초등학생이다. 매스미디어의 영향은 이제 모든 이들의 신념과 가치관을 만들어 가는 데 큰 작용을 한다. 이는 미디어의 감정이나 해악으로 작용할 수도 있는 점이다. 세상 만물은 음과 양이 공존한다. 칼을 무서워만 할 것이 아니라 누구의 손에 칼을 쥐어 주느냐가 중요하다. 검증되지 않는 유튜브나 각종 매체는 특히 성장하는 아이들에겐 득보다 실이 많을 것이다. 물론 이 또한 저자의 신념이다.

ⓘ Activity 053   신념찾기 연습

01   표준 이끌어내기 기법: "삶/인생과 관련하여 당신에게 중요한 것은 무엇인가?"

성취	경쟁력	가족	겸손	지식	질서	인지	자발성	승리
모험	창의력	자유	유머	리더십	독창성	종교	안정	지혜
확실성	원칙	자유	상상	배움	열정	존경심	지위	일
인식	다양성	우정	독립성	사랑	애국심	책임감	섬세함	효도

아름 다움	환경	재미	통찰력	건강	완벽함	안전	가르침	기쁨
자비	우수성	관대함	고결함	돈	명예	감성	시간	권력
공동체	흥분	성장	정의	자연	즐거움	평화	전통	자유 의지
연민	표현	정직	친절	새로움	힘	영성	진실	용모

02 위의 보기를 참고하여 삶/인생에 있어서 중요한 가치를 10가지 나열해 보시오.

1   6

2   7

3   8

4   9

5   10

03 위의 가치 중에서 중요하다고 생각되는 우선순위를 매겨 보시오.

1   2   3   4   5

6   7   8   9   10

높이가 같은 두 건물 위를 가로질러 H빔이 놓여있다.
소중한 것을 잃지 않기 위해서는 반드시 반대편으로 건너야 한다.
건널 수 있게 하는 소중한 가치는 무엇이 있는가?

(3) 신념, 자신에겐 진실이다.

객관적인 세계란 과연 존재할 수 있는가? 인지하든 인지하지 못하든 저마다 자신의 신념에 기반하여 모두 진실이라 믿는다. 우리가 무의식적으로 믿는 신념은 사고방식이나 행동에 영향을 주며 벌어진 일을 특정한 사건으로 해석하게 한다. 많은 이들에겐 통용되지 않는 것들도 강한 신념이 작동되면 그에겐 진실이 된다. 착각을 믿으면 그것은 그에겐 진실이다. 영어 'believe'라는 단어는 믿음이다. 즉 신념은 자신이 진실이라고 믿는 사실이라고 할 수 있다. 즉 사실은 착각이지만 믿는 이에겐 진실이 되는 것. 이를 신념이라고 한다. 이러한 신념은 우리 삶에서 벌어진 일을 해석하고 의미를 부여할 기준이 된다.

> 믿는다 = 나는 잘 모른다. 그런데 그럴 것이라고 생각하고 기대한다.
> 믿지 않는다 = 나는 잘 모른다. 그런데 그렇지 않을 것이라고 생각하고 기대한다.

따라서 어떤 일에 의해 일어난 나의 감정을 바꾸려면 그 사건을 바꾸는 것이 아니라, 그 사건을 해석하는 나의 신념(생각, 관점!)을 바꾸는 것이 핵심이다. 유명한 일화가 있다. 찢어지게 가난한 집에 아들이 둘 있었다. 한 명은 사업을 성공해 거부가 되었고 한 명은 악명 높은 도둑이 되었다. 사업에 성공한 아들은 "너무나 가난했기에 돈의 중요성을 일찍 깨닫고 열심히 일하고 저축했습니다"라고 하며 성공의 이유를 가난했기 때문이라고 했다. 도둑이 된 아들은 "너무나 가난했기에 훔칠 수밖에 없었다"며 자신이 실패한 이유를 가난했기 때문이라고 했다. 신념의 기능을 보여주는 대표적인 사례다.

(4) 신념과 가치관은 언행을 통해 자연스럽게 드러난다

사람들이 사용하는 언어에는 그 사람의 신념과 가치관이 담겨 자연스럽게 드러난다. 토론의 장이나 또는 긴장된 상황이 되면 더 쉽게 드러난다. 탁월한 코치는 클라이언트의 언어를 통해 그가 가지고 있는 신념을 추측할 수 있다. 커뮤니케이션에서 가장 중요한 것 중 하나는 신념을 잘 다루는 것이다. 대개 사람들은 자신의 신념 때문에 행/불행을 느낀다. 어떤 가능성/제한을 느끼는 것 역시 실제 역량보다는 신념에 기반한 경우가 대부분이다.

양육, 교육 또는 코칭의 장에서는 원하는 바람직한 상태와 현재 상태의 차

이를 줄이는 것을 1차 목표로 한다. 이 차이를 코칭의 테마로 삼는 것이다. 이러한 갭을 줄임에 있어 중요한 역할을 하는 것이 그가 가지고 있는 신념이다. 특히 자신에 대한 신념은 성과를 결정짓는 핵심 요인이 된다.

탁월한 코치는 코칭에서 신념의 집합체인 마음의 모델mental model을 중요하게 함께 다룬다.

우리의 뇌는 기계와 같다. 문제와 같은 차원에선 문제를 해결할 수 없다는 아인슈타인의 말처럼, 양자도약적 변화를 위해선 신념을 잘 다루는 것이 매우 중요하다.

멘탈 모델의 적용

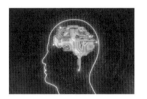

경험   멘탈 모델

반복되면서 제한된 신념이 만들어진다.

〈그림 해설〉
우리 뇌는 신념을 만들어 내는 기계다.
경험 ← → 멘탈 모델
이를 통해 제한된 신념이 만들어진다.

우리가 경험하는 과정에서 어떤 신념이 생기고, 다시 그 신념은 신념을 확인하게 하는 특정한 경험을 하게 한다. 우리는 세상을 있는 그대로 보는 것이 아니라, 믿는 대로 경험하기 때문이다. 무엇인가를 경험하고 그것을 진리로 받아들이는 순간, 우리 뇌는 자동적으로 그 진리를 확인하려는 증거 수집에 올인한다. 이것이 반복되면 거의 기계적으로 믿는 것을 경험하게 되고, 그 경험은 믿음을 강화시킨다. 이는 세상을 있는 그대로 보는 것이 아니라, 믿는 대로 보도록 하는 뇌의 기능이다.

이렇게 만들어진 제한된 신념은 미래를 구상하는데 영향을 미친다. '내가 되겠어?', '저건 타고난 사람만 가능한 거야' 등의 생각은 모두 제한된 신념의 결과다. 동시에 이렇게 고착화된 사고체계는 새로운 생각, 자신에게 익숙하지 않은 모든 것을 거부하게 만든다. 신념이란 틀 안에 스스로를 가두어 버리는 것이다. 나의 가능성을 제한하는 것, 나의 행복을 저지하는 것, 나의 무한 성장을 방해하는 것... 이 모든 것은 나의 생각, 즉 나의 고착화된 신념의 기능이다.

** 멘탈 모델의 기능
- 제한된 신념은 미래의 비전을 그리는 데 방해가 된다.
- 우리는 우리의 멘탈 모델로 세상을 경험한다.
- 우리의 뇌는 자동적으로 오직 우리가 믿는 것의 증거를 발견하려 한다.
- 반대로 우리가 믿지 않는 것의 증거를 발견하는 것은 매우 어렵다.

신념이 현상을 해석하는 것을 조금 더 살펴보자. 만약, 당신이 교사이고 수업중에 어떤 학생이 계속 해서 딴짓을 한다. 이때 당신은 어떤 감정을 경험하는가?

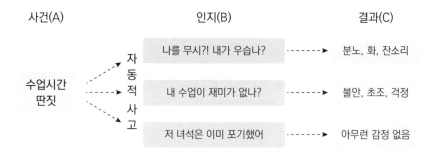

교사가 학생이 수업에 집중하지 않는 것을 보고 '내가 우습나? 나를 무시하나?'라는 생각이 든다면 화가 올라올 것이다. 반면 '내 수업이 재미가 없나?'라는 생각을 하게 되면 왠지 불안하고 초조해질 수 있다. 만약 학생에게 아무런 기대가 없다면 아무런 감정이 없을 수도 있다. 그렇다면 이때 일어난 나의 감정은 학생이 수업에 집중하지 않고 딴짓을 한 것이 원인인가 아니면 학생의 그 행동을 해석한 나의 마음의 문제인가?

모든 사건은 가치 중립이다. 벌어진 일에 마음의 해석이 들어가는 순간, 판단하고 분별하는 생각이 탄생하는 순간 가치는 창조된다. 사건 그 자체에는 좋다 또는 나쁘다가 존재하지 않는다. 감정도 존재하지 않는다. 만약 판단과 감정이 존재한다면 이는 해석하는 마음이 창조한 것이다.

"우리가 경험하는 감정은 어떤 현상에 대한 반응이 아니라,
그 현상을 해석하는 나의 신념에 대한 반응이다." -구르는 천둥-

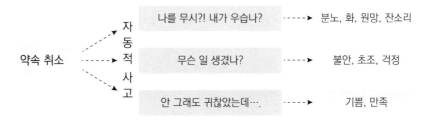

약속을 지키기 위해 바쁜 일정에도 불구하고 약속 장소로 가고 있는데 친구가 자초지종도 설명하지 않은 채 일방적으로 약속을 갑자기 취소했다. 이런 경우 우리는 상황에 따른 다양한 감정을 경험할 수 있다. 약속 취소의 문제가 아니라, 해석하는 신념의 반영이기 때문이다. 예컨대, 일방적인 약속 취소 통보를 받은 경우 '나를 무시하나?'라는 생각이 드는 순간 화가 올라올 수 있다. 그런데, '무슨 일이 생겼나? 그럴 친구가 아닌데 자세한 이야기도 없이 이렇게 급하게 약속을 취소하다니'라는 생각이 든다면 올라오는 감정은 걱정 또는 불안일 수 있다. 반면, 약속 장소에 가면서도 '가지 말까?', '내가 전화해서 취소할까? 차도 막히고 몸도 피곤한데'라는 생각을 하고 있던 중 일방적인 약속 취소 통보를 받으면 '내가 먼저 약속 취소 안 하길 잘했다'라는 생각과 함께 오히려 즐겁고 기쁜 감정이 올라올 수도 있다. 이처럼 우리의 감정은 벌어진 일 때문이 아니라 벌어진 일을 어떻게 생각하느냐에 달려있는데, 이 생각을 무의식적으로 지배하는 것이 우리의 신념이다.

결혼 기념일에 꽃을 사들고 온 남편에 대한 아내의 반응 역시, 아내가 믿고 있는 신념의 반응이다. 이처럼 우리의 길흉화복은 벌어진 일이 아니라, 그 일에 대한 해석을 내가 어떻게 하느냐에 달려 있다.

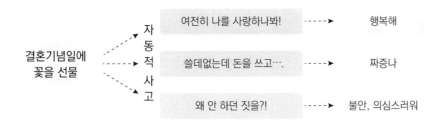

코치의 중요한 역할 중 하나는 클라이언트가 자신의 신념체계를 이해할 수 있도록 하고, 그 신념체계가 자신의 삶에 어떤 영향을 미치고 있음을 스스로 이해할 수 있도록 하며, 나아가 필요한 신념은 더 강화시키고, 도움이 되지 않는 신념은 감히 버릴 수 있는 다시 말해, 자신의 신념체계를 완전히 바꿀 수 있도록 돕는 것이다. 이러한 신념체계의 변화를 NLP에서는 리프레임Re-Frame이라고 명명하며 다양하고 효과적인 기술을 제공하고 있다. 아래의 표를 보고 가로축의 시절에 따른 당신의 생각을 적어보라. 세로축에 적힌 단어를 보고 어린 시절 믿었던 신념을 돌아보라.

NLP코치는 클라이언트의 경험을 바꿀 수는 없지만, 그 경험을 해석하는 신념을 바꿀 수 있도록 도울 수 있다.

참 기쁜 것은 콘크리트처럼 강하던 신념도 세월에 따라 변한다는 것이다. 생애 사건life event을 통해 단박에 바뀌는 신념도 있지만, 어떤 경우엔 바위가 풍화되듯 서서히 본인도 모르는 사이 변해간다는 것이다.

ⓘ **Activity 054   신념의 변화**

아래의 표를 보고 가로축의 시절에 따른 당신의 생각을 적어보라. 세로축에 적힌 단어를 보고 시대별로 당신이 믿고 있던 신념을 적어보라.

	10대	20대	30대	40대	50대	60대	70대	80대	90대	100대
아버지										
어머니										
형제										
친구										
돈										
명예										

성적									
이순신									
박정희									
학교교사									
정치									
결혼									
이혼									
조용필									

쓰면서 감을 잡았을 것이다. 그렇다! 우리의 신념은 바뀔 수 있는 것이다!

희망적인 소식

신념의 일반적 특징

우리는 신념을 선택하고
바꿀 수 있다.

(5) Who Are You? 당신은 누구인가?

이 근원적인 질문에 대해 당신은 어떻게 대답할 수 있는가? 당신의 이름이 당신인가? 당신의 직업이나 직책이 당신인가? 당신의 재산이 당신인가? 당신의 재능이 당신인가? 아니면 당신의 몸이 당신인가?

일리노이 의과대학 해부학 교수 해리 몬슨Harry Monsen 박사는 체중 70kg 육신을 분리하면 비누 7개의 지방, 석회 12kg, 성냥 2,200개비 분량의 인, 길이 2.5cm 못에 해당하는 철, 그리고 한 숟가락 분량의 유황과 비철금속30g 정도가 나온다고 한다. 우리 돈으로 환산하면 6천원 정도. 이것이 당신의 몸값이라는 것에 동의하는가? 진정 몸이 당신인가?

NLP에서는 '나는 누구인가?'라는 질문에 조작적 정의를 다음과 같이 내린다.

"나는 나의 신념의 합이다."

나 = 신념 + 신념 + 신념 + 신념 + 신념 + 신념 + 신념...

진리를 찾아가는 여정에서 일단 조작적으로 이 명제를 정언으로 전제한다면, 나를 알아간다는 것은 무엇인가? 그렇다. 나는 어떠한 신념으로 구성되어 있는가를 보는 것이다. 그러면, 나를 변화시킨다는 것은 무엇인가? 그렇다. 내가 알게 모르게 가지고 있는 신념을 변화시키는 것이 나의 변화다. 이 전제를 인정한다면, 진정한 나의 변화는 내 마음을 살펴보고 마음을 달리 먹는 것, 즉 신념의 대전환을 통해 일어나는 것이다.

(6) 어떤 신념을 선택할 것인가?

힘이 되는 신념	힘을 빼는 신념
나는 행운아다.	노력한다고 되는 것이 아니다.
돈은 필요하면 다 들어온다.	뭘 해도 나는 안 된다.
나는 할 수 있다.	나를 사랑하는 사람은 없다.
늘 누군가가 날 응원할거야.	아무도 나를 인정하지 않는다.
나는 능력이 있다.	해본 적이 없어서 못한다.
실패는 성공의 어머니다.	늘 돈이 부족해서 문제다.

ⓘ **Activity 055**　**신념전환**belief change **연습**

01　자신에게 어떤 제동을 가하는 신념을 선정한다.

02　제동을 거는 원치 않은 경험의 종속 모형, 표상체계를 추적한다.

03　이래도 되고, 저래도 되는 신념 선정. 종속 모형과 표상체계를 추적한다.

04　두 가지의 표상체계, 종속 모형을 대조 · 분석한다(경험유도).

05 원하는 신념을 설정한다.

06 원하는 새 신념을 이래도 되고 저래도 되는 표상과 종속 모형으로 전환한다.

07 새 신념과 제동 거는 신념의 종속 모형 차이점을 점검한다.

08 원치 않는 신념을 이래도 되고 저래도 되는 종속 모형 자리로 가져간다.

09 새 신념의 종속 모형을 옛 신념의 자리에 가져가 그 형태를 고정시킨다.

10 테스트와 미래보정을 한다.
   • 강하게 믿던 것이 어떻게 되었는가.
   • 과거에 할 수 없었던 무엇을 믿을 수 있으며, 할 수 있는가.
   • 새 행동을 차례로 하도록 지시하여 확인한다.

메타 모델과 위반

인간은 자신의 신념으로 세상을 바라보고 경험한다. 그 신념은 매우 자연스럽게 무의식적으로 언행을 통해 드러난다. 인간은 자신의 신념과 다른 현상을 쉽게 받아들이지 못하며, 모든 해석은 자신의 신념을 기반으로 한다. 이런 작용은 자동적으로 일어난다. 소위 말하는 시스템 씽킹 1System Thinking 1의 사고체계가 자동으로 돌아가는 것이다. 나약한 인간은 자신의 신념이 흔들리는 것을 본능적으로 참지 못해 자신의 신념이 그릇되지 않았다는 것을 확인하려는 생존본능이 발동되기도 한다.

탁월한 코치는 클라이언트의 언행을 보고 그의 신념을 추측할 수 있어야 하며, 경우에 따라 변화와 성장에 걸림돌이 되는 신념을 다룰 수 있어야 한다. 신념을 다룬다는 것은 아주 섬세하고 전문적인 접근을 필요로 한다. 신념을 건드린다는 것은 가치관을 건드리는 것이고 나아가 정체성을 건드리는 것이기 때문에 강한 저항을 불러일으키며 그에 걸맞은 도전과 직면이 요구된다. 클라이언트가 간절히 변화를 요구하는 상황에서 만약, 클라이언트가 가지고 있는 신념이 가장 큰 걸림돌이라 여겨진다면 코치는 그 신념에 강하게 직면해야 한다. 만약 저항이 두려워 신념을 다루지 못한다면, 주사를 꼭 맞아야 하는데도 주삿바늘의 고통이 두려워 저항하는 환자에게, '주사가 너무 아프겠죠? 저도 주사 놓지 못하겠어요'라며 주사 놓기를 포기하는 의사와 같을 것이다.

일상적으로 우리는 말을 하거나 글을 쓸 때 일반화, 삭제, 왜곡을 나도 모르게 한다. 보고 싶은 것만 보고, 듣고 싶은 것만 듣고, 경험하고 싶은 것만 경험하게 만드는 언어습관을 NLP에서는 메타 모델 위반이라고 한다. 이러한 메타 모델 현상은 사람의 깊은 심층구조에서 진행되는데, 글이나 말로 표현되는 표상체계의 구조에서 힌트를 얻을 수 있다.

메타 모델

메타 모델은 NLP를 세상에 알린 1975년 존 그린더와 리차드 밴들러에 의해 개발되었다. 이들은 정신 치료와 상담환경에 있는 사람들의 언어에서 문제가 되는 패턴을 확인하고 이에 대응하는 수단인 언어치료 모델을 개발하였는데, 이것이 메타 모델이며 제1세대 NLP의 주요 내용이다(자세한 내용은 저자가 역자로 참여하여 소개한 <마법의 구조 1,2TheStructure of Magic, 1, 2, 시그마프레스>를 참조). 메타 모델은 인간이 사용하는 언어를 분석하여 패턴화하고, 특정한 패턴에 대한 코치의 적절한 대응을 통해 클라이언트가 본인의 제한된 신념을 스스로 확인할 수 있는 기법이다. NLP 창시자들은 사람들이 사용하는 언어의 패턴을 분석하고 적절히 도전함으로써 자신의 세상 모델을 스스로 점검할 수 있고, 자신이 하는 말의 구조를 이해함으로써 통찰력을 키울 수 있도록 모델을 개발하였다.

대개 사람은 일반화, 삭제, 왜곡을 통해 자신의 세상을 바라보며, 그것을 확인하고, 재강화reinforcement 시키며 자신의 우주를 확장해 나간다. 메타 모델의 기본 원리는 NLP의 대표적인 전제 중 하나인 '지도는 영토가 아니다the map is not the territory'라는 코지브스키Korzybski의 개념을 기본 철학으로 두고 있다. 즉, 우리의 뇌와 언어로 우리 주변의 세계로 만든 모델은 세계 그 자체가 아니라는 것이다. 메타 모델은 우리의 정신적, 언어적 표현은 일반화, 삭제, 왜곡의 세 가지 기본적인 문제 영역에 의해 좌우된다고 주장한다. 그러니 메타 모델의 개념에 따르면 우리의 생존, 성장, 행복, 변화를 가능하게 하는 것과 불가능하게 하는 것은 같은 마음의 과정, 즉 신념이 작용한 결과라는 것이다.

일반화는 세상에서 벌어지는 복잡 다양한 일들을 아주 간단하게 자신의 신념에 맞춰 범주화하여 해석하는 뇌의 활동이다. 어떤 특정한 사건이나 경우를 쉽게 전체를 대표하는 것으로 간주하는 것이다. 우리는 이러한 일반화를 선입견 또는 편견이라고 부르기도 한다. '남자는 여자를 귀찮게 해', '대학은 가야 사람 구실하지', '경상도 사람은 목소리가 커', '서울 남자는 상냥해', '남자들은 예쁜 여자를 좋아해', '여자는 돈 많은 남자를 좋아해'... 등등. 일반화는 한 조각을 보고 그 조각이 전체를 대표하는 것처럼 믿어버리는 것으로, 이런 일반화 능력은 세상에 대처해 생존해 나가는 데 필요한 요소로 발전되어 온 것이기도 하다.

삭제란 경험의 특정 차원에 대해 선택적으로 주의를 기울이고 다른 가능성과 차원을 배제하는 것을 말한다. 예를 들어, 사람들이 한 사람의 목소리를 듣기 위해 이야기하는 사람들로 가득 찬 방에서 다른 모든 소리를 걸러내거나 배제해야 하는 능력을 생각해 보라.

삭제는 우리가 다룰 수 있다고 느끼는 수준으로 세상을 왜곡한다. 이러한 삭제는 어떤 상황에서는 유용할 수 있지만 다른 상황에서는 우리가 경험하는 고통의 원천이 되기도 한다. '거짓말하는 놈들은 다 감옥에 가둬야 돼', '세상은 더러워', '다 필요 없어' 등의 표현은 삭제를 통해 자아를 보존하려는 생존지향의 동물적인 자연스러운 활동이기도 하다.

왜곡은 감각 데이터에 대한 우리의 경험을 변화시킬 수 있게 하는 과정이다. 예를 들어, 환상은 우리가 경험할 수 있는 경험들을 그것들이 일어나기 전에 준비할 수 있게 해준다. 인간이 만들어낸 모든 예술적 창조물은 왜곡이 있기에 탄생한 것이다. 마찬가지로 모든 위대한 소설들, 과학의 모든 혁명적 발견은 현실을 왜곡하고 오도하는 능력을 수반한다. 비틀고 왜곡해야 나의 신념에 손상이 가지 않고 나를 보호할 수 있다는 소극적 왜곡과, 좀 더 나아가 나의 신념을 주장하고 나의 정당성을 강조하기 위해 의도적으로 현상을 비트는 적극적 왜곡이 있다. 타인의 선의를 왜곡하거나, 조직의 리더의 대승적인 결정도 사적 이익을 위해서라고 왜곡하는 마음의 비틀어짐은 결국 자신의 성장과 행복에 걸림돌이 된다는 것을 아는 것이 마음공부다. 돌아보라. 얼마나 많은 일반화, 삭제, 왜곡으로 자신을 정당화하고 타인과 세상을 바로 보는 것을 회피하는지! 메타 모델 위반은 그 사람의 심층구조deep structure에서 진행되고 있으며 표출되는surface structure 표상체계representational system를 통하여 완벽하게 그 내용을 얻게 된다. 의사교환 과정에 일반화, 삭제, 왜곡이 일어나면 치료자는 적절한 반응으로 도전하여 피험자의 지각을 확장시킬 수 있어야 한다. 여러 가지 기술과 방법을 사용하여 피험자 자신의 심층구조에서 일어나는 의식 밖의 활동에 접촉을 가지도록 도와주는 것이 치료자의 기술이다. 결과적으로 피험자의 행동과 생각에 대한 자신의 선택을 확장시키고 의미를 변화시켜 통찰을 유도하게 되는 것이다.

우리가 말을 할 때 일반화, 삭제, 왜곡하는 이러한 과정은 깊은 구조(우리의 신경계에 저장되어 있는 정신적 이미지, 소리, 감정 및 기타 감각 표현)를 표면 구조(우리의 일차적인 감각 경험을 설명하거나 나타내기 위해 선택한 단어, 기호)로 변환하는 동안 발생한다. 메타 모델의 기능은 표면 구조의 syntax, 즉 형태 분석을 통해 문제 있는 일반화, 삭제 또는 왜곡을 식별하고 심층 구조의 보다 풍부한 표현을 얻을 수 있도록 분석할 수 있는 체계를 제공하는 것이다.

메타 모델 위반은 그 사람의 심층구조에서 진행되고 있으며 표출되는 표상 체계를 통하여 정확히 알 수 있다. 의사소통 과정에 일반화, 삭제나, 왜곡이 일어나면 코치는 클라이언트에게 적절한 반응으로 도전하여 그의 지각을 확장시킬 수 있어야 한다. 탁월한 코치는 다양한 방법과 기술을 총동원하여 클라이언트가 자신의 심층구조에서 일어나는 의식/무의식적 생각의 흐름을 의식적으로 알아차릴 수 있도록 하는 사람이다. 클라이언트는 코치의 적절한 도전적인 질문을 통해 자신의 제한된 신념을 알아차리고 통찰을 통해 더 큰 세상을 보고 경험할 수 있게 된다. 코칭에서 답을 주지 말고 질문을 하라며 질문의 중요성을 강조하는 것은 바로 이 NLP의 메타 모델의 활용이 전제되는 것이다. 인간의 깊은 변화와 성장을 위한 통찰을 가져오는 NLP의 메타 모델 활용을 알고 나면 단순히 목표가 무엇인지, 목표 달성을 위해 무엇을 해야 할 것인지를 묻는 질문은 매우 낮은 단계의 질문이란 것을 느끼게 된다. 클라이언트와 소통할 때 일반화, 삭제 또는 왜곡이 나타나면 코치는 적절하게 도전하여 클라이언트가 언어로 제공한 그 정보를 더 명확하게 구체적이고 세밀하게 분석하여 그의 내적 경험 세계를 넓혀주고 나아가 클라이언트가 그 의미를 스스로 변화시켜 한계에 걸려 있는 자신의 심층구조를 알아차리고 스스로 더 효과적인 행동을 선택할 수 있도록 도와주어야 한다.

메타 모델의 종류와 패턴Meta-Model Patterns

밴들러와 그린더는 NLP를 세상에 알린 최초의 책 <마법의 구조>에서 인간이 사용하는 언어의 모습을 패턴화하여 12개의 범주로 정리하였고, 크게는 1) 정보 수집information gathering, 2) 한계 및 제한 설정setting and identifying limits, 3) 의미론적 부적격semantic ill-formedness과 같은 3가지 큰 범주로 나누어 명명하였다.

첫 번째, 정보 수집은 화자의 피상 구조인 언어에서 생략, 왜곡된 채로 표현되는 경험의 특정 부분을 탐지하는 데서 시작된다. 누락된 것을 복구하는 과정을 통해 통찰을 얻는 것이다. 둘째, 한계 및 제한 설정은 사람들이 자신의 경험을 언어로 표현함에 있어 무엇인가를 제한할 때 그것과 관련된 것을 찾아 그가 스스로 그 한계를 넘을 수 있도록 돕는 것이다. 셋째, 의미론적 부적격은 사람들이 어떤 행동과 사건에 대해 판단하고 의미를 부여하는 과정과 관련된 것이다. 사람이 대상 세계와 어떤 관계를 맺고 도전하고 탐험하는가에 따라 성장 여부가 달려있다.

(1) 정보 수집

가. 삭제

많은 진술에서 진술의 의미를 풍부하게 하거나 심지어 변경할 수 있는 사람, 물체 또는 관계는, 이야기되는 표면 구조에서 제외되거나 삭제된다. 예를 들어, "국제적 보호를 목적으로 국방비를 늘려야 한다"는 성명에서는, 표면 구조에서 다음과 같은 여러 가지가 삭제되었다. 구체적으로 무엇을 위한 국방비? 누구를 보호하고 누구에 의한 보호인가? 무엇을 가지고 국방비를 늘려야 하는가? '방위비 지출'과 '국제보호'의 관계는 구체적으로 무엇인가? 표면 구조에서 삭제 위치를 지정하는 것은 종종 진술을 한 개인이나 집단의 깊은 구조에서도 적절하게 정의되지 않은 영역을 식별할 수 있다.

철수: 정말 되는 일이 하나도 없네.

영희: 왜~ 이번 분기는 실적이 좋다고 했잖아

철수: 넌 내가 무슨 말 하는지 몰라

영희: 그게 무슨 말이야?

철수: 난 롯데 자이언츠가 오늘도 게임에서 진다고 한 말이었어

영희: 나 원 참….

미희: 저는 불편합니다.

코치: 무엇 또는 누구에 대해 불편하다는 말입니까?

나. 구체적이지 않은 참조 색인unspecified referential index

많은 진술에서 참조 색인referential index(사람 또는 객체)은 불특정 또는 불분명한 상태로 남는다. 예를 들어, "이들 이란인들은 생명을 존중하지 않는다"라는 성명에서, 그 성명서가 언급하고 있는 특정 이란인들은 불특정 상태로 남겨졌다. 이런 유형의 왜곡적 표현에서 소수의 행동을 전체의 모습이나 문화인 양 치부해버려 혼동을 일으킬 수 있다. 이런 언어/문장은 말하는 사람은 물론 듣는

이에게까지 언급하고 있는 집단을 비인간화하는 경향이 있다. 이런 예에는 "사람들은 기본적으로 자기중심적이야", "빨갱이는 부모도, 형제도 못 알아봐", "부자는 모두 사기꾼이야", "SKY 출신은 실력이 있어"와 같은 문구가 포함될 수 있다.

　영희: 사람들은 내 말을 듣지 않아요.
　코치: 구체적으로 누가 당신의 말을 듣지 않아요?

다. 미결 동사unspecified verbs

　특정 행동 방식이 항상 문장에 사용된 동사에 의해 암시되는 것은 아니다. 예를 들어, "우리는 유럽의 평화를 유지하기 위해 MX 미사일이 필요하다"라는 성명은, 구체적으로, 미사일이 어떻게 평화를 유지할 것인지 정확히 밝히지 못하고 있다. 결정이 내려지기 전에 특정한 행동 방식이 정의되었는지 확인하는 것이 매우 중요할 수 있다.

　영희: 그가 나를 거부했어요.
　코치: 구체적으로 어떻게 당신을 거부했나요?

라. 명사화nominalizations

　활동 또는 진행 중인 조건 또는 관계(동사 또는 부사와 같은)가 객체나 명사로 표현되는 경우, 예를 들어 우리는 진실과 정의와 자유를 위해 싸우고 있다고 말하는 것은 돈을 위해 싸우는 것이라고 말하는 것보다 훨씬 모호하다. 돈은 어떤 개인이든 쉽게 보고 느끼고 들을 수 있는 특정한 대상이다. '진실', '정의' 그리고 '자유'는 사실 다른 개인들에 의해 매우 다르게 경험될 수 있는 평가와 관계를 나타내는 말이다.

　정보 수집이 더 필요한 경우 코치는 클라이언트에게 적절한 직면을 통해 그의 사고를 넓혀줄 필요가 있다. 예를 들어, "누가 구체적으로, 그리고 어떤 식으로 누구에게 진실되게 행동하고 있는가?", "누가 누구를 부당하게 대하고, 어떤 조건에서 어떤 방식으로 대하고 있는가?", "누가 구체적으로 누구와 무엇을 할 자유가 있는가?"

구체적이지 않은 진술에는 정보를 구체화하는 도전적 질문을 통해 스스로 알아차리게 한다.

클라이언트: 저는 망했어요.
코치: 무엇이 어떻게 망한 것이지요?

클라이언트: 그는 존경받지 못해요.
코치: 언제, 어디서, 어떤 상황에서 그렇다는 것이죠?

클라이언트: 그건 될 일이 아니에요.
코치: 무엇이 어떻게 안 된다는 말이지요?

클라이언트: 이건 매우 중요한 일이에요.
코치: 무엇이 중요하죠? 누구에게 중요하죠?

클라이언트: 모든 직원들이 다 아는 사실이에요.
코치: 특별히 누가 아는 것이죠?

클라이언트: 사람들이 정말 정이 없어요.
코치: 누가 그렇게 정이 없죠?

영희: 우리 관계는 이제 끝이야.
철수: 우리가 서로 어떻게 관계하고 있죠? 무엇을 끝낸다는 말이죠?

마. 반대 도전

코치는 클라이언트가 자신의 생각에 빠지는 것을 막는 역할을 해야 한다. 판단하고 분별하는 습관은 번개처럼 작동하여 일반화, 삭제, 생략, 왜곡한다. 시스템씽킹1System Thinking11의 사고방식은 뇌의 습관으로 코치의 적절한 도전이 클

---

1 시스템씽킹 1(system thinking 1)의 사고는 습관적, 반사적으로 반응하는 사고를 말한다. 대체로 신념 또는 무의식의 반응이다. 반면, 숙고하고 성찰하여 사고하는 것을 시스템씽킹 2(system thinking 2)사고라고 한다.

라이언트의 틀을 깨게 한다. 코치는 누락된 정보에 대해 적절한 질문을 하는데, 클라이언트의 상황과 입장을 정확히 이해하기 위해서라도 적절한 질문은 필요하다. 때에 따라서는 클라이언트가 통찰을 얻도록 하기 위해 자신이 얼마나 일반화, 삭제, 생략, 왜곡을 하는지 알 수 있도록 질문하는 것은 코치의 중요한 과업이다. 적절한 질문은 내담자의 시야를 넓혀준다.

클라이언트: 모든 사람이 저를 싫어해요.
코치: '나는 모든 사람을 싫어해요'라고 이야기해보세요. 올라오는 통찰을 이야기해주세요.

클라이언트: 백인은 흑인을 위험하다고 생각해요.
코치: '흑인은 백인을 위험하다고 생각해요'라고 이야기해보세요. 올라오는 통찰을 이야기해주세요.

클라이언트: 사람들은 너무 이기적이에요.
코치: '나는 너무 이기적이에요'라고 이야기해보세요. 그리고 올라오는 통찰을 이야기해주세요.

클라이언트: 팀장님은 팀원들의 상황을 이해하려 하지 않아요.
코치: '팀원들은, 당신은 팀장님의 상황을 이해하려 하지 않아요'라고 이야기해보세요. 그리고 올라오는 통찰을 이야기해주세요.

클라이언트: 남자(여자)를 잘못 만나서 제 인생 망쳤어요.
코치: '그(그녀)가 당신을 잘못 만나서 그(그녀)의 인생 망쳤어요'라고 이야기해보세요. 그리고 올라오는 통찰을 이야기해주세요.

코치의 적절한 질문은 클라이언트의 통찰력을 키우는 데 도움이 된다. 작업the work으로 왕성한 코칭을 하고 있는 바이런 케이티Byron Kaite의 4가지 질문기법은 NLP의 메타 모델을 매우 적절하게 활용하고 있는 최고의 모델 중 하나다.

(2) 한계 및 제한 설정

가. 우주적 대량화universal Quantifiers

우주적 대량화는 '모든, 모든 사람'과 같은 단어를 많이 사용하는 경우다. 뭔가를 주장하거나 특징짓기 위해 몇 가지 사례에서 관찰된 행동이나 관계를 매우 크게 일반화한다. '북한은 절대 핵무기를 포기할 리 없다'라는 주장, 또는 '강력한 군대를 건설하는 것만이 핵전쟁을 막을 수 있는 유일한 방법이다'라는 것도 역시 일반화다. '늙어서 믿을 것은 돈 밖에 없다', '일본인들은 항상 미국 기술을 훔치고 있다'도 그러한 예다. 이러한 진술은 전형적으로 진술에 의한 주장에 대한 반대 사례를 발견함으로써 이의를 제기한다.

> 클라이언트: 이젠 두 번 다시 제게 기회가 오지 않을 거예요.
> 코치: 그건 언제인가요? 기회가 한 번이라도 온 적은 언제인가요?

> 클라이언트: 모든 사람이 나를 무시해요.
> 코치: 그렇죠? 모든 사람이죠? 한 사람도 예외가 없었죠? 당신의 어머니도, 친구도 그렇죠?

> 클라이언트: 기분 좋게 직장 생활한 적이 한 번도 없어요.
> 코치: 정말 단 한 번도 기분 좋은 적이 없었죠. 지난 10년간 직장 생활하면서 단 한 번도.

> 클라이언트: 고교시절 부모님 사업이 망해서 공부를 할 수 없었어요.
> 코치: 고교시절 부모님 사업이 망한 사람은 그 누구도 예외 없이 공부가 안 되겠죠? 단 하나의 예외도 없겠죠. 그렇죠?

> 엄마: 애가 절대 내 말을 안 들어요.
> 코치: 단 한 번이라도 들은 적이 없나요?

나. 가능 조작자modal operators

'해야 한다, 해서는 안 된다, 필요 없다, 불가능하다 등'과 같은 단어로, 대개 의사소통에서 가능한 것과 불가능한 것에 관련된 주장을 하면서 한도를 정의하는 경우를 말한다. 예를 들어, "힘 외에는 어떠한 수단으로도 북한과는 의사소통할 수 없다"는 진술은 정확할 수도 있고 아닐 수도 있는 한계에 대한 진술이다. 이러한 가능 조작자에게 도전하는 전형적인 방법은 다음과 같은 질문을 던지는 것이다.

"무엇이 당신을 멈추게 하는가?"
"만약 (혹은) 할 수 있다면 어떻게 될까?"
"할 수 있으려면 무엇이 필요하겠는가?"

이들은 너무 단순하게 한계를 가정하고 그것을 현실로 받아들인다.

클라이언트: 절대 그걸 해서는 안 돼.
코치: 그걸 하면 어떤 일이 일어날 것이라고 믿나요?

클라이언트: 절대 거기선 만만하게 보이면 안 돼.
코치: 만만하게 보인다면 무슨 일이 일어날 것이라고 믿나요?

클라이언트: 절대 가지마.
코치: 가면 무슨 일이 있을 것이라고 믿나요?

학생: 저는 공부할 수가 없어요.
코치: 무엇이 당신을 공부하지 못하도록 막나요?

학생: 이번엔 무조건 합격해야 해요.
코치: 합격하지 않으면 무슨 일이 일어나나요?

(3) 의미론적 부적격

가. 복문 등식complex equivalence

아마도 '지나치게 단순화한 동등성'으로 더 정확하게 정의될 수 있으며, 이러한 유형의 위반은 두 가지 경험이 매우 밀접하게 결합되어 화자의 표면 구조에서 동등해질 때 발생한다. 예를 들어 "지난달 자동차 판매량이 다시 줄었는데, 우리 경제에 큰 재앙이 온 것임에 틀림없다"는 성명서에서 화자는 '자동차 판매 감소'='경제의 재앙'을 암시하고 있다. 그러나 이 두 가지가 반드시 동등하지는 않을지도 모른다. 복잡한 동등성에 대한 좀 더 직접적인 진술은 "안전이란 적을 파괴하는 힘을 갖는 것을 의미한다"이다. 여기서 암시하는 바는 '안전'과 '적들을 파괴하는' 능력은 동등하다는 것이다.

이러한 경우 "어떻게, 구체적으로, 당신은 그것을 알고 있는가?"라고 물음으로써 그러한 동등성에 도전하는 것이 중요하다.

클라이언트: 학교 성적이 나쁘면 사회에서 고생해.
코치: 당신은 어떻게 그것을 알고 있는가? 구체적인 예를 들어보라, 반대의 예는?

클라이언트: 자꾸 웃으면 사람 헤프게 보여.
코치: 당신은 그들이 헤프게 볼 것이라는 것을 어떻게 알고 있는가?

학생: 교수님은 늘 저에게 야단만 치세요. 저를 좋아하지 않아요.
코치1: 너는 좋아하는 사람에게 야단친 적이 없니?
코치2: 좋아하는 사람에겐 야단을 치지 않는 거니?

나. 전제presuppositions

표면 구조를 이해하기 위해 가정이 참이 되도록 해야 하는 상황에서 본능적으로 전제는 나타난다. "일본이 우리의 평화 통일을 방해하려 하지 않을 때, 우리는 통일이 가능할 것이다"라는 진술을 이해하려면, 우리는 일본이 이미, 실제로! 우리의 평화통일을 방해하려고 하고 있다고 전제해야 한다. 또는 이런 경우도 있다. "이 사람 아니면 나는 못살아요"는 진술도, 사실상 어떤 대안도 존재하지 않는다고 전제하고 있다. 복잡한 동등성과 마찬가지로 전제는 종종 "어떻게, 구체적으로, 그것을 알고 있는가?"라고 물음으로써 도전을 받는다.

클라이언트: 대학원 졸업장 없으면 사람 대접도 못 받아요.
코치: 사람 대접받는 사람들은 모두 대학원 졸업했나요?

클라이언트: 교수님은 레포트 열심히 쓰는 사람만 인정해요.
코치: 그것이 사실인가요? 그것을 어떻게 알죠? 구체적으로 사례를 들어보세요.

학생: 만약 교수님이 내가 최선을 다했다는 사실을 알면 그렇게 점수를 나쁘게 주지 않으셨을 거예요.
코치1: 당신은 어떻게 해서 최선을 다 했나요? 정말 최선이었나요?
코치2: 당신은 교수님이 당신이 최선을 다했다는 사실을 모른다는 것을 어떻게 아셨나요?

다. 인과cause-effect

두 가지 경험 사이에 인과관계가 명시적으로 또는 암묵적으로 내포되어 있는 진술이다. 사실 솔직히 따져보면, 그러한 원인 – 결과 관계는 정확할 수도 있고 아닐 수도 있다. 예컨대, '우리 입장이 확고하지 않으면 그들은 우리를 바보로 알 것이다'라는 진술이 있는 경우, 구체적으로 어떻게 그들이 우리를 바보로 만들 것인가라는 질문을 던질 수도 있다. 또는 누군가 "정부가 우리나라를 안전하게 만들기 위해 핵무기가 필요하다"고 말한다면, "핵무기는 구체적으로 어떻게 우리를 안전하게 만들 것인가?"라고 물을 수도 있다.

문제의 원인을 정확히 모르면서도 일반화시키거나 삭제, 왜곡하여 소통하는 습관은 행복에서 멀어지게 만드는 요인이 된다. 코치는 정확히 클라이언트의 이러한 메타 모델 위반을 피드백할 수 있어야 한다. 예를 들어, "저 사람 때문에 화가 나요"라고 한다면 이는 원인 – 결과의 전제가 잘못된 것이라는 것을 클라이언트가 알아차릴 수 있도록 해야 한다. "당신 감정의 주인은 저 사람인가요?"라는 질문은 생각거리를 만들어 준다. '결국 누구도 내 감정을 결정할 수 없다',

'모든 감정적 아픔은 수신자 부담이다'라는 명제에 접근해 가게 한다. "네가 그렇게 말하니 내 맘이 상한다"라는 말은 "나는 내 감정을 조절할 수 없어. 그냥 세상에 반응해"라고 고백하는 것이다.

클라이언트: 그 사람 때문에 제 기분을 망쳤어요.
코치: 그 사람이 당신의 기분을 망치게 하는 동안 당신은 뭘 하고 있었나요?

클라이언트: 그 사람의 음흉한 표정, 미소가 역겨워요.
코치: 어떻게 그의 표정과, 미소가 당신을 역겹게 하죠?

영희: 당신 때문에 화가 나 죽겠어요.
철수: 구체적으로 어떻게 내가 당신을 화나게 했나요?

라. 지레짐작mind-reading

상대방의 마음을 아는 것처럼 지레짐작하는 것은 화자가 다른 개인이나 집단이 무엇을 느끼고, 무엇을 의미하고, 무엇을 생각하는지 안다고 주장하는 것이다. 지레짐작하는 것이 습관이 되어있는 사람들은 자신의 세상 모델로 모든 것을 판단하고 분별한다. 타인이 친절을 베풀면 '저 사람이 저러는 것은 무슨 이유가 있을거야'라며 친절을 감사로 받지 못하고, 왜 나에게 친절한지를 고민하며 자신의 마음을 후벼 판다. 수많은 가짜 뉴스는 사람들의 지레짐작의 나쁜 습관과 버무려져서 자신을 정당화하는 데 이용된다. 사실 확인이 끝났음에도, '저 교수는 나를 싫어하는 게 틀림없어', '부장은 나를 미워하나 봐' 등등은 근거 없는 단서를 가지고 자신이 추측으로 세상을 판단하고 분별하는 자신의 세상 모델을 드러내는 것이다. 코치는 클라이언트가 이러한 사고의 틀 밖으로 나올 수 있도록 그의 진술의 타당성을 입증해 달라는 강력한 질문을 던짐으로 그를 돕는다. 당신은 "어떻게, 구체적으로 그것을 알고 있는가?"

클라이언트: 분명히 그 사람이 수작을 부린 게 분명해.
코치: 그것이 사실이란 것을 당신은 어떻게 알지요?

클라이언트: 그가 최선을 다했더라면 일이 잘 되었을 텐데.
코치: 그가 최선을 다하지 않은 것을 어떻게 알죠?

클라이언트: 그 사람은 처음부터 나를 싫어하는 것 같았어.
코치: 어떻게 그가 당신을 싫어하는 것을 아셨나요? 그것도 처음부터?

영희: 당신 나 싫어하죠?
철수: 내가 당신을 싫어한다는 것을 당신이 어떻게 알죠?

마. 수행자 상실lost performative

수행자 상실은 말하는 사람의 피상 구조, 즉 그가 사용하는 언어에서 어떤 판단이나 기준을 세우는 사람을 밝히지 않고 진술하는 것을 말한다. 특히, "맞음, 틀림, 좋음, 나쁨, 정의, 정의롭지 못함 등"과 같은 가치가 담겨 있는 단어를 사용하면서 주체를 숨김으로써 자신의 의도나 욕구를 무의식적으로 숨기는 언어 패턴이다. 코치는 가치판단의 기준이 누구인지에 대한 질문을 통해 클라이언트를 깨울 수 있다. 또는 옳고 그름, 좋고 나쁨의 기준이 무엇인지를 확인하게 하여 도울 수 있다.

클라이언트: 정말 그 사람 바보 같은 짓만 해요.
코치: 바보 같은 짓을 판단하는 것은 누구죠? 누구의 기준이죠?

클라이언트: 그건 너무 중요한 일이었단 말이에요.
코치: 누구에게 중요했단 말이죠?

클라이언트: 게으름이 나의 발목을 잡아요.
코치: 누가 당신을 게으르다고 믿나요?

영희: 그런 행동을 하는 것은 옳지 않아요.
철수: 옳지 않다는 것은 누구의 기준입니까?

　　이러한 범주 중 하나 이상이 특정 단어 또는 단어 그룹에 동시에 적용될 수 있다는 것은 명백하다. 한 단어에는 몇 개의 모호한 부분이 있을 수 있다. 마찬가지로, 어떤 특정한 진술도 종종 둘 이상의 위반을 포함할 것이다.

　　메타 모델의 다양한 패턴을 반영함에 있어서, 이러한 범주 중 하나 이상이 동시에 특정 단어 또는 단어 그룹에 적용될 수 있다는 것은 명백하다. 어떤 단어들은 심지어 애매모호한 몇 가지 영역들을 제시할 수도 있다. 마찬가지로, 어떤 특정 문장은 종종 둘 이상의 메타 모델 패턴을 포함할 것이다.

ⓘ **Activity 056　메타 모델 도전 연습**

클라이언트가 아래와 같이 말했을 때 탁월한 NLP 코치로 어떻게 클라이언트를 깨울 수 있을지 확인해 보시오(글로 적어본다, 2인 1조로 역할연기를 해본다).

01　나는 못해요.
02　나는 반드시 해야만 합니다.
03　나를 좋아하는 사람은 한 사람도 없어요.
04　그가 나를 미치게 합니다.
05　그 사람이 내 일을 망쳤어요.
06　사는 게 고생입니다.
07　부장님은 나를 싫어해요.
08　요즘 애들은 버릇이 없어요.
09　엄마는 언니만 좋아해요.
10　나는 우리 조카를 사랑합니다.
11　기분이 좋았어요.
12　김대리는 골칫거리예요.
13　내 아내는 나에게 관심이 없어요.
14　나는 참을성을 더 키워야 합니다.
15　군 생활은 괴로운 거예요.
16　그 남자가 나에게 질투하는 것을 압니다.
17　고교시절 아버님 사업 부도로 힘들어 공부를 제대로 할 수 없었습니다.
18　교수님의 과제는 정말 지옥이에요.
19　제가 응원하는 팀은 항상 져요.
20　정치하는 놈들은 다 더러워요.

관점 바꾸기|reframing

문제란 존재하지 않는다. 문제라고 정의한 생각만 존재한다. 모든 사건은 가치중립이다. 그 사건을 해석하고 그 사건에 의미 부여를 하면서 문제가 만들어진다. 어떤 상황, 일, 사건, 상황을 문제로 볼 때만 문제가 된다. 모든 문제는 문제로 정의한 사람의 문제다. 문제를 문제로 보는 순간부터 문제는 존재하게 된다.

문제란 것은 문제라는 관점에서 보기 때문에 문제다. 따라서 문제를 문제가 아닌 다른 관점에서 볼 수 있다면 문제는 사라진다. 그러므로 문제가 아닌 쪽으로, 문제가 해결될 수 있는 방향으로 관점을 바꾸는 것은 훌륭한 치료적 가치가 있다. 이것이 바로 관점 바꾸기의 힘이다. 이러한 차원에서 관점 바꾸기란 행동(문제 관점) 그 자체가 아니라 그 행동 뒤에 숨어있는 의도(다른 관점)가 무엇인지에 주목하는 것이다. 그 의도를 찾고 그 의도를 살리는 대체적 행동을 하도록 도와주는 것이 상담자의 역할이다.

어떤 행동의 진정한 의도는 무엇인가? 그것을 알면 비록 동일한 행동이라도 다르게 보이거나 문제되는 것으로 보였던 행동이 더 이상 문제로 보이지 않게 될 수도 있다. 결국 의도를 찾고 의도에 초점을 두는 것은 행동에 대한 문제해결의 열쇠를 발견하는 길이기도 하다.

물이 얼마나 남았느냐는 관점에 따라 달라질 수 있다

현상을 바라보고 해석하는 관점을 바꾸는 것을 NLP에서는 리프레임reframe 즉, 관점바꾸기라고 한다. 눈앞에 벌어진 일에 대한 해석을 새롭게 하는 것이다. 벌어진 일에 대해 보고 느끼며 감정이 올라오는 것은 내가 의식, 무의식중으로 가지고 있는 틀, 즉 프레임frame의 결과다. 따라서 프레임을 바꾼다면 보이는 것, 느껴지는 것이 달라지고 감정도 달라질 것이다. 앞에서 다룬 메타 모델과 그 위반에 대한 도전들은 상황 해석을 바꿔보라는 강력한 리프레이밍에 대한 요구라 할 수 있다. 프레임을 달리하면 모든 것이 달라질 수 있다. 특정한 감정에서 나올 수 있으며 다양한 선택을 할 수 있는 가능성을 높인다. 이러한 리프레임에는 상황을 새롭게 창조해보는 상황 리프레임과 해석을 달리하고 의미 부여를 새롭게 하는 내용 리프레임이 있다. 상황 리프레임은 '다른 어떤 상황이라면 도움이 될까?'라는 질문으로 현재 처한 물리적, 심리적 상황을 변경해 보는 것이다. 지나치게 활발하고 말 많은 사람과 함께 일하고 있는 것이 힘들어 '이 사람은 왜 이렇게 방방 뜨는거야?'라고 불편해 하는 것보다는 '이 사람은 나중에 부서 대표로 행사할 때 좋은 역할을 할 수 있겠다'라는 관점으로 상대 행동의 환경을 바꿔보면 이해의 폭이 넓어질 수 있다. '우리 상무님은 너무 깐깐해'라는 관점을 '우리 상무님은 매우 꼼꼼해'라고 바꾸는 순간 타인과의 관계 맺음조차 달라질 수 있다. 내용 리프레임은 예컨대, 전혀 예상하지 못했다가 자신이 명예퇴직 대상자 명단에 오른 것을 알게 됐을 때, '왜 내가 회사에서 나가야 하는가?'라는 저항보다는 '퇴직금을 더 받으며 얻은 참 좋은 이직 기회다!'라는 관점으로 바꾸는 것처럼 벌어진 일에 대해 해석하는 관점을 바꿔보는 것이다.

이러한 리프레임은 나의 인식의 범위를 키우는 좋은 훈련이다. '이 사람은 나와 맞지 않다'라는 관점에서 '나와 전혀 다른 사람이니 새로운 것을 배울 수 있겠구나'라는 관점은 내가 창조한 불편함을 기회로 만드는 대전환일 수 있다. 이러한 리프레임에는 언어 리프레임도 있다. 필자의 석, 박사 수업은 매주 축제가 있다. 과제가 아니라 축제다. 학생들은 질문한다. "교수님 이번 주엔 축제 없나요?" 이러한 사소한 단어의 변화는 자연스럽게 인식의 변화를 가져온다. 여성 속옷의 사이즈에 관하여 XL를 쁘띠 사이즈, 2XL를 퀸 사이즈라는 식으로 여왕의 사이즈라고 이름 지은 속옷 회사가 대박을 터트린 것 역시 언어를 통한 리프레임의 효과라 할 수 있다.

과거 리프레임은 현재 자신을 힘들게 하는 과거의 특정 기억을 새롭게 해석하고 다르게 바꾸는 것이다. 예를 들어 '제가 어릴 때 어머니가 항상 일을 나가셔서 집에서 혼자 있었어요. 그게 제 외로움의 원천이에요'라는 관점에서 '어릴 때 어머니도 일을 하신 덕분에 자립심이 강해졌고 뭐든 혼자서 척척 하는 계기가 되었어'라고 관점을 바꾸거나 '부모님과 함께 하는 시간이 적어서 상대적으로 부모님과 함께 하는 시간이 얼마나 소중한지 다른 친구들보다 빨리 알게 되었어요'라고 리프레이밍할 수도 있다.

이러한 리프레임 기법은 종속 모형sub-modality의 변화를 통해서 감각적으로 진행할 수 있다. 시각적, 청각적, 촉각적 자원의 관점을 변화시켜 내용 전환시키는 것이다. 화가 난 상사 또는 불평하는 고객의 이미지가 자꾸 떠올라 힘들 때는 상사 또는 고객의 키를 시각적으로 줄이고 줄여 미니어처 크기로 바꾸는 이미지 작업을 통해 힘든 느낌을 완화시킬 수 있다. 힘들게 하는 이의 목소리가 귓가를 맴돌아 고통스러울 때 그의 소리를 모깃소리나 바람 소리로 전환시키는 것도 하나의 방법이다. 밝기, 크기, 색상 등과 같은 시각적 요소, 소리의 크기, 리듬, 음색과 같은 청각적 요소, 무게, 온도, 느낌, 감촉과 같은 신체 감각적 요소의 변화를 통해 자신의 내면상태를 최적화할 수 있다.

사소한 것이라도 사랑하세요
의도를 내서 우주에 사랑을 보내세요
내 삶은 사랑으로 가득 차 있어! 외치세요
사랑은 우주에서 가장 강력한 힘입니다.
나쁜 마음, 비 사랑은 흘려 보내세요
누군가로부터 사랑을 구하지 말고,
먼저 사랑을 보내세요
신마저도 먼저 사랑하세요

우리에게 진정 필요한 것은

채워도 채워도 끝이 없는 버킷 리스트가 아니라

감사 리스트일지 모릅니다.

-구르는 천둥-

제한 신념

신념은 사람의 삶을 긍정적으로 끌고 가는 힘이 될 수도 있지만, 능력을 제한하거나 박탈할 수도 있다. 피아노를 처음 배울 때 잘 따라갈 수 없어 실망하여 자기는 결코 피아노를 못 배울 것이라 믿는 사람은 얼마 지나지 않아 피아노 배우는 것을 포기하게 될 것이다. 사람들이 사용하는 언어에는 그 사람의 신념과 가치관이 담겨 자연스럽게 드러난다.

신념이 비합리적이라는 것을 인식하지 못하는 이유는 그것에 대한 자기만족이 있기 때문이다. 무엇을 믿을 때는 그것을 유효하게 하는 방법으로 행동해야 된다. 그 신념이 긍정적이건 부정적이건 간에 사실이다. 우리가 만들어 내는 삶은 우리가 믿는 것에 의해 결정되는 경험이다. 우리가 할 수 없다고 믿을 때 우리 행동은 충분히 노력하지 않고 자기 고의로 포기하는 데서 비롯되어 실패로 이어진다.

어떤 신념을 오는 대로 받을 수는 없다. 신념은 언제나 선택이다. 언제나 내가 원하는 목적을 달성하는 데 힘을 실어 주거나 도움이 되는 신념을 생각하며 그것이 임의로 이루어진 것처럼 행동하는 것이 전부다.

ⓘ **Activity 057   신념연습 ①**

다음 단계를 따라 해보라.

01   사랑하는 관계 한 가지를 선정한다.

02   '무엇이 사랑을 중요하게 생각하게 하는가'의 기준을 나열하여 적어본다.

03   열거한 기준 뒤에 그것이 의미하는 정의를 적는다. 예를 들어, 기준이 정적인 것이라면 '마음에 있는 대로 솔직할 것', 어떤 사람은 '사실대로 말하는 것'일 수 있다.

04   배우고 깨달은 것을 정리하여 적어 보자.

ⓘ **Activity 058   신념연습** ②

O.B(=Old Belief: 오래된 신념), B(Belief: 중성의 신념), N.B(New Belief: 새로운 신념)

01   제한을 가하는 신념을 선정한다(O.B).

02   제한 신념의 종속 모형과 표상을 확인한다.

03   선택 가능한 신념을 선정한다(B: 이럴 수도 있고 저럴 수도 있는).

04   이 신념의 종속 모형을 확충(B)한다. – 표상을 확인한다.

05   O.B 신념을 B신념의 종속 모형으로 전환하고 그 차이점을 발견한다. – 표상을 확인
한다.

06   원하는 신념을 선정한다. – 표상을 확인한다.

07   새 신념을 B 신념 종속 모형으로 결합한다. – 표상을 확인한다.
스위시에 관해서는 4장 8절 스위시 패턴을 참고

08   O.B 신념 위치로 B와 N.B를 스위시한다(동시에 OB를 스위시).

09   TOTE와 미래 보정을 한다.

이제 무엇을 믿는가? 과거에 할 수 없었던 무엇을 할 수 있는가?

ⓘ **Activity 059   (그럼에도 불구하고) 감사 리스트 작성하기**

01   _____

02   _____

03   _____

04 _____

05 _____

06 _____

07 _____

08 _____

09 _____

10 _____

11 _____

12 _____

13 _____

14 _____

15 _____

16 _____

17 _____

18 _____

19 _____

20 _____

내면상태 관리를
위한 NLP 전략

VI

지각적 포지션^{perceptual position}

지각적 위치라는 NLP 개념은 '기준 지수referential index'라 명명하던 초기 NLP 개념에 그레고리 베이트슨Gregory Bateson의 '더블double'과 '트리플triple'이론을 참고하여 존 그린더와 주디 딜로지어(1987)가 만들었다. 그 후 로버트 딜츠와 토드 엡스타인(1990, 1991, 1995 & 1996년)은 제3차 포지션, 메타 포지션meta position, 관찰자 포지션observer position 및 제4차 포지션(또는 시스템 포지션) 등으로 발전시켰다.

NLP의 지각적 위치 개념은 NLP를 세상에 알린 책 <마법의 구조The Structure of Magic> 제1권에서 언급된 참조지수라는 개념에 그 뿌리를 두고 있다. 참조지수는 특정 문구가 언급하고 있는 사람이나 사물을 식별하는 단어다. 메타 모델 프로세스 중 하나인 '기준 지수 이동 기법the referential index shift technique'은 입장을 바꿔보는 언어 사용을 통해 지각의 범위를 넓혀 나가는 방법이다. 밴들러와 그린더가 사용한 예는 이렇다. 어떤 여인이 "남편은 나에게 고마움을 표현하지 않아요. 왜냐면 남편은 절대 나를 보고 웃지 않거든요"라고 주장한다면, 그녀에게 "참조지수를 바꾸세요"라며 다음과 같이 질문하여 제안한다. "당신이 남편에게 미소를 짓지 않는 것은 항상 남편을 고맙게 여기지 않는다는 뜻인가요?". 이러한 언어 패턴 사용의 목적은 그녀가 만들고 있는 일반화를 더 잘 알아차릴 수 있게 해 스스로 관점을 바꿀 수 있도록 돕는 것이었다.

1970년대 후반의 메타 프로그램 패턴의 발전은 더 다양한 지각적 포지션의 개발을 촉진하게 되었다. 나의 입장에서 타인의 입장으로 바꿔보라는 메타 언어 프로그램은 실제적인 물리적 이동을 통해 제1차 포지션과 제2차 포지션이 완성되었다. 이러한 입장의 변화는 깊은 트랜스상태trance와 비교할 수 있을 정도로 효과적인 방법으로 검증되었다. 포지션에 강하게 개입association하는 경우 자신과 타인을 구분하는 능력을 상실할 정도로 타인의 포지션과 동일시하게 된다. 나아가 동시에 다양한 타인의 관점(3차, 메타, 관찰자 등)을 동시에 취할 수 있고 그것이 지각의 범위를 확장하는 데 큰 도움이 된다는 것을 발견하였다.

1980년대 중반 주디 딜로지어와 존 그린더는 1차 포지션을 자신으로, 2차 포지션을 타인으로, 3차 포지션을 관찰자로 명명하며 지각적 포지션의 개념을 정리했다. 누구든 각각 위치에 들어가 그 지각적 포지션의 특정한 언어 패턴, 생리학, 그리고 내적 표상들을 경험할 수 있다는 것을 개념화했다.

'지각적 포지션'은 사람은 본질적으로 어떤 상황이나 관계를 구조적으로 인지하고 있을 수 있다는 관점을 전제로 한다. 1차 포지션은 '자신의 관점'에서 바라보고 경험한다. 2차 포지션은 마치 우리가 '다른 사람의 입장'에 있는 것처럼 어떤 것을 경험하는 것이다. 3차 포지션은 한 걸음 뒤로 물러서서 '관찰자 observer'의 관점에서 1차 포지션(자신)과 2차 포지션(타인)의 관계를 인식하는 것이다. 이후 4차 포지션이란 개념이 추가되었다. 이는 기존의 세 가지 위치를 종합하여 도출한 전체 시스템의 감각이나 '관계장relational field' 또는 전체 시스템의 관점에서 바라보는 것으로 정리되었다.

NLP의 특징은 여기서도 나타난다. 지각적 위치도 특정한 신체적, 인지적, 언어적 패턴으로 특징지어진다. 1차 포지션은 당신이 자신의 몸에, 자신의 습관적인 몸 자세에 들어가 있는 당신이다. 1차 포지션에 완전히 개입하게 되면 자신의 감정, 인식, 아이디어를 언급할 때 계속해서 '나는' '내가' '나의'와 같은 단어를 사용할 것이다. 1차 포지션에 들어간 사람은 자신의 관점에서 모든 것을 경험한다. 1차적 관점, 즉 자신이 본인이 된 관점에서 주위는 물론 자신의 내면에서 일어나고 있는 모든 것을 보고, 듣고, 느끼고, 맛보고, 냄새 맡는 것이다. 1차 포지션에 제대로 들어간다면 실제 자신을 잊게 되고 들어간 자리의 자아가 되어 그 1차 포지션의 자기 자신의 눈, 귀 등을 통해 세상을 보게 된다.

2차 포지션은 타인과의 상호작용에서 타인의 관점을 취할 수 있다는 것이다. 이것은 마치 당신이 그 사람인 것처럼 그 사람의 신체적인 자세와 세계관 안으로 완전히 들어가는 것이다. 이는 타인에 대한 정보 수집을 넘어 깊은 이해로 들어가는 기술이다. 그 사람의 입장에서 보면 어떤 기분인지, 어떤 느낌인지, 어떤 지각적 상황인지를 매우 깊게 이해하게 된다. 완전한 타인의 입장이 되어 보고 듣고 느끼고 맛보고 냄새를 맡는다는 것은 지각을 확장하는 것이다. 2차 포지션에서는 타인의 시선, 생각, 감정, 신념 등을 통해 세상을 경험하게 될 것이다. 이 위치에서 우리는 완전히 자신으로부터 분리되어 다른 사람과 개입/연합되는 것이다. 2차 포지션에 완전히 개입되면 우리는 '1차 포지션'의 자신을 '당신(너)'으로 표현하게 될 것이다. 일시적으로 다른 사람의 입장을 취해보는 것은 통찰력을 키우기 위한 매우 효과적인 NLP의 기술이다.

3차 포지션인 관찰자 포지션은 상호작용에 참여하지 않고 그저 제3자로서 관찰하는 것처럼 존재한다. 실제 자신으로부터 분리되어 그저 1차와 2차 포지션의 상호작용을 밖에서 바라보는 것이다. 이 위치에서 우리는 흥미로운 중립적인 관찰자의 위치에서 두 사람이 서로 주고받는 정보, 감정, 에너지 등을 보고 듣고 느끼고 맛보고 냄새를 맡게 될 것이다. 3차 포지션에 완전히 개입하게 되면 관찰하고 있는 사람, 즉 1차와 2차 포지션에서 이야기하며 행동하는 사람을 언급할 때, '그' 또는 '그녀'와 같은 제3자를 가리키는 호칭을 사용하게 된다. 3차 포지션에 들어간 사람은 1차와 2차 포지션의 사람 사이에 일어나는 상호작용에서 분리되어 일종의 '메타 포지션'으로 들어간다. 이 관찰자의 위치는 우리에게 1차와 2차 포지션의 상호작용에 대한 매우 귀중한 정보를 제공한다. 이러한 관찰자의 시각에서 수집된 정보는 2차 포지션에 수집된 정보와 함께 자신의 내적 상태는 물론 타인과의 상호작용을 개선하는 데 큰 통찰을 제공한다. 그리고, 마지막으로 4차 포지션은 다른 세 가지 관점을 종합하여 '전체 시스템the whole system'이되는 감각을 만들어 내는 것이다. '집단 마인드'나 '팀 정신'을 만들어 내기 위해서는 이 4차 포지션이 매우 효과적이다.

- 1차 포지션1st position: 자신의 눈으로 외부 세계를 보는 자신의 관점, 신념, 가정과 연관된다.
- 2차 포지션2nd position: 다른 사람의 관점, 믿음, 가정과 연관되어, 자신의 눈을 통해 외부 세계를 본다.
- 3차 포지션3rd position: 자신과 다른 사람 사이의 관계 밖의 관점에서 1차, 2차 포지션을 바라봄. 1차 포지션 또는 2차 포지션과는 달리 3차 포지션에선 1차 또는 2차 포지션을 사람에게 '그 사람', '그 사람들' 등과 같은 제3자 언어를 사용한다. 3차 포지션을 관찰자 포지션이라고도 한다.
- 4차 포지션4th position: 전체 시스템인 홀론holon 또는 '필드field' 관점에서 바라보는 입장. 시스템의 최선의 이익으로 상황을 경험하는 것. 여기선 '나는' 대신 '우리는we'이라는 말을 사용한다.
- 메타 포지션: 1~4차 포지션을 동시에 바라보는 관점. 신의 관점이라고도 한다.
4차 포지션과 메타 포지션 그리고 홀론과 필드에 대해선 NLP의 원리 제2권에서 자세하게 다룬다.

지각적 포지션 바꾸기는 역지사지易地思之라는 관념어를 온몸으로 경험하게 해준다. 타인과의 갈등이 있을 때 관념적으로 상대방의 입장이 되어보는 것도 좋지만, 자리에서 일어나 물리적 공간을 활용하여 직접 몸을 움직여 관점을 바꿔보는 지각적 포지션을 바꾸는 포지션 바꾸기position change 연습은 몸 학습인 소매틱 러닝somatic Learning이기도 하다.

(i) Activity 060　지각적 포지션 훈련 ①

01　의자를 3개 준비한다. 각각 1차, 2차, 3차 포지션의 자리다.

02　1차 포지션의 자리에 앉아 2차 포지션의 의자에 내가 이해하거나 경험하고자 하는 상대가 앉아 있다고 상상한다.

03　상대(2차 포지션의 의자에 앉아 있는)에게 하고 싶은 이야기를 소리내어 전달한다.

04　2차 포지션에 있는 존재의 느낌과 기분을 그대로 그 자리에 두고 3차 포지션의 자리로 가서 앉는다.

05　3차 포지션에서 1차와 2차 포지션에 있는 사람을 동시에 바라본다. 두 사람을 객관적으로 바라본다.

06　2차 포지션의 의자로 가서 앉는다. 동시에 상상으로 그 자리의 주인공이 되어 본다.

07　1차 포지션의 자리에 있는 존재가 한 이야기(3번)를 회상하며 느껴본다. 통찰해본다. 그리고 1차 포지션에 있는 사람에게 하고 싶은 이야기를 소리내어 전한다.

08　2차 포지션에 있는 존재의 느낌과 기분을 그대로 그 자리에 두고 3차 포지션의 자리로 가서 앉는다.

09　3차 포지션에서 1차와 2차 포지션에 있는 사람을 동시에 바라본다. 두 사람을 객관적으로 바라본다.

10　올라오는 통찰을 1차 포지션의 자리에 앉아 있는 사람을 상상으로 바라보며 이야기한다.

11　1차 포지션의 자리로 가서 앉는다.

12　3차 포지션에 있는 존재가 나(1차 포지션)에게 이야기한 내용을 통찰한다.

ⓘ **Activity 061   지각적 포지션 훈련 ②**

01   멘토나 후원자라고 생각하는 사람과 관계 맺는 자신을 생각해 보라.

자신   타인

02   상대방이 지금 여기 있고, 당신이 그 사람을 보고 있다고 상상하면서, 그 상대방의 자
리를 1차 포지션으로 결정하고 그 자리로 완전히 들어가라. 1인칭 언어를 사용하는
상대방과 상대방에 대한 당신의 감정을 설명해보라.

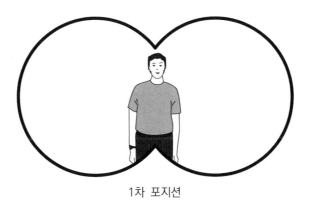

1차 포지션

03 이제 자신이 완전히 '상대방의 입장이 되어' 바라보고 있다고 상상해 보라. 그의 관점, 신념을 나의 것이라 해보자. 그리고 이 관점에서 당신(그 사람의 입장에서 타인)에 대한 감정을 묘사하라. 철저히 그 사람의 언어로 묘사해야 한다.

2차 포지션의 관점

04 이제 3차 포지션으로 들어간다. 자신과 상대방의 관계를 마치 두 사람이 상호작용을 하는 영화를 보는 것처럼 본다. 자신과 상대방의 관점, 신념, 가정, 감정에 대해 당신이 경험한 것을 기억하라.

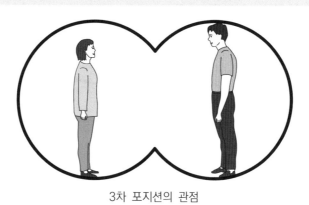

3차 포지션의 관점

05 이 제3차 포지션의 입장에 머물러 바라본다. 여기선 마치 '영화'에 나오는 사람들 중 어느 누구도 모르는 것처럼 본다. 마치 '영화'를 보는 것처럼 이들과 모르는 사람들인 것처럼 본다.

06   다음의 두 가지 다른 관점을 탐구하고 그것들이 관계에 대한 당신의 경험에 어떤 영향
     을 미치는지 주목하라.

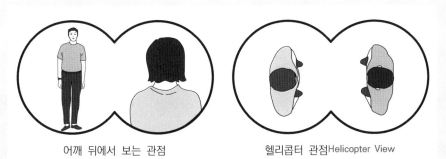

어깨 뒤에서 보는 관점   헬리콥터 관점Helicopter View

시간선^{time line}

정신적 그리고 육체적 '시간선time line'은 상담과 심리치료는 물론, 자기계발과 코칭 분야에 이르기까지 다양한 곳에서 가장 많이 사용되는 NLP의 도구 중 하나다. 헬라어로 시간을 뜻하는 말에는 두 가지가 있다. 자연스럽게 흘러가는 물리적 시간인 '크로노스Chronos'와 특별한 의미가 부여된 시간인 '카이로스Kairos'다. 크로노스가 모두에게 동일하게 적용되는 객관적 시간이라면 카이로스는 사람들에게 각각 다른 의미로 적용되는 주관적 시간이다. 비록 찰나일지라도 구체적 사건 속에 놀라운 변화를 체험하게 되는 시간을 가리켜 그리스인들은 카이로스라 부른다. '순간의 선택이 10년을 좌우한다'는 1980년대의 유명한 광고 문구가 시사하듯 카이로스적 순간은 일상적으로 의미 없이 지나가는 크로노스적 시간과는 질적으로 다르다. NLP 관점에서 우리가 사용하는 과거란 단어는 마음속에서 개념으로만 존재하는 것이며 지금 이 순간에만 떠올릴 수 있는 신경회로적 사건이라고 볼 수 있다. 즉, 시간이란 것은 주관적 인식의 개념이라는 것이다. 시간의 인식이라는 개념을 활용한 시간선으로 진행되는 NLP 기법은 개인사 전환change personal history, 재각인reimprinting, 미래 페이싱future pacing, 전략적 계획수립strategic planning 등 참 많은 기법에서 응용되어 활용되고 있다. 사람들이 주관적으로 시간을 표현하는 방법과 그것이 사람들이 사건을 인지하고 의미를 부여하는 방법에 어떻게 영향을 미치는가에 대한 중요한 발견이 NLP 연구에서 이루어졌다.

사람들이 과거와 미래를 나타내는 방식, 그리고 '시간'을 어떻게 바라보고 활용하는가는 그들의 생각, 감정, 계획에 종종 영향을 미친다. 예를 들어, 잠시 시간을 갖고 당신이 주관적으로 '시간'을 인식하는 방법에 주목해보라. 어제 일어났던 일을 떠올려 보라, 지난 주에 일어난 일을 떠올려 보라. 그리고 1년 전에 있었던 일을 생각해 보라. 기억이 어떻게 떠오르는가? 지금 앉아서 떠올리는 기억은 그 기억의 사건이 일어난 물리적 시간과의 거리를 구분할 수 있는가?

자, 지금 시계를 보고 지금이 몇 시인지 확인하라. 시계에서 시선을 돌렸다가 2분 30초가 경과했을 때 다시 시계를 쳐다보라. 그렇게 많은 시간이 흘렀다고 어떻게 말할 수 있을까? 앞서 질문한 사건들 간의 시간과 방금 느껴본 2분 30초라는 시간은 어떤 차이가 있는가?

'지금'이라는 시간을 생각해보라. 지금이 '지금'이라는 걸 어떻게 아는가? 지금은 얼마나 큰가? '지금'을 생각할 때, 그것은 큰가 작은가? 시간을 생각할 때 '과거'는 어느 방향이고 '미래'는 어느 방향인가? 예를 들어, 과거는 당신의 뒤에 있는가, 당신의 왼쪽에 있는가, 아니면 다른 곳에 있는가? 파트너를 찾아 같은 질문을 던져보라. 파트너의 대답이 당신의 생각과 얼마나 비슷하거나 또는 다른지 주목해보라. 어쩌면 차이가 커서 놀랄지 모른다.

인간의 뇌는 쉴 새 없이 움직인다. 오감이라는 지각을 통해 경험하는 모든 것을 자동으로 분류하고 정리한다. 그런데 이러한 분류는 좋은 것, 원하는 것, 유익한 것만 하는 것이 아니라 모든 것을 분류한다. 또한 우리의 뇌는 수많은 사건을 기억하는데 이를 시간 분류time sorting를 통해 정리한다. 우리는 시간을 과거, 현재, 미래로 나눠가며 구분하고 명명하지만 사실 그것은 실제 시간이 아니라 기억의 시간이다. 에드워드 홀Edward Hall은 실제 사건과 기억하는 사건, 그리고 상상으로 만들어 내는 사건을 구별할 수 있는 능력은 우리 삶의 행복 수준을 결정지을 만큼 매우 중요한 것이라 했다. NLP에서는 우리가 마음속에서 시간을 어떻게 구조화하고 구성하고 있느냐에 따라 삶의 질은 좌우된다고 이야기한다.

상담과 코칭 분야에서 널리 사용되고 있는 시간선이란 개념은 '메타프로그램meta program'기법과 함께 1979년 NLP 전문가들에 의해 처음으로 개발된 개념이다. 대부분의 코칭 프로세스와 기법들이 NLP를 차용하고 있는 것처럼, 시간선 역시 NLP 전문가들에 의해 창조된 개념이다. 이러한 시간선은 어떤 사건을 '시간 안에'서 경험한다는 의미로 마음속에서 펼쳐지는 사건을 그 시간 안으로 개입하여 자신의 눈, 귀 그리고 몸을 통해 직접 보고 듣고 느끼는 것을 말한다. 이러한 지각적 포지션에서 '현재'는 현재 자신의 신체적인 위치다. 시간 안에서in time 경험할 때는 몸으로 시간을 표현한다. 몸으로 시간을 표현할 때 일반적으로 '미래'는 앞으로 뻗어 나가는 직선으로 표현되고 과거는 등 뒤로 이어지는 직선으로 표현된다. 시간선 안에서 미래로 갈 때는 앞으로 걸어가게 되고, 과거는 뒤로 걸어가게 된다. 이렇게 앞뒤로 걸어가는 순간은 시간 안으로 개입하는 상황이다. 주인공은 온몸으로 시간을 느낀다.

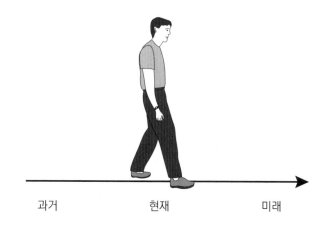

과거   현재   미래

　　만약 '시간 안'에서 사건을 직접 경험하는 것이 아니라, 어떤 사건을 '시간을 통해through time' 지각할 때는 시간 밖에서 시간을 바라보는 것과 유사하다. 이러한 관점에서 '시간선'은 일반적으로 '과거'와 '미래'가 좌에서 우로 뻗어 나가는 선이며(반대일 수도 있다), '현재'는 중간에 한 점처럼 있다. NLP에선 이렇게 '시간을 통해' 지각하여 어떤 통찰을 불러일으키는 다양한 기법을 제공하고 있다. 이는 시간을 도구로 관조dissociation하는 것이다. 예를 들어 제삼자가 되어 자신의 삶의 과거, 현재, 미래를 동시에 바라보며 통찰할 수 있다. 그 통찰은 글로 표현하기 참으로 어렵다. 이러한 NLP 기법을 직접 체험하지 못하고 책으로 읽는 것은 봉준호 감독의 기생충을 영화를 보지 못하고 시나리오를 구해 읽는 것과 같은 상황 또는 가수 나훈아의 노래를 듣지 못한 채 '테스형 세상이 왜이래⋯' 노래의 악보를 눈으로 보는 것이나 마찬가지이기 때문이다. 주변의 NLP 프랙티셔너 이상의 전문가들을 통해 독자들께서도 꼭 몸으로 경험해보셨으면 한다.

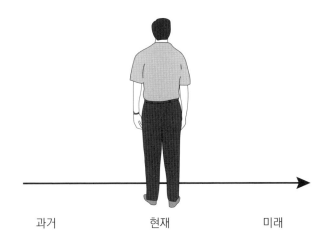

과거   현재   미래

　시간 안에서 시간을 경험하는 것과 시간 밖에서 시간을 관조하는 이 두 가지 관점은 동일한 사건에 대해 서로 다른 인식을 생성한다. '시간을 통해' 바라보는 관점은 정량적 분석에 효과적이지만, 실제 사건 및 경험과는 분리되어 바라보는 것이라 간접적인 배움이라 할 수 있다. '시간 안' 관점은 그 시간과 상황의 주인공이 되어 개입하는 것이라서 매우 극적인 경험과 통찰을 할 수 있다. 하지만, 시간 안에 들어가버리기 때문에 나무만 보고 숲을 보지 못할 가능성이 상대적으로 높다. 사실 많은 정신적, 정서적 증상은 '시간을 통한' 관찰자의 관점을 가지지 못하고, 과거 어느 특정 시점의 경험을 그대로 가지고 특정 시간에 머물러 있는 '시간 안'의 결과다. 우리의 마음상태가 특정 시점의 경험에 머물러 있으므로 현재의 자극에 대해 특정시간에 머물러 있는 경험의 기억이 무의식적으로 반응한다. 예를 들어, 많은 사람들 앞에서 발표하는 것에 대해 두려움이 많은 사람은, 어쩌면 어린 시절 그와 유사한 상황에서 실패한 감정(친구들의 놀림 등)이 남아 있기 때문일 수도 있다. 성인이 되었지만, 비슷한 상황에 처해지면 의지와 상관없이 무의식적으로 과거의 어린 시절의 실패 상황과 관련된 감정 기억이 튀어 올라올 수 있다.

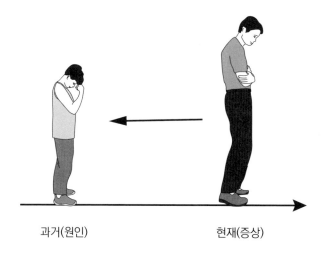

과거(원인)   현재(증상)

　　현재 경험하는 증상은 대체로 과거 어떤 시간에 대한 회귀의 결과인 경우
가 많다. 이러한 감정은 보다 무관심하고 광범위한 시간적 관점을 가지고 전체
를 관조하며 통찰하는 '시간을 통한' 시간선의 관점으로 전환함으로써 해소할 수
있다. 시간선을 그려 놓고 시간선 밖으로 나와 관조하는 이 기법은 그가 자신의
반응에 대한 원인을 객관적으로 분석하고 이해할 수 있도록 도와준다. 소위 프
로이트가 말하는 '사회적 보정associative correction'을 이끌어 내는 것이다.

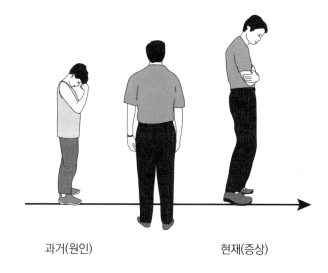

과거(원인)   현재(증상)

ⓘ **Activity 062　시간선 테스트**

다음 문장을 읽고 스스로 동의하는 곳에 O표를 하시오.

01　나는 다음과 같은 이야기를 좋아하는 경향이 있다.
　　a. 역사적 사건
　　b. 시사 이벤트
　　c. 미래 가능성

02　나는
　　a. 지각을 잘하는 경향이 있다.
　　b. 자발적인 경향이 있다.
　　c. 상상하는 경향이 있다.

03　나는
　　a. 돈을 안전한 곳에 두는 경향이 있다.
　　b. 돈을 현재 사용할 기회로 추구하는 경향이 있다.
　　c. 경제적 계획을 세운다.

04　잘못이 일어나면
　　a. 내가 만든 잘못에 대해 걱정 · 염려를 한다.
　　b. 잘못되는 것을 고치려 재빨리 행동한다.
　　c. 문제가 일어날 수 있는 것을 미리 예방한다.

05　어떤 선택을 해야 할 때
　　a. 나는 내 경험을 믿는다.
　　b. 나의 자발적 반응을 믿는다.
　　c. 나의 미래에 대한 느낌이 선택을 하는 데 영향을 미친다.

06　내 인생에 대해 생각할 때
　　a. 경험한 일들이 나를 괴롭힌다.
　　b. 나는 그저 오늘을 살아간다.
　　c. 나는 나의 미래를 열심히 생각하고 참여한다.

07　나는 내 인생을 생각할 때
　　a. 과거를 추억으로 간직하는 경향이 있다.
　　b. 현재 순간을 살아가는 경향이 있다.
　　c. 내 미래를 생각하며 시간을 보내는 경향이 있다.

08 나를 아는 사람들은 내가
   a. 아주 감성적이라고 묘사한다.
   b. 지금과 여기에 있다고 묘사한다.
   c. 언제나 앞을 향해 가고 있다고 말한다.

09 나는 다음 문장에 동의한다.
   a. 역사로부터 배우지 못하는 사람은 그것을 반복하여 망가진다.
   b. 90%의 인생은 자기 과시이다.
   c. 나의 미래는 너무 밝아서 나는 그림자로 덮어야 한다.

※ 채점: 각 란에 체크하여 각 문항을 합산하여 그래프를 만든다.

총점			
9			
8			
7			
6			
5			
4			
3			
2			
1			
0			
	과거	현재	미래
	A	B	C

ⓘ **Activity 063 시간선 연습 ①**

앵커링은 가장 적절한 내면상태를 선택하고 그렇게 만들기 위한 매우 간단하면서도 강력한 도구 중 하나다. 앵커링은 자신이 원하는 구체적인 내면상태에 대한 신호 또는 트리거를 설정하는 것이다. 다음 단계를 따라 해보라.

01 정면을 보고 선다. 앞으로 걸어가면 미래, 뒷걸음으로 뒤로 가면 과거로 가는 것이라고 설정한다.

02 현재 자신에게 필요한 자원이 있는 과거를 떠올리고 과거로 돌아간다(한 걸음이든 세 걸음이든 뒷걸음으로 시간선을 따라 이동한다).

03 시간선을 따라 뒤로 걸어 자원이 있는 과거에 도달하면 멈춘다.

04 그 시간선 위에서 과거의 자원에 오감을 총동원하여 완전히 개입한다.

05 자원을 가지고(이때 과거의 자원을 앵커링하여 가져오면 좋다) 현재를 향해 걸어온다.

06 현재에서 그 자원이 생생히 살아 있음을 확인한다
    (생생함이 살아 있을 때까지 2~5를 여러 번 반복한다).

07 현재에서 (앵커링된)자원을 가지고 미래 특정한 시점으로 시간선을 따라 걸어간다.

08 미래에 도달한 후 필요한 자원을 가지고 성취한 모습을 오감을 총동원하여 생생하게 느낀다.

09 뒤 돌아서서 현재(미래의 입장에서 과거)에 있는 자신(상상하며)에게 해주고 싶은 메시지를 말로 표현한다. 그리고 다시 앞으로 돌아선다.

10 뒷걸음으로 현재로 돌아간다.

11 현재의 자리에서 조금 전 미래의 자리에 있던 미래의 내가 지금 현재의 나에게 했던 메시지를 떠올리며 올라오는 통찰을 묵상한다.

12 시간선 밖으로 나가 제삼자의 입장에 서서 과거-현재-미래로 이어지는 시간선을 바라본다. 그리고 조금 전 그 시간선을 따라 움직이는 존재를 그려본다. 올라오는 통찰을 현재에 서 있는 그에게 음성 메시지로 전달한다.

13   시간선의 현재 위치로 돌아간다.

14   시간선 밖에서 나에게 전달한 제3자의 메시지를 숙고하며 통찰해본다.

Activity 064   시간선 연습 ②

01   원하는 것을 완벽하게 다 이룬 미래의 나를 상상해 보라. 오감을 총동원해서 상상해본
      다. 시간선을 따라 현재에서 미래로 이동하며 미래의 시점에 도달하면 미래의 성취를
      오감을 총동원해서 느껴본다.

02   미래의 성취한 느낌을 오감으로 생생히 활성화한 후 시간선을 따라 현재로 온다.

Activity 065   개인사 전환Change History

01   생활하는 데 어떤 기능을 차단하거나 가능한 자원 활용을 방해하는, 원치 않은 감정이
      나 정서상태를 한 가지 찾는다.

02   두 사람이 조가 되어 한 사람은 클라이언트, 한 사람은 코치 역할을 한다.
      ① 원치 않는 감정을 지정하여 앵커링 한다.
      ② 언제 ①과 같은 비슷한 혹은 동일한 감정을 가졌는지 최근 경험을 상기시킨다.
      ③ 앵커링을 하고 유지시키면서 그 장면에 개입하여 언제 동일한 경험을 다시 했는지
         시간을 거슬러 과거를 더듬어 보게 하고 그 때가 언제인가 확인하고 앵커링 한다.
      ④ 동일한 경험을 3~4개 찾아, 처음 느낀 것과 같이 앵커링 한다. 그리고 앵커를 풀어
         준다.
      ⑤ 기억된 경험을 성공적으로 하기 위해서 필요로 하는 자원이 무엇인지 질문한다.
      ⑥ 자원 앵커를 사용하여 현재 불편한 앵커로 가서 접속시켜 전환이 가능하면, 그와
         동일했던 부정적 과거 경험의 앵커를 방문하여 처리하는데, 만족스러우면 연습을
         몇 번 한다(만족스럽지 않으면 더 적합한 자원을 찾는다).
      ⑦ 앵커없이 과거 경험을 기억하여 전환을 확인한다.
      ⑧ 미래 보정
         (미래 어느 날, 같은 혹은 비슷한 상황에 접하게 하여 작용 여부를 체크하고 테스트
         한다)

(i) **Activity 066**   **재각인**reinprinting

각인inprinting은 신경학적으로 과거 어느 시기에 형성되어 현재 생활에 정서적인 영향으로 제약을 주는 것을 말한다. 트라우마와 같은 사건을 겪은 후 시간이 흘러 자연스럽게 자신의 신념으로 각인된다. 이는 개인의 인성과 지성에 영향을 주어 감성 활용, 사회적 역할 인식 및 수행, 심미 감각의 발휘, 정서에 의식 및 무의식적인 영향을 미친다. 자신도 모르는 각인 때문에 한계를 느끼고 제약을 받아 원하는 것을 이루는데 방해받게 된다. 자꾸 해도 안되고 좌절감은 커지는데, 그러한 감정이 어디서 어떻게 얻어진 것인지 의식하지 못하고 과거를 떠올려 봐도 희미한 그러나 나의 인생에 영향을 끼치는 의식 없는 좌절impasse로 그 사람의 정체성에 자리잡고 있는 것이다. 재각인은 이러한 과거 성장기에 각인된 핵심 감정을 적절한 조건 형성을 이루고 자원을 불러와 그 각인 내용에 접근하도록 하여 재각인을 프로그래밍하는 것이다.

■ 재각인 과정

01   제한을 느끼게 하고, 제동을 가하는 구체적인 감정을 발견하게 한다.

02   관조 상태에서 자원을 추적한다.
　　① 어린 자신younger self을 위안한다.
　　② 전능자의 개입
　　　　(a) 부모로 하여금 어린 나의 평생을 관찰하게 한다.
　　　　(b) 부모의 긍정적 의도를 그의 행동에서 분리시킨다.
　　　　(c) 부모의 생애사를 창출하는 표상을 찾는다.
　　③ 부모의 생애사에 자원을 투입한다.

03   재생한 그때 상황을 재경험한다.
　　① 부모 입장에서
　　② 당시 어린 자아 입장에서

04   시간을 거슬러 자원의 일반화를 한다.
　　① 개선된 부모와 같이
　　② 본래의 부모와 같이

05   미래 보정 및 점검을 한다.

밀튼 모델milton model

밀튼 모델은 세계적인 심리치료가인 밀튼 에릭슨을 모델링하면서 그가 사용하는 탁월한 언어 패턴을 차용한 NLP의 코칭 커뮤니케이션 모델로 클라이언트가 스스로 해석하고 의미 부여하게 만드는 대화법이다. 밀튼 모델의 특징은 앞에서 살펴본 메타 모델과 반대다. 메타 모델은 매우 구체적인 도전과 직면을 통해 정보를 채워나가며 클라이언트의 통찰을 유도하는 것이 핵심이라면, 밀튼 모델은 메타 모델과는 반대로 모호하면서도 예술적인 언어 구사를 사용하는 것이다. 추상적이며 모호한 표현 사용을 통해 누구든 그 언어에 해당될 수 있고 자기 나름대로의 해석과 의미 부여를 할 수 있도록 하여 내담자나 클라이언트가 스스로 원하는 경험을 선택하게 이끌어 가는 것이다. 메타 모델은 직접적인 도전으로 자신의 신념과 사고방식을 깨닫게 하는 반면, 밀튼 모델은 코치나 상담가가 직접적으로 도전하거나 지시하지 않고 매우 일상적인 범용적 대화 속에서 새로운 일반화와 신념을 클라이언트가 스스로 만들어 가게 하는 것이 핵심이다. 메타 모델처럼 딱 부러지는 표현은 직설적이며 통쾌하기도 하지만 그 목적과 초점이 정확히 들어맞아야 통찰로 이어지게 된다. 반면, 밀튼 모델은 일반적이고 추상적이며 모호한 표현을 사용하여 클라이언트가 의미를 다양하고 폭넓게 해석하고 의미 부여할 수 있게 해, 자신도 인지하지 못하던 무의식에 담겨있던 긍정적 의도를 깨닫게 하고 행동으로 이어지게 하는 접근이다. 예를 들어 코치가 클라이언트에게 "지금 당신은 제가 하는 이야기를 듣고 있습니다. 그리고 저와 함께 호흡하며 그 호흡이 매우 편안해지는 것을 느낄 수 있습니다. 몸과 마음이 편안해지는 것을 느낄 수 있습니다"라고 말한다면, 실제 클라이언트가 코치의 말을 듣고 있는 것은 사실이지만 호흡이 편안해지는 것은 다른 문제다. 그러나 그럼에도 불구하고 '그리고'라는 접속사를 사용함으로써 클라이언트는 일어나기를 기대하는 것(몸과 마음이 편안해지는 것)을 저항 없이 받아들일 수 있다.

밀튼 에릭슨

밀튼 모델은 의도적으로 말을 애매하게 사용한다. 애매하다는 것은 규정하거나 명명하지 않는다는 말이고 그만큼 허점이 많다는 말이다. 허점이 많다는 말은 정확한 정보 전달이 아니기 때문에 그만큼 듣는 이가 자의적으로 해석할 수 있는 여지가 커진다. 이런 애매한 말은 듣는 사람이 자신의 상황에 맞게 해석하거나 채워나가기 때문에 오히려 듣는 사람에게 편안함이 커진다. 비즈니스 커뮤니케이션이라면 정확한 정보 전달이 중요하며 중간에 어떠한 왜곡, 삭제, 생략도 없어야 하겠지만, 상담이나 코칭에서 내담자나 클라이언트의 무의식으로 들어가기 위해선 애매모호한 단어와 개념의 언어를 사용하는 밀튼 모델식 화법은 의식의 저항을 최대한 줄여 무의식, 잠재의식으로 다가가기에 효과적이다. 역(逆) 메타 모델이라고도 불리는 밀튼 모델을 아래에서 하나씩 살펴보자.

명사화 nominalizations

생각이나 행동의 과정을 명사로 표현하면 구체적인 정보가 크게 생략된다. 동사를 포함한 과정의 단어가 시간적으로 고정 단어화되어 명사화된다.

예를 들어 "당신에게 새로운 통찰과 새로운 이해를 제공합니다."
"당신에겐 무한한 가능성이 있습니다."

"그는 사랑을 표현하는 것 아닐까요?"

이와 같은 애매한 표현은 듣는 이가 자유롭게 연상하고 해석할 수 있다. 일반적으로 사람은 자신에게 필요한 부분이 먼저 와닿고 그곳에 의미를 부여하기 때문이다.

명사화 중에서도 '언제', '어디서', '누가', '무엇을'과 같은 구체적인 것을 나타내지 않는 표현은 듣는 이가 자신에게 적용하여 해석할 수 있는 가능성을 높인다. 공백을 듣는 이가 스스로 상상하며 메워가기 때문이다.

"사람에겐 때가 되면 스승이 나타납니다."
"당신이 언젠가는 그 사실을 알게 되겠지만..."
"향이 독특한 최고의 와인입니다."

우주적 대량화 universal quantifiers

인간은 일반화를 통해 개념화하려는 자연스러운 내면 활동을 한다. 메타 모델에서 일반화는 위반 사항으로 도전의 과제가 되는 신념의 반영이다. 허나, 밀튼 모델에선 오히려 이러한 자연적인 일반화를 활용한다. 논쟁의 여지가 없는 보편적 인식으로 클라이언트가 자연스럽게 자신의 메시지를 수용하게 하는 기법이다. 언제나, 누구나, 늘, 항상이란 수식어들이 일반화를 일으켜 자연스레 수용하도록 하는 표현들이다.

예를 들어 "스승의 말씀은 도움이 됩니다."
        "스승의 말씀은 늘 도움이 됩니다."

"저는 그렇게 느낍니다."
"당연히 그렇게 느끼는 것 아닌가요?"

"명상은 차분해지는 데 도움이 됩니다."
"명상을 하면 누구나 차분해집니다."

　문장의 느낌은 다르다. 늘, 당연히….라는 우주적 대량화를 유발하는 수식어를 통해 듣는 이가 더욱 무의식에 쉽게 접속할 수 있도록 도울 수 있다.

가능 조작자|modal operators

　'그건 해도 된다.', '이것만큼은 안 된다'와 같은 말처럼 다른 선택지를 부정하는 표현이다. 이는 어떠한 가능성과 필연성을 암시하는 언어 사용을 통해 무엇인가를 하게 하거나 하지 않게 하도록 유도한다.

　"리더가 약한 소리를 해서는 안되겠지요."
　"당신은 이제 반드시 시작해야 합니다."
　"상황에 따라선 적과의 동침도 가능한 것입니다."

　이렇게 '~해야 한다', '~하지 않으면 안 된다'와 같은 일반화된 메시지는 무의식에 직접 다가가게 되어 듣는 사람으로 하여금 자신도 모르게 자연스럽게 받아들이게 되는 힘이 있다.

복문 등식|complex equivalence

　두 가지의 별개의 사실을 같은 것으로 동격화하는 기법이다. 서로 다른 두 가지를 동일시하며 연결한다. 무의식은 자연스럽게 받아들인다.

　"그것은…. ~을 의미합니다."
　"누군가를 자꾸 쳐다보는 것은 그에게 관심이 있다는 의미다."
　"이 카드를 사용하시는 분은 VIP가 분명합니다."

전제|presuppositions

전제는 특정 내용이 마치 사실인 것처럼 전제하는 표현 기법이다. 듣는 이는 전제가 깔려 있는 이야기를 들으면서 무의식적으로 자연스럽게 전제를 받아들이게 된다.

"당신은 많은 것들을 배우고 있습니다."
"정말 좋은 사람들과 함께 하고 계시네요..."
"다양한 가능성 중에서 어떤 것을 선택하시겠습니까?
"즐거움 가득한 배움의 여정에서 기분이 어떠세요?"

전제는 듣는 이가 수용하기를 원하는 내용을 은근하게 이야기하는 화법으로 밀튼 모델의 핵심이 담겨 있는 방법이다. 당연히 그렇게 될 것이라는 또는 이미 그러하다는 것으로 전제하여 말함으로써 듣는 이는 마치 그것은 이미 결정된 것이고 벌어진 것으로 자연스럽게 받아들이게 된다.

밀튼 모델의 전제 기법은 다음의 몇 가지로 패턴화할 수 있다.

(1) 때/시간의 종속

~이래 / ~하면서 / ~할 때 / ~ 하는 사이에 / ~전에 / ~ 후에
→ 무엇인가를 당연히 달성한다 또는 한다는 것을 전제한다.

예 자네가 목표를 달성하기 전에 꼭 약속하고 싶은 게 있네
(마치 목표 달성은 당연한 것처럼 전제되고 있다)

결혼식 마치고 난 후에 바로 여행을 떠나요.
(결혼식은 당연히 하는 것으로 전제되고 있다)

(2) 서수

최초로 / 마지막으로 / 다음에 / 최후에 / 하나 더 / 두 번째로
어떤 것의 전후에 무엇인가가 있다는 것이 전제된다.

예 어느 부서부터 감사를 시작할까? 총무부? 영업부? 아니면 인사부?

(여기엔 일단 감사를 한다는 것이 은연중에 전제된다)

(3) 이중 구속double bind

혹은 / 아니면 / 그렇지 않다면

→ 몇 가지 선택 사항 중 하나를 선택하는 상황을 만들게 함으로써 그 밖의 가능성을 은연중에 강하게 부정하여 듣는 이의 무의식에 영향을 미친다.

예 "결제는 카드로 하시겠습니까? 현금으로 하시겠습니까?"

(구입을 한다는 것을 전제하고 있다)

"당신에게 부탁하고 싶은데, 오늘부터 시작할까요? 아니면 다음주에 시작하실래요?"

(부탁한다고 하지만 이미 상대가 수락을 한 것을 전제하고 있다. 무의식에 강하게 어필된다)

(4) 생각의 서술어

알고 있다, 알아채다, 이해하다, 깨닫다

→ 이와 같은 말을 사용하여 질문하면 그 전에 말한 내용은 강한 전제가 된다.

예 당신의 경험이 얼마나 소중한지 알고 있나요?

(경험이 있다는 것을 강하게 전제하고 있다)

당신의 능력이 이 분야에서 얼마나 소중한지 깨달았으면 합니다.

(이미 능력이 있다는 것을 전제하고 있다)

귀사의 제품이 이 지역에서 매우 인기 있다는 것을 알고 있었나요?

(제품에 대해서는 이미 알고 있다는 전제가 깔려 있다)

(5) 형용사/부사

흥미롭게 / 깊게 / 넓게 / 간략히 / 신속하게 / 여유 있게
→ 어느 정도로 상태를 수식하는 표현인 형용사와 부사는 수식하는 말을 자연
스럽게 전제한다.

예 당신이 코칭을 시작하려면 어떤 준비를 해야 할까?
당신이 코칭을 신속하게 시작하려면 어떤 준비를 해야 할까?

두 문장을 비교해보면 전자는 코칭을 할지 안 할지 알 수가 없다. 하지만,
두번째 문장처럼 신속하게라는 부사가 사용되면 코칭을 시작하는 것은 무의식
에겐 이미 결정된 기정사실이 될 수 있다.

(6) 평가와 관련된 형용사/부사

재미있게도 / 행운으로 / 다행히 / 기꺼이 / 필연적으로
→ 이러한 평가가 담긴 형용사, 부사가 꾸미는 뒷 문장은 자연스럽게 전제가
된다. 이는 듣는 이의 무의식을 자극해 설득력을 높인다.

예 운 좋게도 우리는 어떻게 이 문제를 해결해야 할지를 알고 있습니다.
('운 좋게도' 라는 평가가 담긴 말은 뒤에 나오는 문장을 강화한다. 문제 해결방법을
분명하게 알고 있다는 것을 암시하는 것이다)

(7) 시제와 관련된 동사/부사

• 부사: 이미 / 벌써 / 아직
• 동사: 시작하다 / 계속하다 / 끝나다 / 속행하다
→ 시간의 경과를 나타내는 말은 무엇인가가 일어나거나 일어났다는 것을
전제로 하여 무의식에서 자연스럽게 받아들이도록 한다.

예 당신이 NLP에 관심을 가지기 시작한 때는 언제입니까?
(시간의 경과를 나타내는 '시작한 때'를 사용하게 되면 앞에 있는 NLP에 대한 관
심은 의심의 여지없이 전제된다)

언제부터 창업을 준비하셨습니까?

(시간의 경과를 나타내는 '언제부터'를 사용하여 창업 준비를 기정사실로 전제한다)

인과 cause-effect

A때문에 B가 일어난다 / 만든다 / 만약 ~ 하다면 그때는 ~ / ~ 하기 때문에 ~ 하게 되는

→ 어느 한 사건이 다른 사건을 야기시키는 원인으로 작용한다는 사실을 암시하는 기법이다. 이는 왜곡을 통해 강화하는 방법이다. 앞뒤가 연결되는 수식어를 활용하는 언어 패턴은 현재 일어나고 있는 것과 앞으로 일어나기 바라는 것을 인과로 연결하여 일어나기를 바라는 방향으로 클라이언트의 무의식을 자연스럽게 이끌고 간다.

"크게 호흡을(A) 하면 마음이 가라앉습니다(B)."

(A하면 B된다라는 표현으로 인과관계를 만들어 B를 원하는 듣는 이의 무의식을 자연스럽게 자극하여 무의식적으로 A를 자연스럽게 하게 만든다)

아래 예시들은 인과를 활용하는 밀튼 모델의 사례다.

"하늘을 한 번 쳐다보면 차분해집니다."

"코칭을 받으면 더욱 효과적으로 변화합니다."

"이 곳에 가입하면 일류가 되는 것은 시간문제입니다."

"이 차를 타시면 사람들이 부러워할 거예요."

"이 가방을 사용하시면 분명 스스로 뿌듯함을 느끼실 겁니다."

왜곡이지만 이러한 인과의 연결을 자연스럽게 코치가 활용할 수 있다고 하면 클라이언트의 무의식에 자연스럽게 호소할 수 있고 함께 나아갈 수 있다.

지레짐작^{mind-reading}

구체적인 근거 없이 생각과 감정을 아는 것처럼 말하는 기법이다. 마치 클라이언트의 마음을 아는 것처럼 하는 표현도 적절하게 활용하면 무의식의 벽을 넘어 효과적인 소통 방법으로 활용할 수 있다. 지레짐작 기법은 BAGLE 기법을 활용하여 상대를 잘 관찰하고 캘리브레이션^{Calibration} 할 수 있다면 라포 형성에도 도움이 되고 더욱 효과적으로 소통할 수 있다.

> 📋 "나는 당신이 …에 대해서 궁금하게 여기고 있다는 사실을 압니다."
> "제가 지금부터 설명하는 이야기에 당신은 분명 관심이 있을 겁니다."
> "멋진 코치가 되고자 함을 알고 있습니다."
>
> 특히 희로애락의 감정을 공감으로 표현할 때 효과적이다.
> "정말 축하합니다. 너무 뿌듯하시겠어요."
> "얼마나 화가 나셨을까요. 며칠 밤 잠도 오지 않으셨을 거예요."

수행자 상실^{lost performative}

가치판단 주체를 생략한 채 가치판단을 표현하는 방법이다. 누군가 개인적인 생각이 아니라 마치 원리나 원칙인 것처럼 자연스럽게 무의식으로 접근하는 화법이다. '누가', '언제', '어디서' 등 구체적인 표현을 하지 않은 채 사용한다.

> 📋 배움은 참 즐거워요.
> NLP는 정말 매력적인 도구에요.
> 명상 시간은 행복한 시간이죠.
> 궁금함이 많은 것은 살아 있다는 반증이죠.

대화적 요구^{conversational postulate}

형식상으로는 질문하는 것 같지만 내용상으로는 지시하거나 진술하는 표현으로, 비권위적인 모습을 띠면서 상대방이 의식하지 못하는 가운데 자연스럽게 특정한 반응을 유도하는 기법이다.

> **예** "당신은 이것이 당신이 이해하는 바라고 생각하고 있지요?"
> "오늘 중으로 등록해주실래요?"
> "~~을 해 주시겠습니까?"
> "~~을 확인하셨습니까?"
> "회비는 제출하셨나요?"

부가 의문문^{tag question}

긍정문에는 부정문을 뒤따르게 하고, 부정문에는 긍정문을 뒤이어 사용하여 문장의 의미를 강조하고 자연스럽게 따르고 싶은 느낌을 만들 때 사용한다. 진술문 뒤에 부가되는 질문은 자연스럽게 저항을 예방한다.

> **예** 코칭 배우고 싶지 않나요? 그렇죠?
> 기분을 바꾸고 싶죠? 그렇지 않나요?
> 도전을 하고 싶죠? 아닌가요?
> 모두가 간다고 하던데, 당신은 그렇지 않아요?"

참조 색인의 결여^{lack of referential index}

상대에게 구체적으로 누가 무엇을 하는지에 대해서 밝히지 않는 방법이다. 대상이 되는 명사에 대해 자세한 표현을 하지 않기에 생략된 부분을 클라이언트가 스스로 해석하게 된다.

📵 "이것은 많은 사람들이 관심을 가지고 있습니다"

"시간이 가면 갈수록 이해할 수 있을 것입니다.

비교 생략comparative deletion

무엇인가 비교를 함에 있어서 비교 대상을 구체적으로 밝히지 않는 표현이다. 무엇과 비교했는지 모르기에 아직 경험하지 않은 상태에서는 더욱 좋은 것을 기다리게 되는 느낌을 준다.

📵 이번 여행은 알찬 행사가 가득합니다.

다른 과정에 비해 만족도가 훨씬 높으실 겁니다.

그건 정말 잘 된 일입니다.

현재 경험에 맞추기pace current experience

클라이언트가 검증 가능한 외적인 경험을 부정할 수 없는 언어로 표현하는 방법이다.

📵 "당신은 지금 여기에 이렇게 앉아 있습니다. 그리고 내 말을 듣고 있고 나를 바라보고 있습니다…."

(당연한 이야기, 바로 검증할 수 있는 이야기로 화자인 코치는 진실을 이야기하는구나 라는 느낌을 무의식적으로 받도록 하여 마음의 빗장을 열어갈 수 있다)

선택 제한 침해selectional restriction violation

인간과 동물만이 가지고 있는 감정을 무생물에게도 적용하여 사물을 의인화하는 표현을 통해 무의적으로 마음의 문을 열고 귀를 열도록 유도하는 화법이다.

▣ "가방에게도 감정이 있을 수 있는데, 매일 같이 들고 다니는 가방도 얼마나 지쳤을까요"

"기억하세요. 벽에도 귀가 있다는 사실을⋯."

모호성ambiguity

'전제'와 더불어 밀튼 모델의 대표적인 화법이다. 모호성은 특히 트랜스trans를 유도하는 깊은 내면으로 들어가는 코칭 및 상담에서 활용된다. 동음이의어를 활용하여 이렇게도 해석되고 저렇게도 해석될 수 있도록 한다. 밀튼 모델은 코치의 메시지가 클라이언트에게 저항감 없이 전달되고 이를 통해 원하는 방향으로 함께 나아가기 위한 언어 기법이다. 밀튼 모델은 메타 모델과는 반대로 우리가 무의식적으로 어떤 정보를 삭제, 생략, 일반화, 왜곡하면서 듣는 것을 역으로 이용해서 통찰을 키우고 내면의 이슈를 해결해 나가는 언어 전략이다. 조금 더 세부적으로 구분해보면 다음과 같다.

(1) 발음의 모호성을 활용

동음이의어, 즉 서로 다른 의미를 가졌지만 발음이 비슷한 단어를 사용함.

▣ 배를 떠올려 보세요(배, 과일, 신체, 탈것).
타고 있네요(불, 자동차, 커피).

(2) 범위의 모호성

저 늙은 남자와 여자들이 함께 춤을 추면서
(누가 늙은 남자인지, 여자인지 알 수가 없다)

비열한 도시와 거리의 사람들이
(도시가 어떻게 비열한가?)

문제 있는 인사부와 그리고 총무부를 조사한다.

(문제가 인사부에만 있는지 총무부도 있는지 애매하다)

(3) 범위의 모호성

점점 성장하는 당신과 나의 멋진 미래를 기대한다.

(점점 성장하는 것이 당신인지, 당신과 나인지, 당신과 나의 멋진 미래인지 모호하다. 여러 의미를 내포하고 있어서 클라이언트가 조금 더 몰입하는 데 도움이 된다)

ⓘ **Activity 067   밀튼 언어 연습 ①**

01   5~7명으로 팀을 구성하고 한 명을 먼저 클라이언트로 선정한다. 클라이언트는 본인의 고민 또는 목표에 대해 이야기한다.

02   팀원들은 각자 예술적으로 모호한 밀튼 모델을 활용한다.

03   전제가 있는 직접 명령이나 질문을 밀튼 모델은 다양한 기법을 활용해 클라이언트에게 들려준다.

04   BMIR를 관찰하며, 직관과 통찰이 생기는지 확인한다.

05   역할을 바꾸어 돌아가면서 연습한다.

ⓘ **Activity 068   밀튼 언어 연습 ②**

01   두 사람이 파트너가 되어 코치와 클라이언트 역할을 맡는다. 코치는 아래의 예문을 이야기한다. 클라이언트는 조용히 듣는다(필요하다 느끼면 눈을 감아도 된다).

02   통찰을 이야기 나눈다(코치는 관찰을 통한 트랜스 경험도 나눈다).

03   역할을 바꾸어 연습한다.

> "저는 당신이 조금 주저하고 있다는 것을 알아요…. 그리고 조심스럽게 살펴보는 것은 좋은 일이죠…. 왜냐하면… 그것은 당신이 많은 것을 고려하고 생각하고 있다는 것을 의미하거든요. 또 동시에 많은 것을 배우고 있다는 것이기도 하거든요. 당신이 배울 수 있는 모든 것들, 모든 것들…은 당신에게 새로운 통찰과 새로운 관점을 선물해 줄 거예

요. 그리고 당신은 할 수 있어요. 그렇지 않아요? 당신도 알다시피 누군가 한 것이라면 다른 누군가 할 수 있는 것이지요.

그리고 그건 괜찮은 일이에요. 모든 것이 다 완전해요. 당신은 여기에 앉아 있고 나의 말을 듣고 있으며 나를 바라보고 있어요. 그리고 그것은 당신의 무의식도 여기에 있다는 것과 내가 말하는 것을 들을 수 있다는 것을 의미하지요. 그리고 당신은 아마도 이러한 것을 배울 수 있을 것이며 당신이 스스로 생각하는 것보다 무의식 수준에서 이미 더 많이 알고 있을 거예요. 그리고 내가 다른 사람에게 이것을 배우라, 또는 저것을 배우라라고 말하는 것은 옳지 않으며 그로 하여금 어떤 순서로든 자기가 원하는 방식으로 배우도록 하는 것이 더 나을 것입니다. 당신은 이것이… 당신이 이해하는 것이라고 생각합니까? 왜냐하면 나는 지난주에 NLP 코칭 전문가의 책을 읽었는데 그는 책에서 말하기를 지금 바로 깊은 이완을 하는 것은 좋은 일이며 이완을 깊이 하라고 했는데 저자는 그의 클라이언트에게 말하기를 그러한 이완은 바로 당신이 앉아 있는 의자가 충분히 느낄 수 있으며 지금 당장 느껴보라고 말하더라구요…."

(i) **Activity 069　밀턴 언어 연습 ③**

01　두 사람이 파트너가 되어 코치와 클라이언트 역할을 맡는다. 코치는 아래의 예문을 이야기한다. 클라이언트는 조용히 듣는다(필요하다 느끼면 눈을 감아도 된다).

02　통찰을 이야기 나눈다(코치는 관찰을 통한 트랜스 경험도 나눈다).

03　역할을 바꾸어 연습한다.

지평선 멀리 뛰어가는 힘찬 말의 모습을 보면서 내 말에 귀를 기울일 수 있겠죠? 그 말을 보면서 내 말에 집중하게 되면 더 깊은 이완을 경험하게 될 것입니다. 평안함을 경험한다는 것은 좋은 일입니다. 말이 달리는 힘찬 모습과 함께 하늘의 구름도 따라 달립니다. 그에 따라 나의 말도 힘차게~ 더 힘을 얻어서 당신을 이끌어 줄 수 있겠죠?

당신도 알다시피 모든 사람은 사랑할 수 있어요. 그렇게 생각하지 않으세요? 누군가를 만난다는 것은 새로운 시작을 의미합니다. 당신이 앉아 있는 의자마저도 당신이 사랑을 배울 수 있기를 바라고 있습니다. 우리의 만남, 그것이 곧 사랑의 시작이 아닐까요? 지금 곧 아니면 잠시 후든 말입니다.

나는 당신이 NLP에 관심을 가지고 있다는 것을 알고 있습니다. NLP에 관심을 갖는다는 것은 미지의 세계를 개척할 수 있다는 것을 의미하지요. 다른 사람들이 할 수 있다면 당신도 할 수 있습니다. 이렇게 서로 대화를 시작하는 것만으로도 더 나은 비전을 갖게 될 수 있습니다. 그렇지 않아요?

행복해 하는 당신을 보니 저도 행복해지는 것 같아요. 당신은 사람들이 당신을 좋아해서 행복해졌나요? 아니면 당신의 마음이 더 편해져서 그런가요? 당신의 행복이 우리의 관계를 더욱 돈독하게 할 수 있을 것이라고 믿고 있죠? 네, 그런 줄 저도 알아요. 그러한 믿음은 참 좋은 것이죠.

많은 사람들이 저희 스쿨에서 도움을 받는 것을 보았습니다. 저희 스쿨의 좋은 소문을 듣고 찾아온 회원님들은 틀림없이 좋은 효과를 보실 수 있을 것이라고 생각하지 않으세요? 자, 바로 그 용기와 적극성을 발휘하여 바로 상담에 들어갈까요? 아니면 차를 한 잔 먼저 하고 좀 더 확실하게 준비가 된 후에 상담을 시작할까요?

저 과수원의 잘 익은 배를 바라보면 배가 고파질 거예요. 저 배를 따서 먹으니 배가 불러지고 그래서 배를 타고 멀리 여행을 가고 싶어질 것입니다. 그러한 배 여행은 곧 우리의 마음의 배를 채워주고 배의 맛을 배나 더하겠죠? 그 맛으로 인해 당신은 더욱 배가 될 것입니다.

※ 무의식 마음의 주요 원리

1. 기억을 저장한다.
   • 시간성(시간과 관계가 있음)
   • 비시간성(시간과 무관함)

2. 연상, 즉 유사한 사물과 아이디어를 연결하여 빨리 학습한다.

3. 모든 기억을 수집, 정리한다
   (시간선을 이용한다. 무의식의 역학은 게슈탈트다).

4. 해소하지 못한 감정의 기억을 억누른다.

5. 억압된 기억을 드러내어 감정을 해소한다
   (합리적으로 판단하고 감정을 드러내기 위해서다).

6. 자기방어를 위해 억압된 감정을 계속 억누른다.

7. 몸을 지배한다.
   • 무의식은 현재 신체상태의 청사진이다.
   • 상위 자아higher self에서 완전한 건강의 청사진이다.

8. 몸을 보존한다(신체의 조화를 유지한다).

9. 지극히 도덕적인 존재다(우리가 배우고 받아들인 도덕성).
   정서 영역이다.

10. 봉사를 즐기며 따를 수 있는 확실한 명령체계가 있어야 한다.

11. 모든 지각을 제어하고 유지한다.
    지각을 수용하고 의식적 마음에 전달한다.

12. '에너지'를 생산, 저장하고, 분배, 전달한다.

13. 본능을 관리하고 습관을 만들어 낸다.

14. 습관이 몸에 밸 때까지 반복해야 한다.

15. 끊임없이 더 많이 추구하도록 되어 있다
    (항상 발견할 것이 더 있다).

16. 하나의 통합된 단위로서 최상의 기능을 한다

17. 상징적이다.
    상징을 사용하고 상징에 반응한다.

18. 모든 것을 개인적으로 받아들인다
    (지각의 원리는 투사다).

19. 최소 노력의 원칙을 바탕으로 움직인다.

20. 부정어를 처리하지 않는다.

04

은유 metaphor

은유는 사람의 깊은 변화와 마음의 위로 또는 치유를 돕는 데 사용할 수 있는 아주 우아한 도구 중 하나다. 직설적인 화법은 화자가 통쾌함을 느낄 수 있고 상황에 따라 듣는 이에게 자극이 되어 행동을 개선하거나 태도를 바꾸는 효과가 있다. 하지만 그 효과의 지속성엔 한계가 있고, 빈번한 사용은 듣는 이를 쉽게 지치게 한다. 반면, 은유는 화자 또는 코치가 던지는 숨겨진 지혜가 잘 전달되는지 아닌지는 듣는 이의 내공에 따라 달라진다는 위험(아쉬움)이 있긴 하지만, 만약 어느 정도라도 전달만 된다면 깊은 통찰을 일으킬 수 있고 나아가 평생 잊을 수 없는 힘이 되기도 한다.

직설적인 화법은 시원하고 화통해 보이기도 하지만 여운이 오래가지 않는 경우가 많다. 반면 은유적인 표현은 그 효과를 떠나 참으로 매력적으로 화자와 함께 오래 기억된다. 돌아보면 최고의 리더, 최고의 스승은 은유의 달인이었다.

로마로 회군하며 루비콘 강 앞에 선 카이사르Caesar는 말 위에서 돌아보며 외친다. "주사위는 던져졌다!" 이 얼마나 정확한 상황 표현이며 무엇을 해야 하는지 리더의 의도를 부하들에게 정확히 전달하는 짜릿한 표현인가. 만약, 카이사르가 '강이다. 바지가 젖으면 감기로 고생할 수 있다. 우리는 여기서 실패하면 다 죽는다. 혹시 나와 함께 로마로 진격하는 것이 두려운 사람이 있는가? 이제 우리는 오도 가도 못한다. 죽거나 까무러치기다. 우린 할 수 있다. 파이팅!'이라고 외쳤다면... 시저의 스토리가 그리 매력적으로 역사에 기억되지 않을 수도 있다.

기록을 보면 노자, 석가모니, 공자, 예수 등 인류의 스승들은 기막힌 은유의 고수였다. 노자는 '상선약수上善若水'를 이야기하면서 최고의 도道는 물의 모습이라며, 탁월한 리더는 물처럼 살아야 한다고 이야기한다. 물은 언제나 소리없이 흐르지만 힘찬 강물과 거대한 바다의 모습으로 변모하며, 어떤 용기에도 담길 수 있을 만큼 자유자재로 그 모습을 바꾸는 유연함을 가지고 있고, 힘을 써야 할 때는 큰 힘을 쓰며, 모든 생명체들이 그 생명을 유지하도록 돕는다. 공자 역시 군자의 사귐은 담수(淡水)와 같다고 물에 빗대어 비유한다. 요란하지 않은 잔잔한 호수. 결코 자신을 드러내지 않은 채 그저 바라봐도 평화 가득해지는 그런 호수와 같은 사귐을 말한 듯하다. 비유의 달인 석가모니는 단 하나를 설명하면서 수많은 비유를 던졌다. '강을 건넜으면 뗏목은 버려라', '그물에 걸리지 않는 바람과 같이', '진흙에서도 피어 나는 연꽃처럼', '무소의 뿔처럼 혼자서 가라', '국자는 천년을 국을 퍼도 국 맛을 모른다', 예수도 마찬가지다. '씨앗아, 너는 꽃이 될 운명이다', '부자가 천국으로 가는 것은 낙타가 바늘구멍으로 들어가는 것과 같다', '어린아이와 같은 마음이면 천국이 너희 것이다.'

가까이서도 은유의 표현으로 진한 감동과 통찰을 주는 리더는 어렵지 않게 찾아볼 수 있다. 2002년 한일 월드컵을 앞두고 각국의 국가대표팀 감독은 기자회견을 했다. 많은 감독들은 '꼭 우승하겠다'라는 직설적 화법으로 자신감을 드러냈다. 하지만, 당시 우리 대표팀을 이끌던 거스 히딩크 감독은 달랐다. 일본팀 감독처럼 두 주먹 불끈 쥐며 '꼭 16강에 들겠습니다!'라는 직설적이며 어쩌면 촌스럽기까지 한 말을 하지 않았다. 당시까지 월드컵 본선에서 한 게임도 이긴 적이 없는 우리나라 대표팀을 이끌며 '국민들이 원하는 월드컵에서의 1승 반드시 하겠습니다. 믿어주세요!'라는 이야기도 하지 않았다. 그는 수많은 기자들 앞에서 담담한 한 문장을 던졌다. '세계를 깜짝 놀라게 하겠습니다.' 나아가, 월드컵 최초의 1승과 16강을 달성한 후 '이제는 팀의 목표를 완성했으니 이탈리아와의 16강전은 편안한 마음으로 하겠군요'라는 기자들의 질문에, '나는 여전히 배가 고프다I am still hungry'라는 한 문장으로 만족하지 않고 더 높은 목표를 향해 가겠다는 자신과 선수단의 의지와 욕망을 표현했다.

이처럼 인간의 변화와 성장의 장에서 그것이 수업을 하는 교육의 장이든, 코칭을 하는 면대면의 상황이든 은유는 개인의 변혁과 치유 과정에서 사람들을 돕는 데 사용할 수 있는 가장 우아한 도구 중 하나다. 은유를 사용하는 주요 목적은 변화에 필요한 개별적인 자원에 접근하는 데 도움이 되는 이야기를 통해 개인의 경험을 가속화하는데 있다. 은유는 본질적으로 어느 정도 듣는 사람의 '현실'을 자극하는 환상이다. 은유가 가진 의미는 전형적으로 은유가 구성하고 있는 구체적인 사건이나 설명('표면상 드러나는 구조')에 있는 것이 아니라, 오히려 그것이 전달하는 근본적인 패턴이나 원리에 있다. 은유의 매력은 의식적인 저항을 우회할 수 있고, 문제와 관련하여 듣는 이의 창조성과 깊은 통찰을 자극하는 역할을 한다는 것이다. 은유적 사고는 의식과 무의식 사이를 여는 관문을 제공한다.

오래 전 필자가 호주 정부 초청과 후원으로 호주에 머물 당시 시드니 동물원에 휴식차 들른 적이 있었다. 그곳에서 삼성항공을 오랫동안 다니다 퇴직한 후 캐나다로 이민을 가서 중고 항공기 판매 사업을 하고 계신 분을 만났다. 그분의 동생이 나와 같은 회사라는 공통점이 발견된 순간 이야기는 깊어졌다. 당시 이런저런 미래에 대한 고민이 있던 필자에게 그분은 자신의 직장 생활, 새로운 꿈에 대한 도전, 캐나다 이민 후 새롭게 얻은 세상에 대한 통찰을 이야기해 주셨다. 그러던 중 호랑이들이 있는 곳에 이르렀는데, 한참 호랑이를 구경하다 나를 향해 고개를 돌리더니 강렬한 눈빛과 미소로 한마디 던지셨다. 필자는 그 순간을 지금도 생생히 기억한다. "호랑이가 동물원에 갇혀 있으니 이상하지 않아요?!" 그 전까지 계속되던 대화 그리고 한 순간의 침묵 후 던진 한마디. 필자에겐 큰 통찰과 용기 그리고 글로 표현할 수 없는 그 무엇인가가 느껴졌다. 그 순간 폐부를 찌르는 대침과 같은 한방은 지금도 생생하다. 그때의 화두에 대해서는 이 글을 읽은 여러분의 상상에 맡긴다.

은유는 사람들로 하여금 그들의 현실과 은유로 표현되는 이야기 사이의 더 깊은 구조적인 관계에 초점을 맞추도록 응원한다. 상담이나 코칭의 장면에서 은유의 가치는 은유가 이야기하는 표면적 수준의 문자와 듣는 이, 즉 클라이언트나 내담자가 처한 세부사항(내용)은 매우 다르지만, 처한 상황의 깊은 구조에 유사성이 있을 때 빛난다. 이야기와 은유가 직설적이지 않고 매우 문학적이거나 묘사적이라는 측면에서 '문제를 일으키는 사고방식과는 다른 사고방식'을 제공할 수 있게 한다. 은유법의 주요 특징 중 하나는 그것이 개방적으로 끝나기에 듣는 사람들이 해결책을 찾기 위해 먼저 스스로 그들 자신의 자원으로부터 끌어낼 수 있게 한다는 것이다. 은유적 표현을 한 코치는 화두를 던지고, 그 해답은 찾아 나가는 여정에서 통찰은 물론 실질적인 해결책까지 스스로 찾아낼 수 있게 하는 것이다.

따라서 탁월한 코치나 교사는 적절한 은유의 활용을 통해 클라이언트나 제자가 스스로 자원을 개발하고 가능성을 키울 수 있도록 돕는다. 은유를 만드는 데 핵심은 상징성symbolism과 이형동질異形同質, isomorphism이다. 상징은 참조가 되는 적절한 비유를 활용하는 것이다. 은유는 NLP의 기법 중 하나인 소위 'As IF', 즉 '마치 어떤 것이 마치 또 다른 것처럼 말하는 비유'로 정의할 수 있다. 은유는 클라이언트를 마치 그 상황의 주인공처럼 이야기한다. 상징은 클라이언트의 현실에 나타나는 어떤 측면을 캐릭터, 물체 또는 상황으로 나타내는 것을 말한다. '그는 닥터 스트레인지 같기도 하고, 천둥의 신 토르 같기도 해'라는 비유나 '그녀는 바위야', '한 마리 새처럼' 등이 은유와 비유의 예다. 이러한 상징은 '앵커링anchoring'의 일종으로, 처음엔 호기심으로 시작되다 결국 클라이언트가 자신의 문제상황에 인식의 속도를 높이고 결국 어떤 통찰을 가질 수 있도록 사용될 수 있다. 일반적으로 상징은 구조적 측면을 식별하는 반면, 이형동질은 관계적 요소들을 다룬다.

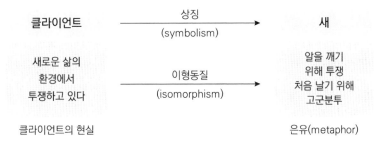

성품과 개인 능력의 특성은 행동에서 이등분법을 통해 살펴보면 드러난다. 새로운 상황에 직면하는 개인은 과거 그가 유사한 상황에서 접했던 맥락과 유사한 방식으로 반응하는 경향이 많다. 이는 우리의 습관이 일할 때나, 여행 갈 때, 또는 골프나 테니스를 할 때 상황은 각각 다르지만 그 상황과 상호작용하는 패턴은 매우 유사하다는 것을 쉽게 발견할 수 있다. 어쩌면 우리 삶은 그레고리 베이트슨의 이야기처럼 "모든 것은 다른 모든 것에 대한 은유Everything is a metaphor for everything else"일지도 모른다.

성생활에 불만이 많은 부부의 상담에서 밀튼 H. 에릭슨Milton H. Erickson이 사용한 은유의 일화는 유명하다. 에릭슨은 커플에게 그들의 식습관에 대해 이야기했다. 그는 그들의 식습관이 어려움을 야기하는 개인의 성행위와 유사하다는 것을 발견했다. 고기와 감자를 좋아하는 남편은 식사 시 메인 요리를 바로 먹는 것을 좋아했고, 아내는 에피타이저를 천천히 즐기며 식사를 시작하는 것을 좋아했다. 그들의 치료를 위해 에릭슨은 그들에게 "스프에서 견과류까지" 에피타이저와 메인 요리를 동시에 놓고 함께 식사를 계획하도록 했는데, 이 방법이 두 사람 모두의 만족감을 얻을 수 있게 한 식사에 대한 조언이었다. 당시 부부는 에릭슨이 활용한 이형동질의 의미를 바로 알지 못했지만, 놀랍게도 식생활 습관을 바꾼 후 그들의 성생활이 극적으로 향상되었다는 것을 알고는 기분 좋게 놀랐다고 한다.

특정 클라이언트가 다루고 있는 어떤 이슈에 대해, 적절한 이야기와 이야기 속 등장인물을 활용하는 상징과 이형동질을 설정하는 것은 상징적 상호작용을 통해 새로운 반응이나 통찰을 제공할 수 있다. 상징과 기호는 인간을 동물과 구분 짓게 하는 도구다. 월트 디즈니의 만화영화를 7살 꼬마부터 70대 어른들까지 함께 즐기고 좋아하는 것은, 만화 캐릭터는 자신을 이입하는 상징이 되고, 스토리는 자신의 삶과 연동시키는 모습은 다르지만 내용은 같은 이형동질이 일어나기 때문이다. 마블의 수많은 캐릭터 역시 상징이자 그들의 인생 여정은 관객 한 사람 한사람의 여정이라고 느끼기에 감동이 이어지는 것이다. 필자에겐 생각만 해도 설레는 책 중 하나가 이솝 우화이다. 저자는 직설적으로 가르치지 않고 이야기를 통해 지혜를 들려준다. 직업이 선생인 나의 글과 말이 정말 이솝우화와 같다면 여한이 없겠다.

우리 선조들은 어쩌면 NLP의 대가들이었을지도 모른다. 다음의 이야기들을 곱씹어 보라. 그리고 언제든 필요할 때 활용할 수 있는 도구가 되도록 해보자.

ⓘ **Activity 070   은유 연습** ①

01   5~7명으로 팀을 구성하고 한 명을 먼저 클라이언트로 선정한다. 클라이언트는 본인의 고민 또는 목표에 대해 이야기한다.

02   팀원들은 돌아가면서 이야기한 사람에게 도움이 되는 고사성어 또는 속담을 이야기한다.

03   이야기한 사람은 팀원이 제시한 고사성어 또는 속담이 얼마나 도움이 되었는지 점수를 매긴다.

04   모든 팀원이 한 번씩 화자가 된다.

05   모두 마친 후 통찰을 나눈다.

(i) **Activity 071   은유 연습 ②**

01   5~7명으로 팀을 구성하고 한 명을 먼저 클라이언트로 선정한다. 클라이언트는 본인의
고민 또는 목표에 대해 이야기한다.

02   팀원들은 돌아가면서 이야기한 사람에게 도움이 되는 은유적 이야기를 한다.

03   이야기한 사람은 팀원이 제시한 은유적 표현이나 고상성어가 얼마나 도움이 되었는지
점수를 매긴다.

04   모든 팀원이 한 번씩 화자가 된다.

05   모두 마친 후 통찰을 나눈다.

긍정적 의도^{positive intention}의 원칙

　　변화관리를 위해 가장 중요하고 유용한 원칙 중 하나는 '긍정적인 의도'의 개념을 정확히 이해하고 활용하는 것이다. 이 원칙은 (자신의 또는 클라이언트의) 내면의 저항과 반대를 다룰 때 특히 중요하다. 이 원칙은 기본적으로 '어느 정도 수준에서는 모든 행동은 어떤 긍정적 목적을 달성하기 위해 개발된다는 것'으로 설명된다. 이 원칙에 따르면 저항이나 반대는 실제로 어떤 근본적인 목적, 즉 긍정적인 의도를 지니고 있다는 것이다. 예를 들어, "난 성공하는 삶에 관심 없어"라는 주장 뒤에 숨겨진 긍정적 의도는 스스로를 실패로부터 '보호'하려는 것일 수 있다. '변할 수 없다'는 등의 저항 뒤에 숨은 긍정적인 의도는 '거짓된 희망'을 거부하거나 변화하고 나서도 보상받지 못한 노력을 피하기 위한 것일 수도 있다. 진정으로 갈망하지만 그 갈망을 이루지 못하는 경우 돌아올 실망, 허탈함, 아픔을 미리 방지하기 위해 진정한 갈망을 거부하고 오히려 그 갈망을 부정하는 것을 표현하는 것이다. 스스로를 속이며 위로 받으려는 모든 행동은 마법사의 길에 들어서지 못한 우리 대부분의 모습이다. 이런 저항이 누적된 삶은… 겉으로는 행복하다고 외치고 실제 본인도 그렇게 믿으며 하루하루 보내지만 시간이 한참 지나고 나면 깊은 갈증과 회한이 남을 수 있다. 반면 진정한 자신인 진아와 소통하고 도전하는 것은 많은 좌절과 아픔으로 고통받을 수 있어도 먼 길 떠나는 그날이 와도 오히려 '후회없이 살았다'며 여한 없이 갈 수 있을지 모른다.

　　변화에 대한 저항이나 스스로를 제한하는 자신의 생각을 뛰어넘어 성공적인 변화를 가져오기 위해서는 어떠한 형태이든 무의식에서 일어나는 근본적인 우려를 잘 다루어야 한다. 염려는 긍정의 모습을 띠며 저항한다. 나름 합당한 논리적인 이유를 전개하며 앞으로 나아가는 것을 막으려 한다. 이를 잘 이해하고 효과적으로 다루는 것이 마법사의 역할이다. 저항이나 제한하는 자신의 신념 뒤에 있는 긍정적 의도를 발견하고 다루는 것은 변화와 성장의 시작이다. 우리가 모든 저항은 천사의 모습으로 설명되지만 그 이면에 깔려 있는 것은 두려움이라는 감정이라는 것을 정확히 이해한다면 더 큰 나를 만날 수 있는 준비가 된 것이다. 코치의 역할은 클라이언트가 이를 통찰할 수 있도록 도와주는 것이다.

NLP를 정확하게 다루는 마법사는 다양한 모습으로 클라이언트가 앞으로 나아갈 수 있도록 돕는다. 진짜 장애물은 자신 안에 있는 것이다. 장애물이 가지고 있는 긍정적 의도를 어루만지며 다양한 지각적 포지션에서 관조할 수 있는 관찰자로서의 힘을 키운다면 그 긍정적 의도를 다른 다양한 방법으로 채울 수 있다는 것을 통찰할 수 있게 된다. 클라이언트가 가지고 있는 지도를 스스로 바꿀 수 있도록 돕는 것이다.

실제로 긍정적인 의도에 의해 생성된 저항은 종종 다른 제한된(그리고 인식되지 않는) 가정으로부터 발생한다. 예를 들어, 어떤 사람이 '성공'에 의해 위협을 느낄 수 있는 이유는 그 사람이 성공하는 것의 사회적 영향에 대처할 수 있는 기술이나 자원을 충분히 가지고 있다고 느끼지 않기 때문일 수 있다. 이러한 문제는 필요한 자원 개발을 위한 적절한 코칭과 지침을 제공하여 해결할 수 있다. 이 문제를 해결하는 또 다른 방법은 그 사람이 이미 필요한 능력을 가지고 있고 지원될 것이라는 것을 깨닫도록 돕는 것일 수 있다.

긍정적인 의도의 원리는 '사람은 언제나 최선의 선택을 한다'라는 NLP의 깊은 전제를 기반으로 한다. 만약 우리가 틀에 갇힌 생각에서 벗어나 새로운 세계의 모델을 가지고 접근할 수 있다고 믿는다면, 사람들이 자신의 믿음/신념이 감정적 편안함을 주지만 한편으론 그 신념이 오히려 자신의 성장을 가로막는 장애물이 될 수도 있다는 가능성을 조금이라도 인식할 수 있다면 변화를 스스로 창조할 수 있다는 믿음을 가지고 접근하는 것이다. 그런 측면에서 리프레이밍과 같은 NLP의 기법은 사람들이 상황에 대한 자신의 지도를 넓히고 다양한 선택지가 있다는 것을 인식하고 한 걸음 더 나아가 다른 선택을 할 수 있도록 돕는 매우 매력적인 방법이다.

따라서 반대나 저항을 다룰 때는 우선 그 긍정적인 의도를 인정하고 난 후, 새로운 인식이나 더욱 더 넓은 사고의 공간으로 이끄는 것이 유용하다. 특히, 사람의 정체성과 긍정적인 의도를 그들의 행동으로부터 분리하는 것은 특히 중요하다. 간섭을 다룰 때 효과적인 전략은 우선 그 사람이나 그들의 긍정적인 의도를 인정하고 그 다음에 그 문제에 대응해야 한다.

긍정적 의도를 찾을 때 가장 좋은 방법은 특정한 저항이나 제한적인 믿음 뒤에 숨은 긍정적인 의도나 목적을 직접 물어보는 것이다. 이때 그 사람의 의견에 동의하지 않아도 다른 사람의 관점을 인정할 수 있다는 것을 깨닫는 것이 중요하다. 즉, "나는 당신이 이런 관점을 가지고 있다는 것을 이해한다"고 말하는 것은 "나는 당신 의견에 동의한다"라는 의미가 아니다. 정서적 지지를 하는 것 역시 그의 감정과 나의 감정이 같다는 것이 아니라, 타인이 그러한 감정에 빠지는 것을 이해할 수 있다는 의미의 개념이다. 그러니 상담/코칭의 과정에서 "걱정 해줘서 고맙다" 또는 "그것이 중요한 질문이다"라고 말하는 것은 그들이 가지고 있는 세계 지도가 올바른 것임이라는 동의가 아니라 그 사람이나 그들이 가지고 있는 이면의 긍정적 의도를 인정하는 방법이 되는 것이다.

예컨대, 금연을 권고할 때 담배는 건강에 해로우니까 더 이상 피워서는 안 된다는 교과서적인 이야기는 흡연자에게 설득력이 크지 않을 것이다. 아무리 논리적으로 정교하고 당위적으로 합당하다 하더라도 사람의 변화에 도움되지 않는다. 애연가들은 흔히 다음과 같이 이야기한다. '담배는 유일한 친구입니다', '담배 한 대 물면 위로가 됩니다', '담배를 태울 때 좋은 아이디어가 나옵니다.' 따라서 그저 건강에 좋지 않다는 이유로 담배를 끊으라고 하는 것은, 유일한 친구와 헤어지라는 이야기고, 위로를 해주는 벗님과 이별하라는 이야기며, 좋은 아이디어를 창조하는 기회를 스스로 포기하라는 이야기인 것이다. 따라서, 담배를 끊게 하려면, 담배가 주는 것으로 생각하는 긍정적 의도를 충분히 파악하는 것이 변화관리의 시작이며, 그 의도를 담배 외의 다른 것으로 충분히 채울 수 있다고 스스로 믿도록 도와주는 것이 변화관리의 완성이다.

요약하자면, 긍정적인 의도의 원칙에 따라, 변화를 위한 저항을 다룰 때, 다음과 같은 것이 중요하고 유용하다.

1. 모든 행동(저항 및 제한적 신념 포함)이 긍정적으로 의도되었음을 전제한다.
2. 행동의 부정적인 면과 이면의 긍정적인 의도를 분리한다.
3. 저항하거나 문제에 빠져 있는 사람의 긍정적인 의도를 파악하여 대응한다.
4. 동일한 긍정적인 의도를 달성하기 위해 그가 다른 행동을 선택할 수 있음을 알린다.

이러한 원칙을 활용한 NLP 기법 중 하나가 '6단계 리프레이밍six-step reframing' 이다. 이는 잠시 후 다루기로 하고 의도intention나 목적purpose에 대해 조금 더 이야기 해보자. 모든 행동은 신념의 의식/무의식적 반영이다. 모든 행동에는 목적이 있다는 말이다. 예를 들어 아버지가 딸 아이에게 엄하게 말하고 엄하게 대하는 행동을 하는 이유는 무엇일까? 혹은 아들에게만 더욱 강하고 혹독하게 대하는 이유는 무엇일까?(요즘은 아니지만 예전 아버지들은 꽤 그랬다) 조심스럽게 추측해보면 딸에게 엄격한 이유는 밖에서 더욱 존중 받기를 바라는 마음일 수 있고, 아들에게 강하게 대하는 이유는 어렵고 험난한 세상에 아버지 없어도 스스로 당당하게 강하게 살아갈 수 있는 힘이 있길 바라는 마음 때문일 것이다. 그 바람이 의도이자 목적이다. NLP에서 이야기하는 긍정적 의도라는 말이다. 우리가 모르는 제3자에겐 친절하면서도 가장 가까운 사람에겐 그렇지 못한 것은 그만큼 사랑하고 아끼기 때문에 무엇인가를 바라고 희망하는 것이 많기 때문이라고 해석할 수 있다.

　사실 부모가 아이에게 싫은 소리를 하고 야단을 치고 하는 것은 아이를 잘 키우려는 의도를 가지고 있는 것이다. 허나 이러한 의도가 자녀에게 전달되지는 않는다. 야단을 치고 화가 나는 부모조차 자신들이 왜 화가 나는지 모르고 화를 내는 경우가 태반이니 어찌 아이들이 그 의도를 해석하겠는가? 만약 화가 나고 화를 내는 순간 '아! 내가 우리 아이가 참으로 좋은 사람이 되길 바라는 마음 때문에 화가 나는구나!'하고 알아차린다면 NLP를 배울 필요가 없는 이미 깨어난 부모요, 설령 부모는 자신의 깊은 마음속 의도를 모른 채 화를 내기만 한다 하더라도, 그 부모의 모습을 보고 야단 맞고 있는 중에도 '아 부모님이 참 나를 사랑하시는구나, 나에게 기대가 크시구나'라는 부모의 언행 뒤에 있는 긍정적 의도를 알아차리는 아이라면 이미 전생에 마법 공부를 많이 한 존재일 것이다. 현실 세계에선 둘 다 찾기 어려운 모습이다. 이러한 알아차림의 힘이 없는 평범한 우리는 서로 사랑하면서 서로에게 더 많은 상처를 주며 살아가는 안타까운 생을 보낸다. 우리가 NLP를 배우고 삶에 잘 적용할 수 있다면 나의 의도를 정확하게 표현할 수 있는 힘을 키울 수 있을 것이다.

　NLP의 전제 중 하나인 '인간의 모든 행동에는 긍정적 의도가 있다'를 언제나 화두로 삼고 있다면, 주변 사람들이 나에게 하는 행동이나 말에 일희일비 하지 않을 수 있을 것이다. 지혜로운 사람은 자신의 언행을 반사적으로 하지 않는다. 어떤 말을 어떻게 할까, 어떤 행동을 어떻게 하는 것이 가장 효과적이고 지혜로울까?를 고민한다. 그리고 투명한 소통을 하려고 노력한다. 투명한 소통 중 하나는 바로 자신의 의도를 그대로 보여주는 것이다. 예를 들어 부장이 부하 직원의 성실하지 못하고 책임감 없는 행동을 빈번하게 경험하고 한마디 할 때 화가 난 채로 '김 과장 그 정도 밖에 안되나? 똑바로 하지 않을래!'라고 말하기보다

'난 김 과장이 성실하고 책임감 넘치는 사람으로 인정받고 기억되길 바라네!'라는 바라는 의도를 표현하는 것이 더 투명하고 수준 높은 대화라는 것이다. 또한 듣는 이의 입장에서도 지혜를 발휘할 필요가 있다. 교수가 매주 과제를 내주고 평가를 하는 경우 '왜 우리를 괴롭힐까?'가 아니라 '우리를 참 성장시키려고 애쓰는구나'라는 의도를 읽고 이해하는 것이 지혜의 첫걸음이라 할 수 있다. 고객만족 분야에서 '불평하는 고객에 감사하라'라는 명제가 있다. 불평의 긍정적 의도는 '좋은 서비스에 대한 기대'가 있다는 것이다. 따라서 불평을 만족으로 만드는 순간 고객의 의도가 충족되기에 충성고객으로 변화하게 된다. 가장 무서운 존재는 불평하지 않는 고객이다. 이들은 한번의 실수를 마음에 담고 두 번 다시 돌아보지 않는다. 이는 인간관계에서도 마찬가지다. 어쩌면 내게 쓴소리와 잔소리를 하는 사람이 진짜 나를 좋아하고 내가 잘 되기를 바라는 사람인지도 모른다. 우리가 무지해서 고마운 이에겐 섭섭함을 느끼고, 별 인연없는 사람에겐 좋은 인상을 남기려 애쓰는 참 이상한 하루하루를 보내는 것인지 모른다.

ⓘ **Activity 072   긍정적 의도 찾기**

01   당신의 말과 행동 등에 담긴 긍정적 의도를 5가지 이상 찾아 적으시오.

02   이를 파트너와 이야기 나누시오.

03   서로 올라온 통찰을 나누시오.

핵심전환 core transformation

우리의 의식적 또는 무의식적 행동에는 긍정적 의도가 있다. '실패는 없다. 피드백만 있을 뿐이다'는 NLP 전제의 이면엔 긍정적 의도가 내포하는 힘이 복선으로 깔려 있다. 예를 들어 아침에 늦게 일어나는 습관을 고치고 싶으나 잘 되지 않는다. 결심을 몇 번이나 함에도 불구하고 다시 늦게 일어난다. 이때 이것을 실패로 규정하며 자신을 탓하는 것은 너무나 평범한 접근 방식이다. 왜 늦잠을 잤을까? 결심 했음에도 불구하고 늦잠을 잔 이유는 무엇일까? 늦잠 잔 행동의 긍정적인 의도가 있지 않을까? 생각은 늦잠을 자지 말자고 결심했지만, 그 생각이 머리에서만 맴돈 결심일 경우 무의식은 받아들이지 않을 수 있다. 남들의 시선 때문에, 누군가가 지시해서, 원래 사회적 규범이 그러하기 때문에 하게 되는 머리만의 결심은 뒷심이 약하다. 머리는 늦잠자지 말자고 생각해도 몸은 여전히 늦잠을 원한다. 왜인가? 늦잠을 자는 게 기분이 좋기 때문이다. 몸이 푹 자는 것, 잘 자는 것을 원하기 때문이다. 왜 푹 자고 싶은가? 그게 최상의 컨디션을 만들어주기 때문이다. 긍정적 의도의 역할은 무의식을 만족시키는 데 있다. 우리가 변화를 원하면서도 진정한 변화를 창조해내지 못하는 이유 중 하나는 머리로만 결심해서라 할 수 있다. 무의식까지 달래가면서 나의 결심에 동참하게 만들 수 있다면 진정 달라질 수 있다. 핵심전환은 이러한 의식과 무의식에 다리를 연결하는 기법이다. 이성만큼 중요한 감정과 무의식, 그림자까지 이해하고 안아주며 보이지 않는 한계를 뛰어넘는 내면 깊은 곳의 진아眞我, true self와 만나는 작업이라 할 수 있다. 내면의 세계의 보물을 찾는데 지도가 없으면 평생을 찾아도 그 풍요로움을 찾기 어려울 것이다. 핵심전환은 우리 내면의 보물을 찾아가는 10단계의 지도를 제시하고 있다. 이 프로세스를 따라가면 우리 안에 규정되어 있는 내면의 한계와 제한을 받고 있는 지각적 감정을 우주적으로 확장시켜 삶의 단순한 갈등이나 중요한 이슈들을 다루고 회복시킬 수 있다. 실제 핵심전환은 우울감, 불화, 울화, 수치심, 자신감 부재, 흡연, 자학 등 다양한 분야에 효과적으로 적용되고 있다.

NLP수련을 꾸준히 하여 긍정적 의도의 법칙을 잘 이해하고 핵심전환기법을 능숙하게 활용할 수 있다면 우리 삶의 풍요로움은 달라진다. 옳고 그름, 아름다움과 추함, 선과 악, 천국과 지옥, 천사와 악마, 도덕과 비도덕, 우수함과 열등함, 빛과 그림자...처럼 나누고 구분하는 것이 아니라 통합할 수 있다. 좋은 것만 활용하는 것이 아니라 좋아 보이지 않는 것도 활용한다는 것이다. 음과 양 모두를 사용하는 지혜를 발휘할 수 있게 된다. 실패, 화, 분노, 절망감, 패배감...조차 끌어 안아 긍정의 에너지로 활용할 수 있다는 말이다. 긍정적 의도를 지혜롭게 활용한다면 이분법적 사고에서 나와 반대되는 것을 보완적으로 바라보게 된다. 사랑하기에 증오하며, 간절하기에 좌절하며, 기쁨을 찾기에 슬픈 것을 알고 현재 발산되는 에너지의 방향이 아닌 그 에너지 자체를 활용하는 힘을 키울 수 있는 것이다.

아름다움은 추함이 있기에 존재한다. 천사는 악마와 함께 존재한다. 핵심전환의 이해는 자신의 부정적인 면을 발견하고 실망과 좌절에서 자신의 부정적인 면이 가진 긍정의 힘을 찾고 활용하는 것이다. 그 또한 개발 가능한 자원이기 때문이다. 부정하고 싶은 감정이나 행동과 직면하며 자신의 깊은 내면으로 들어가는 핵심전환은 참 나와 만나는 절정의 순간으로 자신에게 부정적인 영향을 끼치던 감정과 내면갈등에서 해방되며 나아가 이를 성장과 성취의 자원으로 전환시켜준다.

핵심전환에서 정의하는 몇 가지 전제가 있다. 먼저 내가 여러 겹으로 이루어져 있다고 전제한다. 깊은 내면의 참 나인 핵심자아core self와 무의식으로 구성된 분아分我, part self가 그것이다. 먼저 핵심자아는 참나, 불변하는 본질의 자신을 말한다. 사실 이러한 개념은 인간의 언어로 설명하기 쉽지 않은 것이다. 도가도 비상도道可道非常道! 노자의 이야기처럼 '이것은 이런 개념이다'라는 설명이 불가능한 분야일지 모른다. 그럼에도 불구하고 경험을 이름 짓고, 이를 구조화하여 나누기 위해 NLP에선 핵심자아라고 명명한다. 핵심자아는 '참이요, 거짓이 없는' 마음의 상태라고도 할 수 있는데, 유사한 말로는 인간 본성으로 이야기하는 진아 또는 마음의 참 모습을 가리키는 성리학에서의 성誠 등을 꼽을 수 있다.

분아는 무의식에 자리잡고 있는 또 다른 자신으로 규정할 수 있다. '내 속에 내가 너무도 많아….' 가시나무새의 한 구절이다. 지킬박사와 하이드를 이야기하지 않아도 우리 안에는 많은 내가 존재한다. 의식하지 못하는 나. 무의식의 나라고도 할 수 있다. 무의식은 프로그래밍 되어 있기에 자동적으로 움직인다. 습관이 그러하다. 어떨 땐 내가 다른 사람이 된 것 같기도 하다. 이러한 무의식에서 생겨난 감정이나 행동의 주인을 NLP에서는 분아라고 명명한다. 분아의 감정과 행동은 나의 감정과 행동이지만 참 나인 핵심자아의 것이라고는 할 수 없다. 핵심전환에서 모든 분아는 '긍정적 의도'를 가지고 있다고 전제한다. 내가 느끼는 감정이나 불편함은 분아의 작용이기에 그러한 감정이나 불편함의 긍정적 의도를 알고 다룰 수 있다면 분아는 핵심자아로 통합된다.

시행절차

'달라지고 싶으나 그대로인 것', '없애 버리고 싶은 감정이지만 없어지지 않는 것', '나도 모르게 자꾸 반복되는 습관', '떨쳐 버리고 싶으나 안되는 불안감' 등을 찾아본다. 게으름, 불만, 질투, 죄책감, 완벽에 대한 강박 등과 같은 것들도 좋다. 내 삶의 주인으로 내가 결정하고 강력하게 변화시키고 싶지만 생각과 현실은 다른 것이 현실이기도 하다. 이런 경우 핵심전환 기법을 활용한다. 무의식의 깊은 부분에서 분명 필요한 것이 있기에 존재하는 감정일지도 모르기 때문이다. 어쩌면 그러한 부정적인 감정이나 생각 또는 습관은 나에게 진정한 변화를 가져다주려고 하는 사인인지도 모른다. 어쩌면 이를 직면하는 것은 우리의 삶에서 큰 변화를 가져다주는 기회를 만나는 것인지도 모른다. 그래서 핵심전환이라 명명했다.

불편하거나 적절치 않은 느낌이라 문제를 나의 것이 아니라 나의 분아의 것이라고 전제한다. 분아는 나의 일부이지만 무의식 속에서 자신만의 왕국을 구축하고 있다고 전제하는 것이다. 분명 분아는 나의 일부분이지만 나도 모르는 상태, 즉 무의식의 상태에서 자신의 목적을 달성하기 위해 활동한다. 내가 느끼는 불편한 느낌은 무의식에서 활동하는 분아의 활동 결과인 것이다. 전체적 존재로서의 나는 불편하게 여기지만 어쩌면 나의 일부분이기도 한 분아에겐 그것이 정말 필요한 것, 중요한 활동일 수도 있는 것이다. 핵심전환은 나의 분아가 창조한 행동을 무시하거나 억제하는 것이 아니라 이해하고 포용하는 작업이다. 유전자 키Gene Kyes훈련의 핵심처럼 그림자를 힘으로 누르는 것이 아니라 끌어안고 통합하는 작업이다. 다시 말해 모든 분아는 긍정적인 목적을 지니고 있다는 전제를 수용함으로써 분아를 나의 편으로 만드는 것이라 할 수 있다. 문제조차도 나를 위해 힘을 나누는 일꾼으로 전환시키는 작업은 매우 독특한 한편으론 참으로 NLP 다운 기법이다.

　분아에게 물어본다. 다음 질문을 던지고 차분히 기다린다. "원하는 것이 무엇인가?" 머리로 생각하는 것이 아니라 분아의 대답을 기다리는 것이다. 놀랍게도 분아는 답을 한다. 대개 내가 머리로 생각하지 못했던 의외의 답들이다. 이 대답이 '그러한 감정'을 창조하게 된 이유가 된다. 이야기해 준 분아에게 정중히 감사를 표현한다. 그리고, 분아에게 계속해서 원하는 것이 무엇인지 질문한다. 더 이상 원하는 것이 없는 상태까지 도달하면 핵심상태에 도달한 것이다. 이때 질문한다. "당신이 지금 이 순간의 느낌으로 생각하고 느껴보라. 당신 삶에서 어떻게 행동하고 어떻게 살아갈 것인가?", "존재만으로 이미 완전한 당신은 충분한가?" 어떤 감정이나 행동이 존재하는 의미를 핵심상태라고 한다. 핵심상태를 다르게 표현한다면 '존재 그 자체', '있는 그대로의 모습', '기쁨과 사랑의 상태', '내적 평화', '하나됨oneness' 등으로 묘사할 수 있다.

ⓘ Activity 073　핵심 전환 요약 및 연습

01　제동을 거는 경험(적절치 못한 느낌이나 문제 확인 ①)을 한다.

02　제동을 거는 경험의 긍정적 목적을 발견한다(분아 ②).

03　그 긍정적 의도가 충족이 되었을 때 그보다 더 중요한 무엇을 분아가 원하고 있는가 질문한다.

04　이것이 완전히 충족이 되었다면 이보다 더 중요한 무엇을 분아 ③이 원하는가 질문하여 그것이 완전히 충족이 되었다면 분아 ④로 지정한다(이 발견은 지적이거나 정신적 활동이 아니라 느낌의 상태로 이루어진다).

05　분아 ④가 그보다 더 중요한 것 무엇을 더 원하는가 진행시켜 그 원하는 것이 충족이 되었다면 분아 ⑤로 설정한다.

06　그 분아가 원하는 것이 무엇인가 진행시켜 분아 ⑤가 그보다 더 중요한 것, 무엇을 더 원하는가 알아서 분아 ⑥으로 설정하고

07 그 분아의 원하는 것이 충족되었으면 분아 ⑦로 설정하여 분아 ⑦이 원하는 것이 충족
이 되었으면 그보다 더 중요한 원하는 것이 무엇인가 질문하여 충족이 완전히 이루어
졌다면 마무리한다.

08 환경 점검, 내 안에 어느 분아가 나의 핵심상태Core State를 반대하는가 체크한다.

09 전환transform을 심화 · 확대시켜 과거 · 현재 · 미래를 보정한다.

6단계 리프레이밍

NLP에선 특정한 신념에 고정되어 있을 때 프레임frame에 갇혀 있다고 표현한다. 신념체계, 패러다임, 렌즈, 관점 등의 동의어로 이야기할 수도 있는데 은유적 표현을 좋아하는 NLP에서는 프레임이란 용어로 사용하고 있다. 이제는 정치계에서도 프레임 논란, 방송에서도 프레임을 만든다고 하며 자주 사용되고 있는 말이다. 어떤 것을 '리프레임reframe'한다는 것은 '이전에 인식되었던 것과는 다른 틀이나 문맥에 넣어 그 의미를 변형시키는 것'을 의미한다. NLP에서 이는 특정 증상이나 문제 행동과 관련된 '긍정적 의도' 또는 '긍정적 목적'을 찾아내어 활용하는 기법이다. NLP의 기본 원칙 중 하나는 자신의 '행동behavior'과 '자신self'을 분리하는 것이 유용하다는 것이다. 즉, 행동을 발생시키는 긍정적인 의도, 기능, 신념 등을 행동 자체에서 분리하는 것이다. 다른 말로, 문제가 있는 행동의 겉으로 드러나는 표면적 표현보다 '깊은 구조'에 대응하는 것이 더 존중되고 생태적이며 생산적이라는 것이다.

6단계 리프레이밍은 NLP에서 문제가 있는 행동을 내부 프로그램의 긍정적인 의도와 분리하거나 그 행동을 담당하는 '분야'에서 분리하는 과정이다. 겉보기에 부정적인 행동은 그것이 봉사하고자 하는 목적의 틀 안에선 긍정적으로 보이기도 한다. 이것이 '리프레임'의 동력이 되며 종종 '문제적' 행동과 관련하여 중요한 통찰력과 새로운 이해를 낳는다. 이는 또한 그 행동에서 그것을 움직이는 더 높은 수준의 동기로 초점을 옮기는 것을 돕는다. 그러면 동일한 상위 수준의 긍정적인 의도를 충족하지만, 문제를 음/양으로 야기하는 결과를 내포하고 있지 않는 대체 행동을 식별하고 구현함으로써 새로운 행동을 선택할 수 있게 된다.

6단계 리프레이밍에서 문제가 있는 행동을 수정할 수 있도록 그 행동의 긍정적인 의도나 목적을 살펴보고 이와 관련된 내부 '분야'의 협력을 도모하는 것이 프로세스의 주요한 과정이 된다. 여기엔 특정한 행동을 하도록 한 분야의 의도를 만족하는 새로운 대안을 찾는 것이 포함되어야 한다. 따라서, 6단계 리프

248

레이밍의 첫 번째 단계는 문제가 있는 행동에 대한 "분아의 책임"을 파악하고 분아와 소통하여 새로운 행동을 찾아내는 것이다.

흔히 문제행동(특히 쉽게 바꿀 수 없었던 행동들)을 담당하는 '분아'들은 우리의 '정상적 의식'(그것이 문제인 이유의 일부인)과 크게 연관되는 접촉을 갖지 못한다. 그러한 경우, 사람은 그러한 분아들과 소통하는 것에 대한 의식적 인식이 제한적일 수 있다. 그러나 NLP 관점에 따르면 소통의 신호가 긍정적인 의도를 발견하고 효과적인 대안을 찾을 수 있을 정도가 되는 한 완전한 의식은 필요하지 않다. 관건은 증세나 문제 행위에 대해 '책임 있는 분아'와 함께 '소통 채널'을 확립하는 것이다. 그 분아와 효과적인 통신 채널이 있는 한, 세부 사항들은 의식할 필요가 없다.

6단계 리프레이밍의 기술과 프로세스는 밀튼 에릭슨과 버지니아 새티어의 탁월한 상담 모습을 모델링하고 연구하여 그린더와 밴들러에 의해 공식화한 NLP 기법이다. 이들은 에릭슨과 새티어가 내담자들에게 그들 자신의 다양한 분아와 협상하도록 지도하는 과정에서 관찰된 최면적인 단서hypnotic cues 및 신호 signals를 활용하고 이를 통합하여 6단계 리프레이밍으로 정리하고 공식화했다. 겉으로 보기에 6단계 리프레이밍은 내담자가 트랜스상태에 들어가는 것처럼 보이기도 하였다. 전문가가 사용하는 손가락 신호와 같은 이디오모터 동작Idiomotor movements은 행동을 변화시키는 '분아'와의 소통 채널로 사용되었다. 나중에 그 과정이 개인이 '트랜스상태'인지 아닌지를 분간하는 데 효과적이기 때문에 사용한 것으로 이는 자신의 반응을 의식하는 것만큼 효과적일 수 있는 것으로 밝혀졌다.

6단계 리프레이밍 성공의 열쇠는 문제 행동에 책임이 있는 분아와의 의사소통과 더불어 수정이 필요한 행동의 긍정적인 의도에 대한 통찰이다. 하지만 더 중요한 것은 행동에 대한 수용 가능한 대안을 찾는 것이다. 따라서 다른 대안적 행동을 선택을 하는 것이 이 기법의 가장 중요한 부분이다.

이러한 새로운 선택을 찾기 위해서는 '문제를 만들어 온 사고방식과 다른' 사고방식으로 접근하는 것이 중요하다. 제안과 아이디어는 코치나 상담가에 의해 제기될 수 있지만, 일반적으로 클라이언트 스스로 자신의 새로운 선택을 하도록 하는 것이 더 효과적이고 생태적이다(프로이트가 지적한 현명한 조언을 기억하라! "의사 입장에서 아는 것은 환자의 입장에서 아는 것과 같은 것이 아니며 같은 효과를 가지고 있지 않다"). 새로운 선택은 일반적으로 클라이언트 자신의 '창조적 분아(分我, part: 대개 창조적 상태에 개입되어 있거나 창조성의 의식과 연계된)'에 접근하게 함으로써 이루어진다.

여기서 중요한 점은, 증상에 대한 '책임 있는 분아'와 관련된 생각들이 내면의 다른 분아들과의 '사회적 소통'에서 단절되었을 수 있기 때문에, 이 분아가 제공되는 대안을 이해하고 수용하는지를 검증하는 것이 중요하다. 만약 책임 있는 분아가 새로운 아이디어를 받아들이지 않는다면, 적어도 세 가지 허용 가능한 옵션이 설정될 때까지 새로운 선택을 만들고 제안해야 한다.

NLP '리프레이밍' 과정의 마지막 단계는 이러한 새로운 선택의 '생태ecology'를 개인의 '정상적 의식'과 다른 '분아들'에게 확인하는 것이다. 이는 새로운 대안이 개인의 시스템의 다른 측면의 긍정적인 목적에 따른 기능과 충돌하거나 간섭하지 않도록 하기 위함이다. 드물긴 하지만 만약 이의 제기가 있을 경우 이의 제기를 담당하는 '분아'가 이 프로세스의 초점이 될 수 있다. 이 경우엔 다른 '분아'와 관련된 행동의 변화라는 맥락에서 그러한 의도를 충족시킬 수 있도록 하기 위해 그 분아과 함께 '리프레이밍' 프로세스를 반복하여 그 긍정적인 의도를 찾고 필요한 다른 선택을 결정한다.

분아分我, part의 특징

- 전체 인성에서 떨어져 나와 억눌려진 행동을 보호하려 하며, 내적 불일치의 원인이 된다.
- 내면아이(inner child)는 분아의 일종이라 할 수 있다.
- 어떤 분아는 균형을 맞추기 위해 정반대의 분아 역할을 한다. 이는 또 다른 나로 그림자이다.
- 모든 분아의 궁극의 목적이나 의도는 같다. 무엇을 위하여!로 탐색할 수 있다.
- 분아는 적으면 좋다.
- 분아는 무의식과 분리되어 있다.
- 종종 주목받지 못하는 자신의 일부분이나 또는 주변의 중요한 사람을 대변하기도 한다.
- 분아는 강한 정서적 경험을 통해 만들어지기도 한다.
- 내적 갈등의 원인이 되는 경향이 많다.

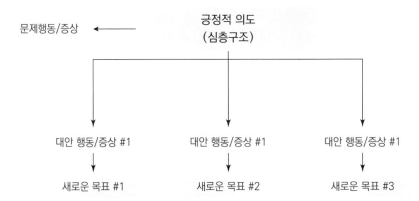

〈그림〉 문제행동의 긍정적 의도를 충족시키지만 부정적 결과를 초래하지 않는 최소한 3가지 이상의
       대안을 가진 '6단계 리프레이밍'

출처: NLPU 100: NLP Practitioner Certification Course Booklet. P.122, Dynamic Learning Publi
      cations/ NLP University Press

6단계 리프레이밍은 문제가 있거나 원치 않는 행동을 하는 데 '먼저 페이싱
Pacing한 후 리딩Leading한다'라는 NLP 원칙을 적용한 예다. 그 사람을 부끄러워하
거나, 혹은 그 사람의 행동이나 '증상'과 싸우거나 뿌리뽑으려 하기보다는, '페이
싱'을 통해 클라이언트의 다양한 부분을 인정하고 문제 있는 행동 뒤에 숨겨진
긍정적인 목적과 의도를 이해하려고 노력하려 한다. '당신의 행동은 문제가 있
습니다'라고 지적하고 바로 바른 길로 리딩하는 것이 아니라 '당신의 행동은 이
러한 의미가 있고, 이러한 의도가 있는 것이군요'라는 이해를 나눔으로써 페이
싱하고 충분히 현재의 상태를 음미할 수 있도록 하는 것이다. 이것이 변화의 시
작이다. 말을 물가로 끌고 갈 수 있으나 물을 마시게는 할 수 없다. 이 기법은
NLP의 전제 '아무도 망가진 사람은 없다'를 기반으로 하고 있는 것이다.

'리딩'은 개인이 그러한 긍정적인 의도를 성공적으로 달성하기 위해 더 적
절한 선택을 찾도록 돕는 활동이다. 물론 사람의 '정상적 의식'이 다른 선택을
인식한다고 해서 행동을 개시하고 있는 '분아'가 그러한 선택을 이해하거나 받아
들이는 것은 아니다. 행동이나 증상은 1) 문제행동을 발생시키고 있는 사람의
분아가 확인되고 2) 문제로 여겨지는 행동 뒤에 있는 긍정적인 의도를 이해하고
인정하며, 3) 긍정적인 의도를 달성하기 위한 다른 효과적인 선택들이 그 분아
에 의해 완전히 받아들여질 때에만 '리프레이밍'이 완성된다.

'대안alternatives'과 '선택choices' 사이에는 미묘하지만 중요한 차이가 있다는

것을 명심해야 한다. '대안/대체'는 사람의 외적인 것이다. 다시 말해 아이디어이지만 아직은 수용 밖에 있는 것이다. 반면 '선택'은 그 사람의 지도의 일부가 된 대안이다. 개인에게 많은 대안이 주어질 수 있지만 대안은 대안일 뿐 선택은 아니다. 선택을 한다는 것엔 마음의 깊은 내면에서 여러 대안 중 가장 적절한 것을 선택할 수 있는 능력과 상황 단서가 포함되어 있다. 이 때문에 '책임 있는 분아'가 코치/상담가나 혹은 자기 자신의 '정상적인 의식normal consciousness'에 의해 제안된 어떤 대안이나 옵션을 이해하고 승인하는지 검증하는 것이 중요하다.

NLP에서는 증상이나 문제성 반응이 있더라도 무엇이든 다른 대안을 하나 이상 가지고 있는 사람은 소중하다고 전제한다. NLP에는 "선택이 하나만 있다는 것은 결코 선택이라 할 수 없다One choice is no choice at all"라는 말이 있다. 선택이 두 가지만 있다면 이는 딜레마에 빠져 있는 것이다. NLP에선 언제나 최소한 세 가지 선택의 가능성을 갖고 있어야 비로소 선택이라고 할 수 있다고 전제한다. NLP의 전제를 다시 기억하라. 선택이 있는 것은 선택이 없는 것보다 언제나 우수하다.

6단계의 리프레이밍 과정은 신체적인 증상을 포함한 많은 종류의 증상들을 다루는데 성공적으로 사용되어 왔다. 예를 들어, 로버트 딜츠(1995년)는 다음과 같은 개인적인 예를 든다.

"나는 수년 전 NLP에 처음 참여했을 때 척추 밑바닥에 '모소낭pilonidal cyst'이 있다는 것을 발견했다. 낭종은 고통스럽기도 하고 당황스럽기도 했다. 나는 몇몇 의사들을 찾아 갔는데, 그들은 그 낭종이 아마도 선천적인 것일 것이고 그것을 효과적으로 치료할 수 있는 유일한 방법은 그것을 외과적으로 제거하는 것이라고 말했다. 또한 회복하는 데 몇 주가 걸릴 것이라고 했다."

(중략)

"수술에 대해 고려하기 전에 다른 행동 증상인 것처럼 낭종을 담당하는 '내 자신'과 '소통'을 해보기로 했다. 시작하자마자 나는 나의 낭종 지도, 그리고 그것이 있는 내 몸의 일부가 매우 좁고 제한적이라는 것을 깨달았다. 나는 그것을 단순히 '엉덩이 속의 고통'으로 인식했었다. 그것과의 '긴밀한 소통associative communication'을 확립하기 위해 나는 어떠한 부정적인 판단도 떨쳐 버리고 낭종에 나의 모든 주의attention를 집중했다. 나는 그것이 나에게 전달하려고 하는 것이 무엇이고 그것의 긍정적인 목적이 무엇이냐고 물었다. 질문을 몇 번이나 되풀이하고 무슨 대답을 끈기 있게 기다린 끝에 "엉덩이에서 떨어져라Get off your butt"는 말을 들었다. 얼마간 이 놀라운 대답에 대한 숙고를 한 후, 나는 나의 육체적인 건강을 위한 어떤 일관된 일상이 확립되어 있지 않다는 것을 깨달았다. 이러한 의사소통의 결과로 나는 운동, 식이요법, 개인위생에 관한 세 가지 대안을 만들었고 모두 실천하기로 선택했다. 내가 이러한 선택들을 실행하기 시작한 지 3주 만에 낭종은 완전히 사라지고 20년이 넘도록 돌아오지 않고 있다."

출처: Dynamic Learning, Dilts, R. & Epstein, T., Meta Publications, Capitola, Ca., 1 995. Strategies of Genius Vols. I, II,& III, Dilts, R., Meta Publications, Capitol a, Ca.,1994~1995. NLPU 100: NLP Practitioner Certification Course Booklet, P123, 2016

다음은 6단계 리프레이밍의 구체적인 단계들이다.

6단계 '리프레이밍'의 단계

1. 조용한 사색思索 상태로 들어가 문제 있는 행동이나 증상에 모든 주의를 보내라.
   - 🖈 "잠시 시간을 가지고 이완하라. 센터링Centering을 유지하며 완전히 자기 안에 존재하라. 바꾸고 싶은 증상이나 행동에 온전한 주의를 기울이도록 하라."

2. 그 행위에 책임이 있는 자신의 분아와 소통을 한다.
   - 🖈 자신의 내면으로 들어가 이런 행동을 일으키는 분아에게 물어본다. "나와 이야기 나눌 의사가 있으면 나에게 신호를 보내라." 이때 그 분아가 보내는 신호일 수도 있는 어떤 내부적인 말이나 이미지나 감정에 주의를 기울인다.
     - 2.1. 신호가 명확하지 않으면 분아에 신호를 과장하도록 요청하라. 또한 "증상을 강화시켜 달라"고 요청하여 증상 자체를 사용할 수도 있다.
     - 2.2. 만약 분아가 대화 나눌 마음이 없다고 한다면, "나와 대화하고 싶지 않은 당신의 긍정적인 목적이 무엇인가?"라고 물어보아라.

[분아와의 소통에 계속 어려움을 겪고 있다면, 다른 NLP 변화 모델을 시도해 보고 싶을 수 있다.]

3. 문제의 행동과 그 부분의 긍정적인 의도를 분리한다.
예 "내면 안으로 들어가서 소통해 준 분아에 대해서 고맙게 생각하고 '나를 위해서 긍정적인 일을 하려는 것이냐, 이런 행동으로 소통하려는 것이냐'고 물어보라."
   3.1. 만약 그 부분의 의도가 부정적으로 보인다면, 계속 질문하라. "그리고 그것이 나에게 어떤 긍정적인 영향을 미칠까? 당신의 긍정적인 목적은 무엇인가?"

4. 분아의 긍정적인 의도를 만족시키되, 증상의 부정적인 결과나 문제가 있는 행동의 부정적인 결과를 가지지 않는 세 가지 다른 선택들을 찾는다.
예 "자신의 '창조적 분아'에게 가서 문제가 있는 행동의 긍정적인 의도를 충족시킬 수 있는 최소한 세 가지 다른 방법을 생각해 내도록 요청하십시오."

5. 증상이나 문제 행동을 일으키는 부분이 새로운 선택을 이행하는 데 동의하도록 한다.
예 "안으로 들어가서 문제가 있는 행동에 관해 책임지는 부분에 대해서 '대안적인 선택을 받아들이면 사인해 달라'고 요청하라."
   5.1. 선택이 허용되지 않거나 신호가 없으면 4단계로 이동하여 선택 사항을 수정하거나 추가한다.

6. 생태학적 점검. 새로운 선택에 반대되는 다른 부분이 있는지 확인하십시오.
예 "내면으로 들어가서 '다른 분아가 이 새로운 선택에 혹시 반대하는가?'라고 질문하세요"
   6.1. 만약 '예'라는 대답을 하면, 분아를 식별하고 2단계로 이동하십시오. 해당 분아로 가서 사이클을 반복하십시오.

6단계 리프레이밍의 6단계 다이어그램^{Diagram}

　6단계 리프레이밍 프로세스에 공간 정렬을 적용한다면 더욱 유용하게 이 기법을 활용할 수 있다. 6단계 리프레이밍의 각 단계에 대한 구체적인 위치는 위의 다이어그램과 거의 동일한 순서로 배치할 수 있다. 이렇게 몸으로 학습할 수 있는 소매틱 학습법은 참으로 감칠맛 나는 NLP의 차별화된 묘미다. 필자는 마법사들이 대개 종이에 작성하고 코팅하여 활용하도록 훈련을 시키지만, 방법 은 본인이 가장 편한대로 하면 된다.

　6단계 리프레이밍 프로세스의 각 단계를 거치면 해당 단계와 관련된 위치 에 설 수 있다. (2단계─문제 행동에 대한 '분아'와 5단계와의 의사소통 확립─문제 행 동에 대한 '분아'가 새로운 대안을 수용하도록 하는 것은 동일한 위치에서 수행될 수 있 다) 이는 프로세스의 각 부분과 관련된 정보 및 행동 단서를 '깨끗하게' 정렬하 는 데 도움이 될 수 있다. 새로운 대안은 포스트잇 등을 활용하여 코치가 직접 적어 붙이는 것으로 클라이언트를 코칭할 수 있다.

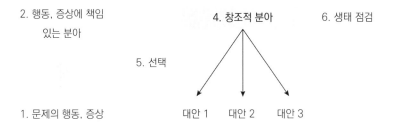

6단계 리프레이밍^{Reframing} 체크리스트

　__시작하기 전에 라포 구축

　__시작하기 전에 C.O.A.C.H 체조로 내적 상태를 만든다.

　__시작하기 전에 메타 포지션을 확립한다.

1단계

___ 생리적으로 관찰 가능한 감각에 기초한 설명을 얻었다.

2단계

___ 캘리브레이션Calibration – '분아'의 응답에 대해 관측 가능한 물리적 단서 식별

___ 탐험가explorer가 깊은 내적 소통에 들어가는 표상체계를 식별했다.

3단계

___ '긍정적인' 의도를 확인했다.

___ 긍정적인 의도가 전달될 때 어떤 표상체계인지 확인했다.

4단계

___ 캘리브레이션Calibration – 탐험가explorer가 '창조적인 분아'와 접촉할 때 관측 가능한 물리적 신호 식별

___ 탐험가가 '창조적 분아'와 연합association될 때 어떤 표상체계가 있는지 확인

5단계

___ 일치 여부 확인. 관련하여 관측 가능한 단서 식별(2단계에서 정의됨)

6단계

___ 일치 여부 확인. 관련된 관측 가능한 단서 식별

전반적으로

___ 서로 다른 분아와 연합되는 생리적 변화 특히, 음성 전환에 페이싱pacing 한다.

___ 이 응답들이 접속되고 있는 분아들과 일치하는지 확인할 수 있었다.

Activity 074   6단계 리프레이밍 연습

01   세 사람이 한조가 되어 각각 코치, 클라이언트 관찰자 역할을 한다.

02   코치는 6단계에 따라 클라이언트를 리딩한다.

03   서로 소감을 나눈다(클라이언트 → 코치 → 관찰자 순)

04   역할을 바꾸어 '1~3'을 반복한다.

08

스위시 패턴^{swish pattern}

자신이 개선하거나 극복하고 싶은 반응, 행동 또는 감정을 원하는 상태로 바꾸는 기법이다. 원하는 미래의 모습을 창조하기 위해 강력하게 결정하고 이를 위한 강한 추진력을 만들어내는 데 그 목적이 있다.

실행방법

(1) 준비작업

① 눈을 감고 4·4·4·4 호흡으로 충분히 이완한다.
② 바꾸고 싶은 행동 또는 감정을 야기시키는 상황(a)을 한 가지 떠올린다.
③ 닮고 싶은 이상적인 인물(b). 당신이 바꾸고자 하는 행동이나 감정과 같은 문제가 없는 사람으로 평소 좋아하고 닮고 싶은 사람을 떠올리고 그를 오감을 동원해서 간략히 묘사한다.

(2) 실행과정

① 눈을 감고 깊은 이완상태를 유지한다.
② 문제 상황(a)을 떠올리고 오감을 총동원하여 그 상황 안으로 개입해 들어간다.
③ 인물(b)을 떠올리며 오감을 총동원하여 개입하라.
④ 다시 문제 상황(a)을 떠올리고 그것을 아주 큰 컬러사진으로 생각하고 그 속으로 충분히 개입하여 들어가라.
⑤ 이상적인 인물(b)을 아주 작은 흑백사진으로 축소하여 a사진의 왼쪽 아래 구석에 삽입하라.

⑥ "휘 – 익" 하는 소리와 함께 두 손바닥을 털어내듯이 칠 때에, 순간적으로, 아주 빠른 속도로 a사진이 아주 작은 까만 점으로 줄어들고 반대로 b사진이 확대되어 주인공이 아주 큰 덩치로 커지게 한다. 이어 곧 바로 그 인물 속으로 들어가서 오감을 총동원해서 느끼고 경험하라.

⑦ 결과를 확인하고 미흡하면 앞의 과정을 몇 번이고 반복하라.

* 주의할 점 진행하는 동안 눈을 감고 단계 사이에 단절상태일 때는 눈을 뜬다.

(ⅰ) **Activity 075   스위시 패턴 연습**

01   눈을 감고 눈앞에 극복하고 싶은 감정이나 바꾸고 싶은 행동을 떠올린다.

02   장면을 그림으로 사진 찍는다. 이를 그림 1로 정한다.

03   액자의 정 중앙에 이 그림을 놓는다.

04   자신이 원하는 행동과 감정을 분리한 상태를 떠올린다. 혹은 그 행동, 그 감정과 완전히 반대되는 상황을 떠올린다.

05   그 상황의 한 장면을 사진으로 찍는다. 이를 그림 2로 정한다.

06   이 그림 2는 액자의 구석에 위치시킨다.

07   "휘-익"이라는 구호와 함께 두 이미지를 바꾼다.

08   사진 1을 흑백으로 바꾼다. 사이즈를 점점 줄인다.

09   사진 2는 컬러로 선명하게 한다. 사이즈를 점점 크게 한다.

10   눈을 뜨고 단절한다. 1~9를 여러 번 반복한다.

S.C.O.R.E 모델

S.C.O.R.E. 모델은 1987년에 로버츠 딜츠와 토드 앱스타인에 의해 개발된 모델이다. 두 사람은 문제를 정의하고 해결하는 과정의 핵심내용을 NLP의 관점에서 바라보고 표준화된 코칭 모델을 만들었다. 실제적인 NLP 모델 개발의 선두주자이자 지구별의 NLP발전에 가장 큰 기여를 한 딜츠와 엡스타인은 이 새로운 방법이 문제의 근원을 더욱 효율적이고 효과적으로 파악할 수 있게 하고 해결할 수 있다는 것을 깨달았다. 두 사람은 전문가들의 직관에 의해 운영되지만 매우 체계적으로 상담과 코칭을 하는 모델이 정리되지 않은 것을 알아차리고 NLP 기법을 활용한 모델을 만든 것이다. S.C.O.R.E 모델의 개발이 30년이 훨씬 지났지만 지금도 매우 효과적으로 적용된다. 문제해결의 상식이기도 한데 코칭의 입문자를 위한 GROW 모델과 비교하면 더욱 정교하다.

당시까지 문제 해결을 위한 전통적인 NLP 접근방식은 1) 현재 상태 또는 '문제상태'를 정의하고, 2) 원하는 상태 또는 목표를 설정한 다음 3) 누군가가 문제상태를 해결하고 원하는 상태에 도달하는 데 도움이 되는 해결책이나 절차의 단계를 선택하고 실행하는 방법이 대부분이었다. 딜츠와 앱스타인은 이러한 과정을 분석하면서 정보 수집 과정에서 다양한 문제 해결 요소를 지속적으로 작은 조각으로 분해하고 있다는 것을 발견했다. 예를 들어, '문제상태'를 정의함에 있어서, 내면 세계는 문제를 특징짓는 '증상'과 그러한 증상의 '원인'을 끊임없이 구별하고 있었다. 원하는 상태와 목표를 설정하기 위해, 그들은 원하는 상태를 나타내는 구체적인 행동 '결과'와 그 결과의 예상되는 결과인 장기적 '영향'(흔히 행동 수준에 있지 않은)을 구별하는 것이 중요하다는 것을 발견하고 확인했다. 나아가 더 깊은 '자원'으로부터 기술을 분리하는 것이 중요하다는 것을 알게 되었다. 그 기술은 문제를 변화시키고 원하는 목표를 달성할 수 있는 해결책에 도달하기 위한 수단으로 동원하고 활성화하려고 시도하고 있었다.

'S.C.O.R.E'라는 글자는 다음과 같은 추가적인 구분을 의미한다. 증상Symptom, 원인Causes, 결과Outcome, 자원Resources 및 효과Effect의 약어다. 모델에 따르면, 이러한 요소들은 변화 또는 치유 과정에서 다루어져야 하는 최소한의 정보량을 나타낸다.

전통적인 NLP에 대한 추가적인 차이를 만드는
S.C.O.R.E 모델

'현재 상태(present state) - 바람 상태(desired state)' -문제 해결 모델

춤추는 S.C.O.R.E. 포맷dancing S.C.O.R.E. format

춤추는 S.C.O.R.E. 포맷은 1993년 주디 딜로지어가 직관력을 극대화하기 위해 물리적인 움직임과 공간적 정렬을 이용한 수단으로서, 문제해결에서 '몸의 지혜wisdom of the body'를 극대화하기 위해 개발한 것이다.

S.C.O.R.E. 모델(Dilts & Epstein, 1987, 1991)은 본질적으로 특정 목표나 변화의 과정과 관련된 문제 공간에 대한 정보를 효과적으로 정리하는 데 필요한 주요 요소들을 식별하는 문제해결 모델이다. 알파벳 글자는 증상, 원인, 결과, 자원 및 효과를 나타낸다. 이러한 요소는 해당 문제 공간을 효과적으로 다루기 위해 수집해야 하는 최소한의 정보량을 나타낸다.

1. 증상은 일반적으로 제시된 문제 또는 문제상태의 가장 눈에 띄고 의식적인 측면이다.
2. 원인은 증상을 만들고 유지하는 것을 담당하는 근본 요소다. 그것들은 보통 그들이 일으키는 증상들보다 모호해서 잘 눈에 띄지 않는다.
3. 결과는 증상을 대신할 특정한 목표나 원하는 상태들이다.
4. 자원은 증상의 원인을 제거하고 원하는 결과를 나타내고 유지하는 것을 담당하는 기본 요소다.
5. 효과는 특정 결과를 달성하는 데 따른 장기적 결과물이다. 구체적인 결과는 일반적으로 장기적인 효과를 얻기 위한 디딤돌이다.
   a. 긍정적 효과는 종종 특정한 결과를 시작하게 하는 이유나 동기들이다.
   b. 부정적인 영향은 저항성이나 생태학적 문제를 일으킬 수 있다.

S.C.O.R.E. 모델을 효과적으로 사용하는 한 가지 방법 중 하나는 각각의 요

소들을 '시간선'에 정리하는 것이다. 전형적으로, 증상은 당신이 지금 경험하고 있거나, 현재 혹은 최근 경험하고 있는 것이다. 그러한 결과로 발생한 증상의 원인은 증상에 선행하는 경향이 있다. 즉, 증상의 원인은 증상보다 먼저 나타난다. 원인은 증상발생 직전일 수도 있고 훨씬 이전일 수도 있다.

효과는 증상과 동일한 시간 프레임(결과가 증상을 대체하려는 항목이므로)이다. 그래서 만약 그 증상이 현재에 있다면 그 결과도 현재나 아주 가까운 미래에 나타날 것이다.

장기간의 결과는 미래에 있다. 자원은 어느 곳에서든 제시간에 올 수 있다. 자원은 방금 당신에게 일어났던 것일 수도 있고, 오래 전에 당신에게 일어났던 것일 수도 있고, 미래에 일어날 수 있는 어떤 것일 수도 있다.

춤추는 S.C.O.R.E.는 증상의 원인이 과거를 나타내는 위치에 서열의 첫 번째 단계라고 할 수 있도록 이러한 요소들을 각각 시간선에 순차적으로 배치하는 것을 포함한다. 원하는 결과는 현재를 약간 넘어 미래의 시간 프레임을 나타내는 위치에 배치될 것이다. 그리고 효과는 결과 바로 너머 어딘가에 놓이게 될 것이다. 이건 매우 논리적인 과정이니 마법사들은 쉽게 그려볼 수 있다. 이처럼 물리적인 위치를 사용하는 것의 이점 중 하나는 S.C.O.R.E.의 다른 부분들을 더 쉽고 분명하게 분류하고 그것들을 분리하는 것을 도와준다는 것이다. 또한 각 원소와 관련된 생리적 패턴(자세, 호흡, 움직임 등)을 접할 수 있고 경험적으로 탐구할 수 있게 한다. 즉, NLP의 매력인 소매틱SOMATIC 학습으로 활용 가능하다는 것이다.

춤은 종종 단순한 감정 표현으로 시작하지만, 그런 다음 디자인, 즉 공간, 순서, 리듬을 통합한 움직임 패턴의 계획된 조직으로 발전한다. 특정한 신체적 표현 패턴이 그 자체의 스텝, 몸짓, 역동성을 가지고 있을 때, 그것은 특정한 춤이 된다. 춤추는 S.C.O.R.E. 형식은 마음과 몸의 관계를 증진하고 깊은 자원에 접근하고 동원하며 원하는 특정 상태를 향해 자기 조직적인 경로를 만들기 위해 춤과 S.C.O.R.E. 모델의 원리를 통합한다.

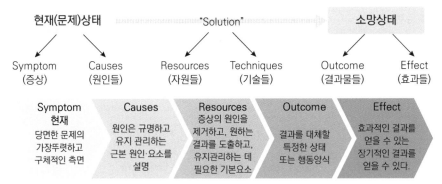

The S.C.O.R.E Model을 "문제공간"에 대해 변화를 보일 수 있는 것으로 정의한다.

ⓘ **Activity 076   S.C.O.R.E. 모델 코칭**

01   두 사람이 짝을 이룬다.

02   코치와 클라이언트 역할로 나눈다.

03   코치는 다음 질문으로 코칭한다.
   • 이 문제의 증상은 무엇인가?
   • 이 문제의 **증상**의 원인은 무엇인가?
   • 증상을 대체할 목표 또는 희망하는 결과는 무엇인가?
   • 그러한 목표에 도달하는 장기간의 효과는 무엇일까?
     (즉 더 큰 비전과 야망이 무엇일까?)
   • **원인**을 해결하는 데 도움이 되는 자원은 무엇인가?
   • **결과** 달성에 도움이 되는 자원은 무엇인가?

04   서로 통찰을 나눈다.

05   역할을 바꾸어 '1~4'를 시행한다.

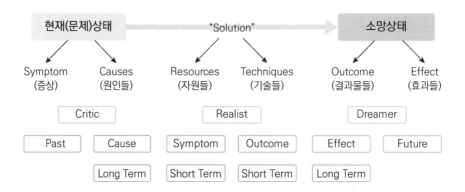

[천둥의 S.C.O.R.E. 모델 간략 예시]

Symptom(증상)	화난다
Cause(이유)	배고파
Outcome(원하는 결과)	먹고싶어
Resources(자원)	밥이 필요해
Effect(효과)	행복해

ⓘ **Activity 077   춤추는 S.C.O.R.E. 포맷의 단계 연습**

01   당신이 해결하려고 하는 문제를 생각해보라.

02   '메타 위치'에서 문제와 관련된 원인, 증상, 결과 및 원하는 효과를 나타내는 순서로
     네 위치를 배열한다.

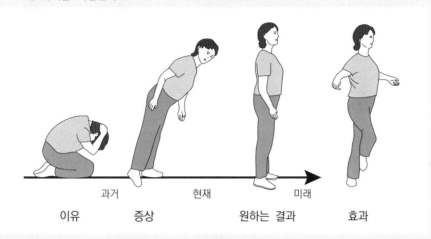

그림: '춤추는 S.C.O.R.E'를 위한 출발 위치의 물리적 배치

03   증상 경험에 물리적으로 개입한다. 그 경험과 관련된 움직임 패턴에 특히 주의를 기울
     인다. 이 위치에서 느끼는 마음 내면의 상태가 확장되고 보다 완전하게 표현되도록 스
     스로를 허용하라.

04   원인 공간으로 한 발짝 뒤로 물러선다. 증상과 관련된 느낌과 움직임이 직관적으로 그
     증상의 원인을 안내하도록 한다. 몸으로 느끼고 몸 직관을 최대한 활용한다. 그리고
     그 원인을 마음으로 경험하고 몸으로 충분히 표현하라. 움직임의 변화나 과장된 내용
     을 주목하라.

05   상태를 깨고 '메타 포지션'으로 간다.

06   결과 위치로 가서 한걸음 앞으로 가 원하는 상태에 대한 경험을 창조하라. 몸의 움직
     임을 통해 이 상태를 충분히 표현하라.

07   효과의 공간으로 나아가 당신의 결과를 성취한 느낌을 느껴보아라. 이러한 원하는 효
     과를 완전히 물리적으로 표현하기 위해 이 상태와 특별한 시간을 보내기 바란다.

08 '원인' 위치부터 시작해서 전체 순서를 천천히 걸어라. 신체가 직관적으로 이 두 공간을 어떻게 연결하는지 알 수 있도록 증상 및 결과 위치 사이에서 충분히 천천히 나아가라. 원인에서 효과로 한 번에 움직이는 몸의 감각이 만들어질 때까지 이 과정을 여러 번 반복한다.

09 메타 포지션으로 가서 몸이 직관적으로 적절한 자원을 대표하는 특별한 동작으로 인도하여 '춤'의 순서에 더하게 하라.

10 원인 위치에서 시작하여 효과로 갈 때까지 필요한 자원을 찾아 넣는다.

11 이러한 동작이 연결되어 마치 이어지는 '춤'으로 탈바꿈할 때까지 원인, 증상, 결과, 효과를 통해 동작을 반복한다.

ⓘ Activity 078   고급 S.C.O.R.E 코칭 연습

01 COACH State 확인: 8점 이상을 기준으로 한다.

02 Passion, Vision을 발표한다.

03 Outcome은 무엇인가?

04 Effect는 무엇인가?

05 그 성공을 방해하는 Symptom이 있다면?

06 Cause는 무엇인가?

07 어떤 Resources가 필요한가?

08 그 자원을 가지고 Outcome에 가보고 Effect에 가본다.

09 Somatic으로 S.C.O.R.E에 각각에 다녀본다.

10 Meta Position으로 가서 물어본다.

11 "문제상태에서 Secondary Gain은 무엇인가?"

12   중간에서 음/양을 저울질하며 느껴본다.

13   마지막 전체 작업의 Symbol은 무엇인가?

영웅의 여정^{Hero's Journey}

애지중지 키우던 소가 사라졌다. 동자승은 잃어버린 소를 찾아 나선다. 소의 발자국을 발견한다. 발자국을 따라간다. 저 멀리 소가 보인다. 소를 잡아 고삐를 맨다. 소에 코뚜레를 꿰어 길들여 끌고 간다. 소는 점점 희어진다. 동자승은 흰 소를 타고 피리를 불며 집으로 돌아온다. 소는 사라지고 동자승만 앉아 있다. 곧이어 동자승도 없이 텅 빈 고요만 있다. 대자연만 있다. 어느 나이든 고승이 지팡이를 들고 세상을 향해 나아간다. 이 이야기는 소를 소재로 그린 10장의 그림인 십우도十牛圖 이야기다.

텍스트text는 소이지만 컨텍스트context는 인간의 마음 여정을 그렸다고 해서 심우도尋牛圖라고도 불린다. 우리의 마음을 소에 비유한 것이다. 소가 사라진 것은 보이지 않는 자신의 마음을 찾는 것이고, 소를 찾아 나서는 것은 자신의 마음의 법칙을 찾아 떠나는 것이며, 소의 발자국을 따라가는 것은 꾸준히 노력함을, 소를 발견하는 것은 마음의 원리를 깨우치며 견성함을 비유한 것이다. 소를 타고 피리를 불며 돌아오는 것은 아무런 마음의 걸림이 없고 판단과 분별로부터의 자유로운 모습을 보여준다. 소가 사라진 것은 방편은 잊으라는 비유이며, 세상으로 나아가는 것은 자신의 깨달음을 세상과 나누기 위해 나아가는 것을 나타낸다.

그림과 함께 내용을 음미해보면 십우도가 던지는 메시지는 참으로 강력하면서도 매력적이다. 메타포의 힘이다. 우리 인간은 직접적인 설명보다 상상력을 동원할 수 있고 곱씹을수록 향기가 더해지는 은유적 표현에 더 깊이 반응한다. 인간은 기호와 상징을 통해 말로써 설명하기 어려운 느낌과 에너지까지 표현하고 소통의 도구로 사용한다. 게다가 그 상징이 이야기로 서술되어 전달된다면 더욱 와닿게 된다.

이러한 은유와 상징이 담고 있는 힘을 가장 잘 설명한 사람이 세계적인 신화학자 조셉 캠벨Joseph Campbell이다. 20세기 최고의 영화 중 하나로 손꼽히는 '스타워즈'를 제작한 조지 루카스George Lucas도 캠벨의 영웅신화 이야기를 통해 영감을 얻었음을 고백할 정도로 캠벨의 영향력은 크다. 컬럼비아대학에서 문학을 전공하던 캠벨은 석사과정을 마친 후 박사과정에 진학했으나 관념적 논의와 의미 없는 논문 작성보다는 인디언 문학에 마음이 가는 자신의 마음-여정에 신뢰의 에너지를 보내며 박사과정을 그만두고 5년 이상을 뉴욕근교 우드스탁Woodstock이라는 조용한 시골 마을에서 산크리스트어를 배우고, 세계의 영웅신화를 읽으며 보낸다. 이후 1934년부터 새러 로랜스 대학Sarah Lawrence College 교수로 부임하였고 〈천의 얼굴을 가진 영웅들The Hero with a Thousand Faces(1949)〉 등 상징과 은유가 가득한 책들을 저술하며 영웅의 이야기를 알린다. 특히 그의 이야기가 감동적인 것은 '우리 모두가 자신의 삶의 영웅'임을 소리쳐 외치기 때문이다.

캠벨의 외침은 졸고 있는 우리의 영혼을 깨운다. 금세 공명이 일어난다. 우리 각자가 자기 삶의 영웅이기 때문이다. 그렇다. 세상을 구하는 마블의 주인공들만이 영웅이 아니다. 우리가 낡은 습관으로부터 벗어나 새로운 습관을 창조하려고 노력할 때, 타인과의 비교를 멈추고 자신만의 고유함과 독특함을 찾아 나설 때, 당장의 환경과 상황에 굴하지 않고 마음으로 그리는 꿈을 좇는 날갯짓을 멈추지 않을 때, 한치 앞도 내다볼 수 없는 상황임에도 믿음의 마음으로 한 발짝 내딛을 때…. 그때 우리는 영웅의 여정을 시작하고 있는 것이다. 설령 지금 마음이 약해지고, 모습이 초라하며, 눈앞에 그 어떤 가능성도 보이지 않는다 하더라도 그것은 여정journey의 일부분일 뿐이다. 올라감이 있으면 내려옴이 있고, 길한 일이 있으면 흉한 일이 있을 수도 있다. C'est la vie! 그것이 인생. 1년 365일 날씨가 좋으면 사막밖에 더 되겠는가?

NLP의 세계적 리더인 로버트 딜츠와 스테판 길리건은 캠벨의 영웅 스토리에 NLP의 기법을 입혔다. 도전의 한복판에 있던 나에게, 2005년 여름 산타 크루즈에서 딜츠와 길리건을 통해 배운 NLP 〈영웅의 여정The Hero's Journey〉은 큰 힘이 되었다. 매 순간 가슴 설레는 순간을 느끼고 싶고, 가슴 뛰는 일에 삶의 에너지를 쏟고 싶은 나에게 지금 하고 있는 역할 역시 삶의 긴 여정에서 만나는 시절 인연일 뿐임을 알고 있다. 살면서 조금씩 중심이 흔들리거나 잡념이 들면 나도 모르게 다시 꺼내 보고 적용해보는 것이 〈영웅의 여정〉이다. 2년 전 딜츠와 길리건이 주창한 IAGCThe International Association for Generative Change의 창립 멤버로 참여한 것 또한 많은 사람들이 자신만의 〈영웅의 여정〉을 누릴 수 있도록 돕고 싶은 마음 때문이었다.

위의 글은 필자가 2020년 출간된 스테판 길리건과 로버트 딜츠가 쓴 <영웅의 여정>의 한국어판 번역서(스테판 길리건, 로버트 딜츠 저, 나성재 역, 영웅의 여정, 2020:13~15)에 쓴 추천사다. 서구인들은 영웅을 참으로 좋아하는 것 같다. 마블 시리즈에 나오는 영웅들은 모두 우리 마음속 어딘가에 있는 가능성을 보여준다. 영웅에 열광하는 것은 그들에게 나의 가능성을 투사하는 것이리라. 길리건과 딜츠는 이런 영웅스토리에 NLP 기법을 접목했다. 우리에게 필요한 것은 우리도 영웅이라는 것을 알아차리는 것이다. 원래 우리가 가지고 있던 에너지. 그러나 잊혀진 힘. 이를 길리건은 원형에너지로 표현하면서, 우리가 각자 자신만의 영웅의 여정을 성공적으로 보내기 위해선 세 가지 기본적인 에너지가 있어야 한다고 설명한다. 결단의 힘strength, 부드러움의 자비심compassion, 그리고 유연함에서 나오는 유머humor다.

(1) 결단의 힘

책임을 가지고 경계를 설정하는 것에 필요하다.
• 불균형하다면 → 폭력적, 공격적

(2) 부드러운 자비심

다른 사람들과 감정적인 일체감을 느끼는 관계를 유지하며, 상호 성장을 위해 필요한 자원을 사심없이 주고 받는 관계를 형성할 필요가 있다.
• 불균형하다면 → 나약함, 의존적

(3) 천진난만하고 유연함에서 나오는 유머

새로운 관점을 취할 수 있는 호기심과 유연함이 필수다.
• 불균형하다면 → 냉소주의, 천박한 농담

이 세 가지 힘이 균형을 유지하며 나와 하나될 때 내 안에 잠자고 있는 영웅은 깨어나기 시작한다. 길리건은 이 세 가지 에너지 가운데 하나라도 균형을 잃거나 포기하면 이 에너지들은 분리되어 '그림자shadow'가 된다고 한다.
영웅의 여정은 다음과 같은 단계를 밟는다.

1. 소명calling을 듣기
2. 소명을 향한 결심(거절, 거부 이겨내기)
3. 한계점 넘어가기(새로운 도전)
4. 가디언(수호천사) 찾기
5. 악마와 직면하고 악마를 바꾸기
6. 내면의 힘 키우기
7. 변혁
8. 선물을 가지고 집으로 돌아오기

(i) Activity 079　영웅의 여정 원형의 힘 연습

중심잡는 센터링centering 연습 시간을 가지면서 내 안의 영웅을 깨운다.
두 사람이 파트너가 된다.

01　시작하기(공통)
　　두 사람은 서로 마주보고 앉는다.
　　한 사람은 코치, 다른 한 사람은 클라이언트 역할을 한다.

02　클라이언트는 센터링을 시작한다. 온몸으로 센터링이 되어 있음을 느낀다. 온몸으로
　　느껴질 때 코치의 눈을 바라보고 초대한다.

03　센터링 상태에서 눈을 맞춘 채 이야기한다.
　　• 클라이언트(영웅): 나의 결단의 힘을 보세요.
　　• 코치: 나는 당신의 결단의 힘을 봅니다.

　　• 클라이언트(영웅): 나의 부드러운 자비심을 보세요!
　　• 코치: 나는 당신의 부드러운 자비심을 봅니다!

　　• 클라이언트(영웅): 나의 천진난만함과 유머를 보세요!
　　• 코치: 나는 당신의 천진난만함과 유머를 봅니다!

04　마지막으로
　　영웅은 자신 중심에 느껴지는 감각에 집중한다. 자신의 몸을 통해 느낄 때 초대한다.
　　• 나를 보세요!(영웅) → 나는 당신을 봅니다!(코치)

05　역할을 바꾸어 연습한다.

효과적인 NLP 코치는 클라이언트가 변화에 직면하여 도전할 때, 자신의 정체성을 새롭게
살펴보고 만들어 나갈 때 '영웅의 여정'을 코칭의 도구로 사용한다. 자신의 한계점을 넘어
새로운 영역으로 나아갈 때(예 전직, 창업, 학위도전, 유학, 이민, 결혼, 이혼…), 새로운 도
전을 시작할 때 변화와 성장을 돕는 훌륭한 스폰서링 코칭 기법으로 활용할 수 있다.

(i) **Activity 080   영웅의 여정 코칭 ①**

소명을 듣고 도전에 직면하는 것으로 영웅의 여정은 시작된다.

01   당신이 직면해야 하는 악마 혹은 도전은 무엇인가?

02   당신의 한계점은 무엇인가?

03   당신이 직면하고 있는 악마, 그리고 당신이 넘어야 하는 한계점을 알고 있는 상황에서 "도전/행동을 위한 소명"은 어떤 것인가?
(비유법을 활용하여 대답하는 것이 유용)

04   어떠한 자원을 당신은 보유하고 있는가?

05   이러한 자원을 위한 당신의 '후견인'은 누구인가?

06   새롭고 적절한 방법으로 긍정 의도를 채우기 위해서 필요한 자원은 무엇인가?

(i) **Activity 081   영웅의 여정 코칭 ②**

소명을 듣고 도전에 직면하는 것으로 영웅의 여정은 시작된다.

01   바닥 위에 시간선을 상상하고 그 시간선의 미래에 있을 "소명"과 "악마"를 표시하라.

02   클라이언트에게 현재의 시간선에서 그의 '악마'에 대처하고 성공적으로 '소명'을 이루기 위해서 반드시 넘어야 할 기준점을 느끼게 하라. 다음과 같은 질문을 하라.
"당신을 뒤에서 잡고 있는 것은 무엇인가?"
"저항은 어디에 있는가?"

03   클라이언트(영웅)가 이러한 저항을 느껴서 물리적인 비유를 할 수 있도록 돕는다. 예를 들면 고객을 뒤에서 잡거나, 뒤로 밀거나, 끌어 내리거나, 시간선 밖으로 당기거나 등등. 클라이언트가 직관적인 느낌으로 '맞다'고 느끼는 것을 찾을 때까지 롤 플레잉을 하라.

04   코치와 클라이언트는 자리를 바꾸고 클라이언트가 저항하는 역할을 한다. 이때 코치는 클라이언트에게 질문한다. "저항의 긍정적인 의도는 무엇인가?"

"새롭고 적절한 방법으로 긍정의도를 세우기 위해서 필요한 자원은?"
"어떻게 저항의 물리적 경험을 바꿀 것인가?"

05 클라이언트는 현재를 떠나 미래로 걸어가면서 자신의 경계를 넘어 '소명'을 표현할 수
    있는 미래의 장소로 갈 수 있는 데 필요한 연기를 한다. 클라이언트는 소명을 표현하
    는 위치에 센터링되어 중심 잡혀 있음을 느낀다.

06 소명의 장소로부터 클라이언트(영웅)는 포지션을 바꾸어 클라이언트의 후견인이나
    Self-sponsor로서 현재의 자신에게 메시지를 준다.

07 클라이언트는 현재로 가서 미래로부터 메시지와 필요한 자원을 가져와 이전의 저항을
    후견인으로 바꾸기 위해 이 자원을 돕는 데 어떻게 쓸지 생각한다.

08 이러한 자원들을 가져와서 클라이언트는 다시 자신의 시간선에서 '소명'을 표현하는
    미래의 위치로 걸어간다.

* 코치들은 클라이언트는 희생자이고 코치가 그를 악마(도전)로부터 구해줄 영웅이라고 생
   각하고 싶어할 수 있다. 그러나 클라이언트가 영웅이고 코치는 후견인이라는 것을 잊어서
   는 안 된다.

   이 책을 다 읽고 나서 스스로 내면관리를 하는 고유한 시간을 가진다.

(i) **Activity 082   4·4·4·4 호흡을 통한 이완연습**

01 조용히 눈을 감는다.

02 〈4·4·4·4〉 호흡을 5분간 한다.
    – 호흡을 내뱉는다(날숨).
    – 호흡을 들이마신다(들숨).
    – 멈춘다.
    – 반복한다(5분간).

용어정리

As if 모델

어떤 일이 일어난 것처럼 가정하는 것. '마치 ~이 된 것처럼', '마치 ~이 이루어진 것처럼' 상상하고 흉내내는 것. 원하는 미래 또는 무엇이 다 이루어진 것처럼 보고, 듣고, 말하고, 느끼고 행동함을 통해 무의식을 자극함. 뇌는 참/거짓을 구분하지 못함을 활용하는 기법.

BMIR

Behavioral Manifestation of Internal Representation의 약자. 내적표상의 외적증표. NLP전문가는 BMIR를 잘 관찰하여 소통에 활용한다. 언어적 표현보다 더 정직한 표현일 가능성이 높기에 탁월한 코치/상담가는 BMIR를 잘 관찰하며 코칭/상담을 수행한다.

TOTE model

Test(테스트) − Operate(작업) − Test(테스트) − Exit(종료)의 약칭. NLP의 모든 기법과 도구는 이를 기본적인 원리로 전제한다. TOTE 모델은 기본적인 피드백 모델로 매우 상식적인 개념이다. 여기엔 스스로 포기하지 않는 한 실패는 없다는 NLP의 전제철학을 암묵적으로 담고 있다.

1차 입장(1st position)

자신의 내부의 실체와 접촉하여 경험하는 것. 주인공으로 보고, 듣고, 말하고, 느끼는 지각적 상태.

2차적 입장(2nd position)

1차입장과 관련된 상대방의 입장에서 보고, 듣고, 말하고, 느끼는 지각적 상태.

3차적 입장(3rd position)

1차와 관련 없는 제3자의 관점에서 보고, 듣고, 말하고, 느끼는 지각적 상태.

4차적 입장(4th position)

1~3차를 모두 객관화 시켜서 바라보는 메타 포지션. 같은 개념으로 5차, 6차, 7차…로 인식을 넓혀 갈 수 있다.

4-튜플(4-Tuple)

특정 경험의 구조를 기록하는 데 사용되는 속기 방법. 4-튜플의 개념은 어떤 경험이 A=청각, V=시각, K=신체 감각, O=후각/미각의 네 가지 주요 표상 종류의 일부 조합으로 구성되어야만 한다고 주장한다.

가치(value)

개인에게 중요하게 생각되거나 다루어지는 것. 행동이나 선택의 우선순위는 가치와 의미를 살펴보는 것이라 할 수 있다.

감각양식(sensory mode)

인간의 오감, 즉 시각, 청각, 촉각, 미각, 후각이라는 외부의 정보나 상황을 받아들이고 경험하는 오감의 감각적 통로.

결과(outcomes)

성취하고자 하는 마음을 가지고 세운 목표 또는 그 목표를 달성한 결과모습. 단순하게 일어난 결과(result)와 구분됨.

공간앵커(space anchor)

특정 공간에 특정 감정의 상태를 앵커링한 상태를 말함. 예를 들어, 대중강연시 강단의 특정 장소에 자신감 또는 편안함 등의 앵커를 걸어 두면 강연 중 그 자원이 필요한 경우 앵커를 걸어둔 위치로 이동하여 앵커를 긍정의 자원으로 이용할 수 있다. 만약 집 또는 자신의 방에 평화로움과 안락함의 앵커가 걸려 있다면 지친 일상을 마치고 집으로 또는 방으로 들어오는 순간 앵커되어 있는 감정상태가 쉽게 활성화 된다.

공감각적(synesthesia)

다른 두 가지 감각 양식이 서로 연결되는 것. 예를 들어, 사람이 시각을 통해 느낌으로 연결되는 표상체계의 특징과 청각을 통해 느낌으로 연결과는 표상체계의 특징이 겹치는 과정.

긍정적 의도(positive intention)

어떤 행동 또는 신념 뒤에 담겨 있는 긍정적 목적. 외견상 문제 있는 행동이나 특별한 증상이라 하더라도 긍정적 의도가 있다. 이를 잘 찾아내어 다루는 것은 교사, 상담자, 교사 또는 리더에게 중요한 과업이 되기도 한다. 이를 잘 찾아 상대가 통찰하게 돕는 것은 변화와 성장을 위한 이해와 자극에 필요한 핵심성공요인이다.

관조(dissociated state)

개입된 상태의 반대. 경험으로부터 거리를 두고 주관적 몰입에서 나와 보고, 듣고 느끼는 것. 자신, 상황, 상태를 객관적으로 바라보는 지각적 입장. 대개 부정적인 정서경험이나 감정상태에서는 관조를 통한 분리를 유지하는 것이 도움이 된다. 2차 포지션에서의 관조는 지각적 입장을 확대하며, 3차 포지션 이상의 관조는 통찰을 위해 활용된다. 메타포지션 역시 관조의 일종으로 큰 통찰을 가져온다.

눈동자 접근단서(eye accessing cues)

표상체계와 관련된 눈의 움직임. 일반적으로 눈동자가 위쪽에서 움직이면 시각, 좌우로 움직이면 청각을 상징한다. 아래쪽에서 움직이면 내적대화 또는 촉각적 감각활용을 하는 것을 보여준다. 화자의 입장에서 우상향이면 시각 조정, 좌상향은 시각 기억, 우향이면 청각 조정, 좌향이면 청각 기억의 단서다. 눈동자가 왼쪽 아래로 움직일 때는 내적 대화. 오른쪽 아래로 움직일 때는 신체감각에 접촉하는 것으로 추정한다.

내면 대화(internal dialogue)

자신과 대화 나누는 자기독백. 긍정적인 경우와 부정적인 경우가 있다. 모두 생리적 상태를 조성하는 결과를 만들어 실제 수행에 도움이 되거나 방해가 되는 영향을 미친다. NLP에서는 긍정적 내면 대화를 구조화하여 개인의 동기부여에 활용하는데, 대개 시간선 또는 입장바꾸기에서 적용한다.

내용(의미) 리프레이밍(content reframing)

상황은 변함없지만 그 상황을 긍정적인 의미로 해석할 수 있도록 바꾸는 방법.

내적 표상체계(internal representations)

내면에서 처리되는 시각, 청각, 촉각, 미각, 후각, 내면 대화.

능력(capability)

어떤 것을 어떻게 해야 하는지 아는 것. 이는 모든 종류의 행동을 자유로이 구사하고 어떤 환경에서 어떤 행동을 해야 하는지를 아는 것이다. 행동은 가치와 신념에 지배받고, 통제된다. 따라서 능력을 발휘함에 있어 소위 멘탈 지도(map)를 개발하는 것은 중요한 과업이다. NLP에서 인지 전략과 메타 프로그램의 형태로 접근한다.

라포(rapport)

관계에서의 믿음, 신뢰, 조화 및 협력을 수월하게 할 수 있는 상태. 교육, 상담, 코칭 또는 비즈니스 관계의 작동을 위한 기본적인 전제조건이 된다. 마음을 조금 더 열 수 있다는 것은 변화를 더 용이하게 만들어 낼 수 있는 환경이 된다.

로지컬 레벨(logical level)

정신(spirituality), 정체성(identity), 신념/가치(belief/value), 능력(capability), 행동(behavior), 환경(environment)으로 이어지는 논리적 단계. 국내 상담계에서는 신경적 차원단계라고도 일컫는다. 상담, 코칭 및 교육에서 중요한 개념으로 다양하게 활용된다.

리프레이밍(reframing)

특정한 경험을 다른 관점에서 바라보는 것 또는 새로운 의미부여를 하는 것. 의미바꾸기, 맥락바꾸기, 내용바꾸기 등이 있다.

모델링(modeling)

다른 사람들의 성공적인 모습을 관찰하고 흉내내며 내재화 하는 과정. 정신 모델링, 정체성 모델링, 신념가치 모델링, 능력 모델링, 행동 모델링, 환경 모델링으로 세분화 할 수 있다. 탁월한 치료자들을 모델링하면서 시작한 NLP 자체가 사실은 모델링이다. NLP Master Practitioner과정에서 특별히 핵심적으로 다룬다.

무의식(unconscious)

현재의 각성 또는 자각 상태에 속하지 않는 모든 것. NLP에서는 잠재의식(subconscious)과 혼용하여 사용하는 경우가 많다.

메타 모델(meta model)

대개 인간은 외부의 사건이나 정보를 접할 때 있는 그대로 사건의 총체를 받아들이지 못한다. 자연스럽게 일반화, 삭제, 왜곡 등을 통해 부정확하고 불완전한 형태로 받아들이고 내적 경험을 하고 내적 표상을 만들게 된다. '지도는 영토가 아니다'라는 NLP의 전제는 이를 기반으로 한 것이다. 이는 버지니아 새티어를 모델링한 기법인데, 애매 모호한 언어 패턴 범주를 발견하는 것을 통해 숨겨진 또는 감추어진 것을 찾아내게 된다. 사람들의 세상 모델은 언어를 통해 드러나기에 인간의 언어에 숨어있는 의미, 특히 일반화, 삭제, 생략 또는 왜곡을 통해 나타나는 메타 모델 위반을 찾아내는 것이다. 탁월한 상담가나 코치는 상대방이 정확하게 표현하지 못하는 언어의 부정확성을 명료한 질문으로 스스로 알아차리게 한다. 작업(The Work)으로 활동하고 있는 바이런 케이티(Byron Katie)의 '4가지 질문'은 NLP에서의 메타 모델과 그 위반에 대한 도전을 활용한 대표적인 사례다.

맥락(context)

특정 사건을 둘러싼 체계. 이 체계는 종종 특정 경험이나 사건이 어떻게 해석되는지를 결정한다.

미각(gustatory)

맛이나 미각에 관한 것.

미러링(mirroring)

다른 사람의 행동 패턴을 그대로 반영하거나 보여주는 과정. 비슷한 자세, 같은 제스처를 사용하거나, 비슷한 톤과 템포로 말하는 행동 미러링이 일반적이다. 라포 형성을 위한 기초적인 활동이다. NLP가 탁월한 도구라는 것은 미러링에서 종속 모형, 표상체계까지 미러링을 한다는 점에서 알 수 있다. 이는 NLP가 가진 수준 높은 정교함을 보여준다.

미래보정(future pace)

미래에도 현재의 자원이 활용가능한지를 테스트 해보는 것. 원하는 행동 또는 특정한 상태가 개발된대로 자연스럽게 그리고 자동적으로 나오는지를 점검하는 것을 말한다. 준비된 자원이나 상태가 자연스럽게 발현될 수 있도록 하기 위해 어떤 미래 상황을 통해 정신적으로 연습하는 과정이라 할 수 있는데 마음의 리허설이라고 부르기도 한다.

메타 모델(meta model)

인간의 인생의 다양한 국면에서 적용되는 정신 프로그램. 어떻게 우리의 경험을 정렬하고, 방향을 잡아주고, 묶을지를 결정하는 정신적인 프로그래밍 단계.

밀튼 모델(milton model)

메타 모델과 반대되는 원리의 언어패턴 모형. 밀튼 에릭슨(Milton H. Erickson)이 즐겨 사용한 기법으로 추상적이고 모호한 언어표현을 통해 내담자나 클라이언트의 트랜스 상태를 유도한다.

부산물(secondary gain)

예기치 않게 얻게 되는 긍정적인 결과. 겉보기에 부정적이거나 문제가 있는 행동이 실제로 다른 레벨에서는 긍정적인 기능을 수행함. 주로 부정적으로 느껴지는 상황, 행동, 감정 이면에 담겨있는 '긍정적인 의미'를 말함. NLP에선 '긍정적 의도'를 찾는 활동을 통해 발견됨.

분아들(parts)

내 안에 존재하는 나의 일부분을 은유적으로 표현한 것. 분아들은 자아 내에서 서로 다른 목표, 의도들을 가지고 있다고 전제한다.

빈사(predicates)

사용되는 언어에는 그 사람의 세상 모델이 표상으로 나타난다. 이는 무의식적으로 선택되어 습관적으로 나오는데, 표상 중에서 가장 빈번하게 사용하는 단어를 말한다. 어떤 사물을 설명하기 위해 선택한 형용사, 부사 또는 동사로 표현된다.

번역(translating)

한 가지 유형의 표상체계 술어를 다른 단어로 바꾸는 과정.

백트래킹(backtracking)

다시 돌아가 요약하고 반복하는 것. 과거사건을 회상하거나, 누군가와 나눈 대화를 반복 요약하는 것.

상태(State)

전체 진행되는 정신적, 육체적 환경, 그 환경으로부터 사람은 행동하게 된다.

상태단절(break state)

개입에서 빠져나오는 것. 다시 말해, 특정 기억을 회상하거나 장면을 상상하다가 현재 상태로 돌아오는 것. 코치/상담가는 클라이언트가 특히 부정적인 자원을 경험하는 경우 적당한 타이밍에 상태단절을 활용한다. 또는 특정 경험 나와 또 다른 경험으로 개입할 때 잠시 상태단절을 활용한다.

생략(deletion)

정보를 수집할 때 경험의 일부를 제외하는 것 또는 표현을 할 때 일부를 빠뜨리는 것을 말한다. 외부 정보를 선입견, 사전경험, 욕구 등에 의해 자신에게 필요하거나, 유리하거나 또는 익숙해져 있는 패턴으로 받아들이게 된다. 또는 무엇인가에 주의, 집중을 하다 보면 다른 부분에 대해서는 주의를 보내지 못하여 생략되기도 한다. NLP의 메타모델 위반과 그 도전에 대한 분야에서 생략을 포함한 왜곡, 일반화 등을 심도 있게 다룬다.

생태(ecology)

삼라만상이 복잡계처럼 얽혀 있다. 모든 생명체는 자연계에서 생활하는 모습을 가지고 있다. 또한 서로 영향을 주고 받으며 생활하고, 존재하고 있다. 또한 생명체는 서로가 서로에게 환경이 되고 있으며 상호관계를 맺고 한편으론 상호의존성을 가지고 있다. 우주적 관점에서는 모든 것이 복잡계로 얽혀 있기에 아무리 사소한 것이라도 다른 한편에서는 엄청난 빅뱅의 시작이 되기도 한다. 대륙에서의 작은 나비의 날갯짓이 지구 반대편에선 태풍으로 나타난다는 버터플라이 효과가 그런 것이다. NLP에서는 인간은 하나의 소우주로 본다. 인간은 하나의 생명체로서 외부환경과 상호 밀접한 관계를 맺으며 살아가지만, 인간 그 자체 역시 작은 우주적 생태계다. 아주 미세한 감정, 행동, 몸짓의 변화가 그 자체만으로는 미약해 보이지만 작은 변화의 시도가 다른 부분에

균열을 만들어 큰 변화로 이어질 수 있는 것으로 보는 것이 생태적 관점이다. 큰 변화를 위해서 가장 먼저 시작할 작은 변화를 찾는 NLP의 지혜는 생태적 관점을 기반으로 하는 것이다.

선호 표상체계(primary representational system)

내적 경험을 할 때 시각, 청각, 촉각을 통하여 경험을 하고 그것을 언어를 사용하여 표현하는데 이때 주로 사용하는 표상체계. 인간은 누구나 특정한 감각유형에 기초한 선호표상체계를 가지고 있다. 이를 잘 이해하고 활용하는 것은 NLP상담가 및 코치의 중요한 역량 중 하나다.

설치(installation)

변화를 촉진하는 과정으로 앵커링, 자원개발, 접근단서, 미래보정 등의 전략을 실행하는 것을 말한다.

시각(visual)

보는 것 또는 보는 감각과 관련된 것.

시간선(time line)

의식속에 존재하는 시간의 흐름. 몸을 사용하여 의식의 시간을 형상화하여 활용할 수 있다. 선에서 앞쪽은 미래, 뒤로는 과거로 설정하여 활용한다. 시간선은 상담과 코칭에서 매우 유용하게 활용되는 NLP에서 만들어진 대표적인 개념이다.

신념(beliefs)

신념은 우리 주변 환경, 우리의 행동 및 우리의 능력 발휘에 영향을 미친다. 신념은 모여서 우리의 정체성을 형성하며, 자신과 타인 그리고 살고 있는 세상에 대한 일반화를 매우 밀접하게 도와주는 신경적 차원의 한가지다. 신념은 실제가 아닌 다른 차원에서 기능하며 현실에 대한 우리의 인식을 안내하고 해석하도록 하고, 나아가 삶의 기준이나 중요한 가치 체계에 연결시켜 현실을 인식하고 해석하게 작용한다. 신념이 강화되어 굳어버리면 눈을 가려 진실을 발견하긴 어렵게 된다. 종교신념 또는 정치신념이 대표적인 신념이 굳어져 발현되는 모습이다.

신체 감각(kinesthetic)

오감 중 촉감에 해당된다. NLP에서 신체 감각이라는 용어는 촉각, 본능적인 및 감정적인 것을 포함한 모든 종류의 느낌을 포괄하는 데 사용되며, 실제적인 신체감각 외에도 기억된 촉각 또는 정서적 균형감각 같은 내적 감정을 말하기도 한다.

스위시 패턴(swish patterns)

의도하지 않는 시각, 청각, 촉각 등 감각을 다른 형태로 변화시키는 기법.

어웨이크너(awakener)

현각자(賢覺者)는 깨달은 존재이며 동시에 타인을 깨우는 존재. 타인이 환경에 적응할 수 있도록 도와주는 사람을 가이드(guide), 행동의 변화를 도와주는 사람을 코치(coach), 능력을 키워주는 사람을 선생(teacher), 가치와 신념을 점검하고 정립하게 도와주는 이를 멘토(mentor), 자신의 정체성(identity)을 발견하게 돕는 이를 스폰서(sponsor)라고 규정한다. 어웨이크너는 정신(spirituality)을 깨우는 존재를 일컫는다.

앵커(anchor)

특정한 반응을 불러내는 자극. 오감으로 저장된 어떤 자극. 오감 중 특정 감각과 연결된 어떤 자극을 통해 특정 기억, 감정, 행동을 끌어내는 조건반사. 앵커는 자연히 발생하는 것도 있지만 의도적으로 발생시킬 수도 있다. 자동적으로 형성된 부정적 앵커를 징크스라고 한다. 스포츠 분야에선 이러한 앵커를 의도적으로 활용하는데 이를 '루틴'으로 표현하기도 한다. 이는 행동주의 심리학의 상징이기도 하다.

앵커링(anchoring)

앵커를 의도적으로 만드는 과정.

유도/유인 체계(lead system)

개인에게 저장된 정보에 접근하기 위해 주로 사용하는 표상체계. 개인이 정보를 입력하거나 수집하는 감각채널의 기반이 된다. 예를 들어 과거의 어떤 사건을 회상할 때 제일 먼저 그 사건을 떠올리게 하는 오감을 말한다. 어떤 음악을 듣는 순간 그 음악과 관련된 어떤 과거의 기억이 떠오른다면 청각유도체계라 할 수 있다.

입장(position)

특정 관점 또는 시점. NLP에는 특정 경험을 인식할 수 있는 세 가지 기본 위치가 있다. 1차 포지션은 일인칭 시점과 연관된 우리 자신의 눈을 통해 무언가를 경험하는 것이다. 2차 포지션은 마치 다른 사람의 입장이 되어 무언가를 경험하는 것이다. 3차 포지션은 뒤로 물러나 관조된 관점에서 자기 자신과 타인 사이의 관계를 인지하는 것이다.

입장 바꾸기(position change)

타인인 2차, 관련 없는 3차, 전체의 관점인 메타meta, 또는 1~3차와 메타를 포함한 we position으로 들어가 자신과 전체를 바라보는 자신 이외의 입장에 들어가서 자신을 바라보는 기술.

은유(metaphor)

하나의 상황이나 현상에 대해서 이야기, 비유, 유추와 같은 기법을 활용하여 자유연상을 일으키게 하는 대화 모델. 애매할 수도 있지만 제대로 적용되면 매우 강력한 힘이 있다. 탁월한 리더, 코치, 교사, 상담가는 적절한 시기에 적절한 은유를 활용한다.

일반화(generalization)

특정한 경험을 모든 경험으로 대표하는 과정을 말한다. 왜곡, 생략과 더불어 부지불식간에 매우 자연스럽게 진행된다. 한번의 경험에 대한 강력한 인상은 이후 유사한 모든 경험에 대한 해석 기준이 된다.

자아정렬(Self-Alignment)

로지컬 레벨logical level의 위계에 따라 자신의 정체성에 걸맞게 가치, 신념, 능력, 행동, 환경이 준비되고 구성된 상태. 정체성을 기준으로 하나 제4세대 NLP에서는 정신(spirituality)을 기준으로 정렬하기도 한다. 자아정렬이 잘 된 사람을 NLP에선 적합성(congruence)이 높은 사람으로 평가한다.

자원(resource)

결과(outcome)를 만드는 데 도움이 되는 모든 오감의 자원. 보통 과거의 경험에서 자원을 찾으며 경우에 따라선 모델링을 통해 개발하기도 한다. NLP가 몸에 익으면 모든 상황, 모든 경험을 자원으로 활용할 수 있다. 만나는 모든 사람이 스승이 되고, 경험하는 모든 것이 지혜로 바뀌는 자원이 되는 것이다.

잘 만들어진 결과(목표)(well-formed outcome)

outcome은 우리말로 결과, 성과 또는 맥락에 따라 목표라고 사용된다. 결과로 쓰여질 때는 result와는 다르며, 목표라고 사용될 때는 goal과는 사뭇 다른 의미가 담겨 있다. 결과(outcome)는 그냥 벌어진 결과(result)가 아니라 전략을 세우고 실천하여 체계적으로 달성한 결과라는 의미이며, 목표(outcome)라는 개념으로 사용될 때는 goal보다 훨씬 구체적인 내용, 즉 시각-청각-촉각-미각-후각 이라는 오감의 차원에서 예측되는 것까지 포함된다는 점에서 다르다. Outcome은 NLP에서 의미 있게 사용되는 독특한 조작적 개념이다.

잘 형성된 조건(well-formedness conditions)

효과적이고 생태학적 결과를 만들기 위해 NLP의 특정 목표는 다음과 같은 조건을 제시한다. (1) 긍정적인 기술 또는 진술 (2) 감각에 기반한 정의와 평가 (3) 원하는 사람의 주체성 (4) 현재 상태의 긍정적인 이차적 부산물들은 유지되는 것 (5) 외부 환경 생태계의 맥락과 맞아야 하는 점이 그것이다.

전략(strategy)

결과(outcome)를 달성하기 위해 실행하는 정신적, 행동적 일련의 활동 또는 사람이 가지고 있는 특정한 행동 또는 사고방식을 말함. 구체적인 결과를 얻기 위해 사용된 명시적 정신 및 행동 단계의 전제. 보다 바람직한 결과를 얻기 위해 생각이나 행동을 수정하는 것은 행동전략, 사고전략으로부터 나오는 것이다.

접근 단서(accessing cues)

사람이 생각하는 데 사용하는 표상체계를 이끌어낼 수 있도록 하고, 표시할 수 있도록 하는 미묘한 행동을 말한다. NLP의 세계적 리더 로버트 딜츠는 BAGLE 모델로 이를 정리했다. 전통적인 접근단서로는 눈동자 움직임, 목소리 톤과 속도, 몸 자세, 몸짓 및 호흡 패턴이 있다. 이는 내면에서 일어나는 정보를 보여주는 외적 사인이라 할 수 있다.

적합성(congruence)

개인의 정체성, 가지고 있는 신념, 능력, 행동 등이 일관성을 가지고 있을 때 적합성이 있다고 표현한다. 소위 자아정렬이 된 경우를 말한다. 개인의 불안은 무의식이 알아차리는 부적합성에 기인하는 경우가 많다. 목표를 세우고 그에 걸맞는 노력을 하는 것이 적합성이 중요한 기준이 된다. 생각, 말, 행동이 따로 논다면 적합하지 않은 것이다. 일관성, 신뢰성, 믿음 등을 총괄하는 개념이기도 하다.

정신(spirituality)

영성으로 번역하여 사용하기도 한다. NLP에서는 자아를 초월하는 정도를 정신, 영성의 깨어남 정도로 본다. 자아를 초월한다는 것은 자신만을 생각하는 상태인 에고ego의 상태에서 나와 타인과 연결(connect)되어 있다는 차원을 말한다. 로지컬 레벨에서 가장 높은 차원으로 모델링, 자아정렬 등의 NLP 기법에 핵심 축으로 활용된다.

정체성(Identity)

우리가 누구인지에 대한 감각 또는 인식. 우리의 정체성에 대한 감각과 인식은 우리의 신념, 능력과 행동을 하나의 시스템으로 구성한다. 로지컬 레벨의 차원에서 정체성은 신념으로 구성되며 능력 및 행동 발현, 환경의 적응에 중요한 준거가 된다.

종속 모형(sub-modalities)

표상체계의 시각, 청각, 신체감각을 더욱 세분화한 하위 감각양식, 다시 말해 감각에 의해 인지되는 특별한 감각적 자질을 말한다. 예를 들어 시각적 종속모형에는 색상, 모양, 밝기, 깊이, 모습, 움직임, 거리 등이 있고, 청각적 감각의 하위양식에는 음색, 박자, 템포 등이 있으며, 촉각의 하위양식에는 온도, 촉감, 압력 등이 있다.

참조체계(reference system)

결론을 확인하고 결정을 내리는 데 의존하는 감각 형식.

청각(Auditory)

들리는 것이나 듣는 감각과 관련한 것.

청킹(chunking)

언어를 통해 경험의 차원을 올리거나 내리면서 어떤 사건을 바라보는 지각을 변화시키는 방법이다. 어떤 경험을 일반화시켜 더 큰 조각으로 구성하는 밀튼 모델과 같은 청킹 – 업(chunking – up)과 메타 모델 위반의 도전처럼 구체적인 사례를 질문함으로써 추상적 언어를 구체적이고 경험적인 세계의 지각으로 경험케 하는 청킹 – 다운(chunking – down)이 있다. 수평적 청킹(chunking – laterally)은 동일한 레벨의 정보에서 또 다른 다른 예제를 찾는 것을 말한다.

캘리브레이션(calibration)

내담자 또는 클라이언트의 비언어적 신호나 단서를 읽고 이를 통해 내적인 상태를 짐작하고 알아맞추는 것. 특히, 특히 자세, 시선, 호흡, 목소리 톤 등 관찰 가능한 행동 단서와 특정 내부 반응을 짝을 지어서, 다른 사람과의 지속적인 상호작용에서 다른 사람의 무의식, 비언어적 반응을 읽는다. 이를 통해 상대의 상태를 잘 이해하려는 노력으로 원활한 커뮤니케이션을 위해 사용한다.

크리티컬 보이스(critical voice)

내면에서 자신을 비판하는 목소리를 말한다. 이 목소리의 종속모형을 변환하여 행동의 긍정적인 의도를 찾을 수 있다.

페이싱(pacing)

의사소통자들이 자신의 행동의 특정 측면을 의사소통하는 상대방의 행동과 일치시킴으로써 라포를 형성해 가는 기술. 상태와 외적인 행동을 일치시킴으로서 라포를 형성하는 데 전제되는 기술. 이는 리딩을 위한 선행 기술이기도 하다. 행동, 언어, 음성의 색이나 톤을 맞춰나가는 것으로 구현된다.

표면 구조(surface structure)

뇌에 저장된 실제 1차적인 감각 표상을 기술하거나 상징하기 위해 사용된 단어 또는 언어.

표상체계(representational systems)

오감, 즉 시각, 청각, 촉각(느낌), 후각, 미각을 말함. 이러한 오감을 사용하여 내면에서 경험, 기억 또는 어떤 정보를 표상하는 통로를 말함. 표상은 어떤 경험이나 대상을 자신의 마음속에서 대표하여 떠올리는 하나의 상을 말한다. 인간은 각자 주로 사용하는 표상체계가 있다. 이를 이해하고 활용하는 것은 교육, 코칭, 상담에 큰 힘이 된다.

프레임(frame)

무엇인가를 보고 해석하는 관점. 지각적 입장에서 보고, 듣고, 느끼게 되는 지각적 한계. 대부분의 사람들은 자신의 프레임 안에서 세상을 바라보고 해석한다.

트랜스(trance)

좌선, 호흡, 몸의 이완 등 다양한 방법을 통해 깊은 이완과 함께 무의식에 들어가는 상태. 트랜스 체험은 매우 주관적이라 NLP를 말로 설명하는 것이 쉽지 않은 것처럼 트랜스 역시 언어로 표현하는 것에 한계가 있지만, 대개 무의식과 접속하며 에고ego가 사라지는 상태라 할 수 있다. 이 상태에선 의식의 방해받지 않기 때문에 문제나 제한을 해결하는 기회와 단서를 무의식 속에서 쉽게 찾을 수 있다. 밀튼 에릭슨이 주로 활용하던 방법으로 최면으로 번역되기도 했으나 정확한 표현은 아니기에 영어발음 그대로 트랜스라는 용어로 사용한다.

트랜스 유도성 탐색(Transderivational Search)

현재의 행동이나 반응이 유도된 기준 경험을 찾기 위해 저장된 기억과 정신적인 표상을 되돌아보는 과정.

환경(environment)

우리의 행동이 이루어지는 외부 맥락. 우리의 환경은 우리가 우리의 '외부'인 것으로 인식하는 것이다. 그것은 우리 행동의 일부가 아니라 오히려 우리가 반응해야만 하는 어떤 것이다.

후각(ofactory)

냄새 또는 냄새를 맡는 감각과 관련 있는 것.

행동(behavior)

우리가 주변 사람들과 주변 환경과 상호 작용하는 구체적인 신체적 활동과 반응.

행동 유연성(behavioral flexibility)

다른 사람의 반응을 유도하거나 확보하기 위해 자신의 행동을 다양하게 하는 능력.

참고문헌 및 추천도서

ⓘ NLP University 공식 과정 교재

NLP Practitioner Certification Course Workbook, Dilts, Dynamin Learning Publication and NLP University Press, CA, 2020

NLP Master Practitioner Certification Course Workbook, Dilts, Dynamin Learning Publication and NLP University Press, CA, 2020

NLP Trainer Certification Course Workbook, Dilts, Dynamin Learning Publication and NLP University Press, CA, 2005

NLP Master Trainer Certification Course Workbook, Dilts, Dynamin Learning Publication and NLP University Press, CA, 2016

ⓘ 제3세대 NLP관련

Applications of Neuro−Linguistic Programming: A practical guide to communication, learning and change , Dilts, R., Meta Publications, Capitola, Ca., 1983.

Encyclopedia of Systemic Neuro−Linguistic Programming and NLP New Coding, Dilts, R. and DeLozier, J., NLP University Press, Santa Cruz, CA, 2000.

Frogs into Princes, Bandler, R. and Grinder, J.; Real People Press, Moab, Utah, 1979.

Introducing Neuro−Linguistic Programming, O'Connor, J., Seymour, J., Aquarian Press, Cornwall, England, 1990.

Magic Demystified, Lewis, B., Pucelik, F., Metamorphous Press, Portland, OR, 1982.

Modeling With NLP, Dilts, R., Meta Publications, Capitola, Ca., 1998.

Neuro−Linguistic Programming: The Study of the Structure of Subjective Experience, Volume I ; Dilts, R., Grinder, J., Bandler, R., DeLozier, J.; Meta Publications, Capitola, California, 1980.

NLP II − The Next Generation: Enriching the Study of the Structure of Subject Experience, Dilts, R. and DeLozier, J., with Bacon Dilts, D.; Meta Publications,

Capitola, California, 2010.

The Emprint Method, Cameron—Bandler, L., Gordon, G., Lebeau, M., Future Pace, San Rafael, CA, 1985.

The Structure of Magic Vol. I & II, Grinder, J. and Bandler, R.; Science and Behavior Books, Palo Alto, California, 1975, 1976.

Thinking About Thinking With NLP, Yeager, J., Meta Publications, Capitola, Ca., 1985.

Turtles All The Way Down: Prerequisites to Personal Genius, J. DeLozier & John Grinder, Grinder DeLozier & Associates, Santa Cruz, CA, 1987.

Using Your Brain, Bandler, Richard; Real People Press, Moab, Utah,1984.

ⓘ 코칭분야

Coaching Conversations, Hall, M. and Duvall, M., Neuro—Semantics Publications, Clifton, Co., 2003.

From Coach to Awakener, Dilts, R., Meta Publications, Capitola, Ca., 2003.

The NLP Coach, McDermott, I. and Jago, W., Judy Piatkus Publishers, Ltd., London, England, 2001.

The Inner Game of Tennis, Gallwey, T., Random House, New York, NY, 1974.

The Inner Game of Work: Focus, Learning, Pleasure and Mobility in the Workplace, Gallwey, T., Random House Trade Paperbacks, New York, NY, 2000.

ⓘ 몸과 마음의 건강

Beliefs: Pathways to Health and Well—Being, Dilts, R., Hallbom, T. & Smith, S., Metamorphous Press, Portland, OR, 1990.

Heart of the Mind, Andreas, C. & Andreas, S.; Real People Press, Moab, Utah, 1989.

Sobriety Demystified, Lewis, B., Kelsey Press, Santa Cruz, Ca., 1996.

Strategies of Genius Vol. III (Sigmund Freud), Dilts, R., Meta Publications, Capitola, Ca., 1995.

Transformations, Bandler, R. and Grinder, J.; Real People Press, Moab, Utah, 1981.
    Therapeutic Metaphors, Gordon, D., Meta Publications, Capitola, Ca., 1978.

ⓘ 교육과 학습

Dynamic Learning, Dilts, R. & Epstein, T., Meta Publications, Capitola, Ca., 1995.

"Spelling Strategy for NLP Practitioners", Dilts, R., 1990, Dynamic Learning Publications, Ben Lomond, Ca.

Megateaching and Learning, Van Nagel, C., Reese, E., Reese, M., Siudzinski, R., Southern Inst.

Press, Indian Rocks Beach, FLA, 1985.

Meta−Cation Vols. I, II, III,, Jacobson, S., Meta Publications, Capitola, Ca., 1983, 1986, 1987.

Righting The Educational Conveyor Belt, Grinder, M., Metamorphous Press, Portland, OR, 1990.

ⓘ 혁신과 창의성

Strategies of Genius Vols. I, II,& III, Dilts, R., Meta Publications, Capitola, Ca.,1994−1995.

Tools for Dreamers: Strategies for Creativity and the Structure of Invention, Dilts, R. B., Epstein, T., Dilts, R. W., Meta Publications, Capitola, Ca.,1991.

ⓘ 경영분야

Augmenting the One Minute Manager; Smith & Hallbom, The NLP Connection, 1988.

Beyond Selling: How to Maximize Your Personal Influence; Bagley & Reese; Meta Publications, Capitola, CA, 1987.

Collection of Management Articles Related to NLP; Yeager, J., Eastern NLP Inst., Princeton, NJ, 1985.

Effective Presentation Skills, Dilts, R., Meta Publications, Capitola, Ca.,1994.

Influencing With Integrity: Management Skills for Communication and Negotiation; Laborde, G.; Syntony Inc., Palo Alto, CA, 1982.

"Let NLP Work for You", Dilts, R., 1982, **Real Estate Today** , February, 1982, Volume 15, November 2.

"Neuro−Linguistic Programming in Organizational Development", Dilts, R., 1979, Organizational Development Network Conference Presentation Papers, New York, New York.

Making the Message Clear: Communicating for Business; Eicher, J.; Grinder, DeLozier & Associates, Santa Cruz, CA, 1987.

Negotiation: Winning More Than Money; Lebeau, M.; Future Pace, San Rafael, CA, 1987.

Negotiations; Early, G.; I/S S.M. Olsen, Holbaek, Denmark, 1986.

Neuro－Linguistic Programming: The Answer to Change?; Maron, D.; Training and Development Journal, 1979, 33(10), 68.

"Overcoming Resistance to Persuasion with NLP", Dilts, R., Joseph Yeager, 1990, Dynamic Learning Publications, Ben Lomond, Ca.

Precision: A New Approach to Communication; McMaster & Grinder; Precision, Los Angeles, CA 1981.

"Patterns of Persuasion"; Moine, D.; Personal Selling Journal, 1981, 1 (4), 3.

The Magic of Rapport; Richardson & Margoulis; Harbor, San Francisco, CA, 1981.

ⓘ 리더십

A Framework For Visionary Leadership, Gaster, D., PACE, Oxon, England, 1988.

Alpha Leadership: Tools for Leaders Who Want More From Life, Deering, A., Dilts, R. and Russell, J., John Wiley & Sons, London, England, 2002.

Visionary Leadership Skills, Dilts, R., Meta Publications, Capitola, Ca., 1996.

"NLP In Training Groups", Dilts, R., Epstein, T., Dynamic Learning Publications, Ben Lomond, CA, 1989.

NLP － A Practical Technology for Trainers; Gaster, D., Training Officer, London, February, 1988.

Pile, S., *Vision into Action: Creating a Generative Internal Model of Transformational－ Transactional Leadership,* Masters Thesis, Pepperdine University, 1988.

Cognitive Patterns of Jesus of Nazareth: Tools of the Spirit; Dilts, R., Dynamic Learning Publications, Ben Lomond, CA,1992.

ⓘ 영웅의 여정 관련

The Hero With A Thousand Faces, Campbell, J., Fontana Press., London, UK, 1993.

The Hero's Journey: A Voyage of Self－Discovery, Gilligan, S. and Dilts, R., Crowne House Publishers, London, 2009.

The Power of Myth, Campbell, J., Doubleday & Company, Inc., Garden City, NY, 1988.

The Hero Within, Pearson, C., Harper Collins, San Francisco, CA, 1986.

Awakening The Heroes Within, Pearson, C., Harper Collins, San Francisco, CA, 1991.

Psyche and Symbol, Jung, C. G., Princeton University Press, Princeton, NJ, 1991.

(ⓘ) 파이브 리듬The 5Rhythms® 관련

Connections, Roth, Gabrielle; Jeremy P. Tarcher/Penguin, 2004.

Sweat Your Prayers, Roth, Gabrielle; Penguin Putnam, Inc., New York, New York, 1997.

Maps to Ecstasy, Roth, Gabrielle; Nataraj Publishing, Mill Valley, CA, 1989.

(ⓘ) NLP 창시자와 개발자들에게 영향을 준 분들의 도서들로 NLP University에서 추천하는 기타 도서들

Plans and the Structure of Behavior, Miller, G., Galanter, E., and Pribram, K., Henry Holt & Co., Inc., 1960.

Principles of Psychology, William James, Britannica Great Books, Encyclopedia Britannica Inc., Chicago Ill., 1979.

On the Soul, *Aristotle, Britannica Great Books,* Encyclopedia Britannica Inc., Chicago Ill., 1979.

Angels Fear: Towards and Epistemology of the Sacred, Gregory and Mary Catherine Bateson, Bantam Books, New York, N.Y., 1988.

Mind and Nature, Bateson, Gregory; E. P. Dutton, New York, NY, 1979.

Steps To an Ecology of Mind, Bateson, G.; Ballantine Books, New York, New York, 1972.

Introduction to Cybernetics, Ashby, W. Ross, Chapman & Hall, Ltd., London, England, 1956.

Design for a Brain, Ashby, W. Ross, Chapman & Hall, Ltd., London, England, 1960.

THE SECOND CYBERNETICS: Deviation−Amplifying Mutual Causal Processes, M. Maruyama, American Scientist, Vol. 51, pp. 164−178, 1963.

The Structure of Scientific Revolution, Kuhn, Thomas, University of Chicago Press, Chicago, ILL, 1970.

Patterns of Plausible Inference, Polya, G., Princeton University Press, Princeton, NJ, 1954.

The Holographic Paradigm and Other Paradoxes, Wilber, K. (Ed.), Shambhala, Boulder, CO, 1982.

Toward a Unifying Theory of Cognition, M. Waldrop, *Science,* Vol. 241, July 1988.

Uncommon Therapy, Haley, J., W. W. Norton & Co, New York, NY, 1973.

Strategies of Psychotherapy, Haley, J., Grune & Stratton, Inc., New York, NY, 1963.

Advanced Techniques of Hypnosis and Therapy: Selected Papers of Milton H. Erickson, Haley, J. (Ed.), Grune & Stratton, Inc., New York, NY, 1967.

The Collected Papers of Milton H. Erickson Vol. IV, Erickson, Milton H., Irvington Publishers Inc., New York, New York, 1980.

Body and Mature Behavior, Feldenkrais, M., International Universities Press, NY, NY, 1981.

Awareness Through Movement, Feldenkrais, M., Penguin Books, New York, NY, 1977.

Love, Medicine and Miracles, Seigal, B.; Harper & Rowe, San Francisco, CA 1986.

The One Minute Manager, Blanchard & Johnson; Berkeley Books, New York, NY, 1983.

Management of Organizational Behavior: Utilizing Human Resources, Hersey & Blanchard, Prentice Hall, New Jersey, 1969.

The Mandala of Being: Discovering the Power of Awareness, Moss, R., New World Library, Novato, CA, 2007.

Inside—Out Healing: Transforming Your Life Through the Power of Presence, Moss, R.; Hay House Publishing, New York, NY, 2011.

The Second Miracle, Moss, R.,Celestial Arts, Berkeley, CA, 1995.

The Courage to Love, Gilligan, S., W. W. Norton, New York, NY, 1997.

The Power of Now, Tolle E., New World Library, Novato, CA, 1999.

The New Earth: Awakening to Your Life's Purpose, Tolle E., Penguin Publishing Group, New York, NY, 2006.

Blink: The Power of Thinking Without Thinking, Gladwell, M., Back Bay Books, Little, Brown and Company, New York, NY, 2005.

부록 1: NLP의 역사 개관

NLP는 캘리포니아 대학 언어학과 교수인 존 그린더와 게슈탈트 치료사이자 컴퓨터전문가인 리차드 밴들러가 인간 탁월성의 모델을 밝히겠다는 목적으로 개발되었다. 그들의 첫번째 책인 <마법의 구조 I, II The Structure of Magic Vol. I & II, (1975, 1976)>는 게슈탈트 치료의 창시자인 프리츠 펄스와 세계적인 가족치료 전문가로 널리 알려져 있던 버지니아 새티어 두 사람의 심리치료가로서의 탁월한 행동패턴과 언어를 분석하여 모델링한 책이다. 이 책을 통해 NLP란 말이 세상에 알려지게 되었다. 이 책은 한국 NLP상담학회 전문가들이 번역하여 국내에 소개되어 있다.

The Structure of Magic. NLP의 탄생을 알리는 책이다.

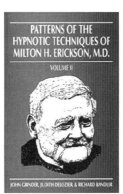

Patterns of the Hypnotic Techniques of Milton H. Erickson, M.D

그들의 그 다음 작품은 우리 시대에 가장 널리 인정받고 임상적으로 성공한 정신의학자 중 한 사람인 미국 임상 최면학의 창시자 밀튼 에릭슨의 언어와 행동 패턴을 모델링하여 쓴 책 <Patterns of the Hypnotic Techniques of Milton H. Erickson I & II, 1976>이다. 이 역시 NLP의 효시가 되는 책 중 하나다. 이 작업엔 존 그린더의 아내였고 지금까지 로버트 딜츠와 함께 NLP University를 이끌고 있는 주디 딜로지어 Judi Delozier도 참여하였다.

그린더와 밴들러는 이 두 연구의 결과물인 뇌 brain, 언어 language, 생리 physiology 의 관계를 상징하기 위해 "신경-언어 프로그래밍"이라는 이름을 창조하며 NLP의 기법을 만들어 세상 사람들을 돕는 도구로 사용하겠다는 것을 천명했다. NLP, 즉 신경언어 프로그래밍이라는 이름은 인간의 경험을 만드는 데 가장 영향력 있는 세 가지 요소인 신경학neurology, 언어language, 마음 프로그래밍mental programming 을 포함한다.

현재 80대임에도 왕성하게 전 세계 NLP 리더로서 활동중인 주디 딜로지어와 함께한 사진
(좌측 2005년 7월 NLP 트레이너과정 중, 우측 2016년 Master Trainer과정 중, NLP University Santa Cruz 캠퍼스에서)

신경계neurological system는 우리가 정보를 처리하고 우리의 몸을 규제하는 방법에 대한 중요한 책임을 진다. 언어는 우리가 다른 사람들과 어떻게 상호작용하고 의사소통 하는가를 결정한다. 그리고 우리의 마음의 습관mental programming은 우리가 창조하고 행동하는 세계의 모델을 결정한다. 그러므로 NLP의 목적은 마음neuro과 언어의 근본적인 역학관계와 이들의 상호작용이 우리 몸과 행동에 어떻게 영향을 미치는지 설명하는 것이라 할 수 있다.

이 모델의 기본은 계속해서 이어지는 <Frogs Into Princes(Bandler & Grinder, 1979)>, <Neuro-Linguistic Programming Vol. I(Dilts, Grinder, Bandler, DeLozier, 1980)>, <Reframing(Bandler & Grinder, 1982)>, <Roots of NLP(Dilts, 1983)>, <Using Your Brain(Bandler, 1985)>, <Introducing Neuro-Linguistic Programming(O'Connor and Seymour, 1990)> 등의 책을 통해 발전되었다. 밴들러와 그린더가 NLP의 서막을 알렸다면 로버트 딜츠와 주디 딜로지어는 NLP를 한 단계 높이 발전시킨 세계적 마스터 트레이너라 할 수 있다.

밴들러와 그린더가 만든 초기 NLP의 중요한 기법으로는 메타 모델meta model, 선호표상체계representational system primacy, 접근단서accessing cues, 감각기반빈사 sensory based predicates, 페이싱과 리딩pacing and leading, 앵커링anchoring, 리프레이밍 reframing, 개인사바꾸기change personal history, V-K관조V-K dissociation 그리고 마음상태 관리state management 등이 있다. 위의 제시된 기법들은 소위 1세대 NLP라 불리는 내용으로, 대개 NLP전문가 과정 중 NLP프랙티셔너 과정 및 NLP코칭지도자 3급

과정에서 다룬다. 밴들러와 그린더는 NLP의 개념을 개발한 후 많은 전문가들과 함께 연구하고 실험하며 초기 모델들을 개발했다. 당시 참여한 사람들 중 레슬리Leslie, 카메론-밴들러Cameron-Bandler, 주디 딜로지어, 로버트 딜츠, 데이비드 고든David Gordon, 스테판 길리건Stephen Gilligan 등이 대표적인 인물이다. 또한 캘리포니아 대학교 산타 크루즈 캠퍼스UCSC의 많은 학생들과 관계자들이 초기 작업에 참여했다.

초기 NLP개발에 함께 참여한 사람들은 모두 NLP의 발전에 큰 기여를 했다. 이들은 지속적인 연구와 임상실험을 통해 다양한 모델과 기법을 개발하였고 주옥과 같은 책을 통해 인류에게 NLP의 다양한 가능성을 알렸다. 대표적인 책들은 카메론-밴들러의 <메타프로그램과 자기 자신Meta Programs and the Imperative Self, (1985, 1986)>, 딜로지어와 존 그린더의 <지각적 포지션과 NLP의 새로운 코딩Perceptual Positions and NLP New Coding, (1987)>, 로버트 딜츠Robert Dilts의 <신념체계와 인지전략Cognitive Strategies and Belief Systems, (1983, 1990, 1991)>, 데이비드 고든의 <종속 모형과 은유Submodalities and Metaphors, (1978)> 그리고 스테판 길리건의 <최면Hypnosis, (1991)> 등이다.

이 외에도 코니래 안드리아스Connirae Andreas, 토드 엡스타인Todd Epstein, 팀 홀본Tim Hallbom, 수지 스미스Suzi Smith, 테드 제임스Tad James, 와이어트 우드스몰Wyatt Woodsmall 그리고 시드 제이콥슨Sid Jacobson 등이 NLPU에서 NLP를 접한 후 NLP를 발전시킨 공로자들이라 할 수 있다. 대중적으로는 로버트 딜츠와 주디 딜로지어에게 훈련받은 미국 NLP University 졸업생으로 유럽교육품질상을 받은 신뢰할 만한 비영리 국제코치들의 모임인 ICCInternational Coaching Community[1]를 설립한 조셉 오코너Joseph O'Connor는 NLP를 코칭에, <내 안에 잠든 거인을 깨워라>는 책과 워크숍으로 세계적 명성을 얻고 있는 앤서니 로빈슨[2]은 NLP를 잠재력개발분야

---

1 국제코칭연맹ICC는 세계적인 코치들의 협회로 국제코치자격을 수여하는 국제 비영리기구다. 2021년 현재 전 세계 78개국에 15,000 이상의 인증국제코치가 활동중이다. 현재 브라질에 본부가 있으며 life coach, executive coach, team coach 자격 등을 인증하고 있다. 코치양성프로그램의 글로벌화, 표준화는 물론 인증코치의 관리에 있어 ICC의 코칭품질과 내용은 독보적이다. 홈페이지 www.internationalcoachingcommunity.com에서 다양한 정보를 찾아볼 수 있다.

2 NLP를 활용하여 자기계발분야 최고의 프로그램을 만든 사람 중 한 명이다. NLP university에서 NLP를 배운 후 자신의 삶은 물론 타인들의 극적인 변화에 기여하고 있다. 그의 책 <무한능력(unlimited power)>, <네 안에 잠든 거인을 깨워라(awaken the giant within)>는 NLP를 대중화시킨 책이다.

에 활용하여 인류에게 큰 영감을 주고 있다.

NLPU의 교사로 오랫동안 활동한 수지 스미스

2017년 NLP를 활용하여 만든 의식리더십(Conscious Leadership)과정에서 만난 로버트 딜츠

부록 2: 체험글

독자 수기1

자신이 가지고 있는 무한한 잠재력을 찾아내고 원하는 삶을 지속적으로 살아갈 수 있도록 도와주는 NLP를 보다 많은 사람이 접할 수 있기를 소망하면서 나의 경험담을 나눈다.

전업주부이자 사춘기 두 아들을 키우며 무진장 애쓰며 살았던 시기에 NLP 강연을 처음으로 들었을 때 받았던 "아, 이거다!"란 느낌을 아직도 생생히 기억한다. 자존감도 바닥이고 무언가 열심히 하는데 내 뜻대로 되는 것은 없고 사춘기 두 아들을 어떻게 대해야 할지도 잘 모르겠던 암담했던 나에게 NLP와의 첫 만남은 뭔가 해결책을 줄 것 같은 기대감을 주었다.

당시 학부모 상담자원봉사자를 위한 원데이 NLP 특강…. 제목은 대화법에 관련된 것으로 기억한다. 그때 강의를 들었던 동료들 중 10명가량이 2007년 팀을 구성하고 2008년 여름에 NLP 프랙티셔너 과정을 시작했었다. 그 이후 NLP는 내 인생 우주를 감싸고 있는 세 개의 중요 위성(가족, 종교, NLP) 중 하나가 되었다.

　　NLP의 이론과 기법을 통해 배운 많은 것들 중에서 내가 가장 유용하게 활용하는 것은 커뮤니케이션 모델이다. 오감을 통해 내가 받아들인 세상의 정보들이 무의식 속 필터를 통해 내 안에 들어와 느낌과 생각이 되고, 그것이 말과 행동으로 밖으로 표출되기까지의 과정을 알게 되면서 나는 애매모호한 단어들(예: 잘 모르겠어요, 글쎄요….)을 거의 쓰지 않게 되었다.

　　지금은 내 상태가 뭔가 부자연스럽거나 '이건 뭐지?'란 느낌이 들 때면 자동적으로 커뮤니케이션 시스템을 돌려보면서 어디서 무엇이 걸리는지 걸림돌을 찾아보게 된다. 이는 나의 최대 강점인 진정성(congruency)을 유지할 수 있는 나만의 방법이 되었다.

　　나에게는 매스터 프랙티셔너 과정을 배우면서 체험했던 일들을 적어놓았던 노트가 있다. 노트에 적혀있는 "내 경험과 내가 바라본 타인의 경험에 대한 분석"은 그때를 재경험할 수 있게 만들어준다. 특히 나에게 강렬했던 그리고 나를 한 차원 높은 성숙의 단계로 이끌어줬던 체험글 중 일부를 적어본다.

　　무의식속 "that's enough" 외침에 정신이 번쩍 났고 그 순간 나는 놀라운 경험을 하게 되었다. NLP에서 말하는 네 가지 영역: physical body, emotional body, mental body, spiritual body이 동시에 확장되는 느낌과 함께 커다란 나무가 쭉쭉 성장하여 마치 잭과 콩나무의 나무처럼 순식간에 거의 하늘까지 자라있는 것이 보였다. 잠시 후 그 느낌이 내 다리까지 강하게 오면서 내 다리가 나무의 뿌리가 되고 내 팔이 나무의 가지가 되고 하늘로 뻗어 자란 그 나무가 바로 나라는 걸 알아차릴 수 있었다. 바닥을 칠 때까지 심리적으로 힘든 상황을 품고 있을 수 있는 power of containment에 초점을 맞추고 기다린 것이 때가 되자 이렇게 큰 힘으로 발현될 수 있다는 것을 드디어 체험하게 된 것이다.

　　(2017년 마스터 프랙티셔너 어시스턴트로 활동 중)

　　과거의 나는 아이들의 모든 문제를 내가 나서서 해결해주려고 노력하면서도 그 과정이 힘들어서 쩔쩔매는, 열성적이지만 짜증 많고 잔소리 많은 그런 엄마였다. 지금은 일단 문제 상황이 왔을 때 감정적으로 나를 아이들과 dissociation 시키려고 노력한다. 그러면서 Cause & Effect에 맞추어 이 문제가 나의 것인지 아이들의 것인지를 구분한다. 아이들이 Cause에 있으면서 나에게 도움을 요청하면 정보수집을 하는 등, 내가 make it happen할 수 있는 한 도와준다. 그리고 그 결과에 대한 책임은 아이 스스로가 느낄 수 있도록, 잘 될 거라는 믿음을 가지고 성장해가는 모습을 지켜본다(Let it happen). 이런 문제 해결 과정을 거치면서 엄마의 도움을 요구하는 첫째는 의존심이 많고 나를 힘들게 하는 아들에서 자신에게 도움이 필요할 때를 알아차리고 당당히 말할 수 있는 멋진 아들로 생각이 바뀌었고, 애교도 없고 말대답도 잘하고 고집이 세다고 생각했던 둘째는 자기 주관이 뚜렷하고 자기 일을 알아서 잘하는 아들로 보이기 시작했다.

(2010년 7월 마스터 프랙티셔너 과정 중)

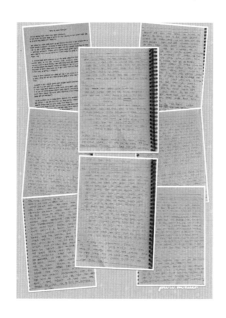

NLP를 공부하면서 나는 내가 원하는 행복한 삶을 살아갈 수 있는 가장 적합하고 파워풀한 이론과 기법들을 찾아낼 수 있었다. 그리고 2008년 프랙티셔너 과정에서 Well-formed Outcome을 배우면서 나의 Well-formed Outcome을 세우게 되었다. 계획했던 큰 틀에 따라서, 2009년 코칭심리학 대학원에 진학하였고 2013년 대학원 졸업 후 2015년 고등학교 전문상담사로 취업했고 2020년 NLP 트레이너 자격증을 따고 지금은 프리랜서로 학교나 기관에서 NLP 이론을 토대로 심리교육 강의를 주로 하고 있다. 그때 함께 공부했던 동료들 대부분도 자신들이 세운 Well-formed Outcome에 거의 맞게 살아가고 있는 것을 보면

"Wonder~"라는 말이 저절로 나온다. NLP 트레이너로서 세웠던 나의 비전과 미션을 다시 적어보고 큰 소리로 말해보면서 오늘도 나는 멋진 날을 창조해본다.

황지영 NLP Trainer(by NLP University & Q.A.S.)

2021. 4. 9.

독자 수기2: NLP를 공부하고 내 삶에 적용하며 일어난 일

퇴근길에 하염없이 눈물이 흘렀다.

새벽 별을 보고 출근하고
매일 야근을 하며
열심히 일하고 있는데
성취감이나 행복감을 느낄 수가 없다.

40대 중반이 되면
답이 보일 줄 알았는데
매일 불안과 두려움에 맞서며
애를 쓰고 있다.

그 두려움이 무엇인가를
끊임없이 시도하게 하는
동력임은 틀림없지만….
항상 부족하고 막막함을 느낀다.

(2019. 2. 21. 일기 중)

나는 이 일기를 쓰고 정확히 일주일 후 삶의 큰 변화를 맞이했다. 바로 이성엽 교수님으로부터 NLP를 배우기 시작한 것이다. 인연은 우연히 다가왔다. 십수 년 전 처음 NLP 강의를 들었을 때, 부정적인 경험으로 NLP에 대한 선입견이 생겼었다. 그 후 NLP라는 단어만 들어도 눈과 귀를 닫았다. 한 번의 경험으로

NLP에 대한 부정적인 신념을 만들어버렸던 것이다.

직장생활에 힘들어하는 나를 보며 도움을 주고 싶었던 후배의 소개로 NLP 1day 특강을 듣게 되었다. 여전히 NLP에 대한 부정적인 선입견은 남아있었지만, 지푸라기라도 잡는 심정으로 후배의 지도교수님이었던 이성엽 교수님을 뵙기로 한 것이었다. 첫 시간부터 교수님의 카리스마와 근거기반의 논리적인 강의에 빠져 들었다. 무엇보다 우리들의 성장을 돕고자 하는 교수님의 진정성이 느껴졌다. 그날을 시작으로 나는 NLP Practitioner를 거쳐 master Practitioner, Trainer 과정을 거치며 배움의 길을 이어나갔다. 그것은 내게 주어진 축복이자 기회였고 지금은 역량이 되었다. 참으로 감사한 일이다.

NLP를 만나고 지난 2년은 40대 중반에 맞이한 내 인생의 위대한 전환기였다. NLP가 나에게 준 것은 첫째, 용기였다. NLP를 배우기 시작한 후 6개월 후, 20년의 직장생활을 졸업하고 독립을 했다. 상상도 할 수 없는 일이었다. 다람쥐 쳇바퀴 돌 듯 매일 의미 없이 반복하던 직장생활, 무기력하고 늘 투덜거리며 살았지만 안정을 포기할 수 없었다. 두려웠다. 그런데 NLP가 두려움 속에 가둬 두었던 생각의 프레임을 전환하는 방법을 알려 주었다.

둘째, 생각을 행동으로 실행하는 방법을 알려주었다. 매일 생각만 하고 행동화하지 못해 실패한 계획들이 다이어리에 넘쳐났다. 지금은 매일 읽고 쓰며, 운동하고 공부하는 생활을 지속하기 위해 노력한다. 아니 이제는 그리 애쓰지 않아도 체득화되어 자연스럽게 실행해 낸다. 신념체계를 바꾸고 명확한 비전과 미션, 액션플랜을 세우는 것! 관념적인 개념이 아닌 실제 현실에서 생생히 이루어낼 수 있는 방법을 배웠다.

셋째, 무엇보다 큰 변화는 나를 온전히 받아들이고 다른 이들을 그대로 인정하고 포용하기 시작한 것이다. NLP 전제들은 마음의 화와 분노를 투사와 열등감, 우월의식 등의 미성숙한 방법으로 분출해 내던 내게 마음의 동요와 감정, 생각이 만들어낸 것들을 바라보는 눈과 마음의 근력을 키워주었다. 이 근력은 자극으로부터 반응까지 공간을 만들어 후회할 결정을 하지 않도록 돕는다. 처음부터 갑자기 이러한 분별력이 생기는 것은 아니었다. 하지만 꾸준히 의식하고 능력화 상태를 만들어가는 과정을 알고 나니 중간에 실패하더라도 실수하더라도 다시 시작할 수 있는 탄탄한 근육이 생겼다.

넷째, NLP를 공부하며 만난 나의 스승님과 도반들. 지금도 끈끈한 연대감으로 서로를 지지하고 긍정의 무한 에너지를 주고받는다. 그들을 통해 배우며 성찰하고 희로애락을 함께 한다. 결이 같은 그들이 곁에 있어 참 행복하고 감사하다.

물론 NLP를 배웠다고 갑자기 완전체가 되는 것은 아니다. NLP로 인해 생각이 열리고 배움의 물꼬를 트고 나니 궁금한 것이 많아졌다. 끝없는 호기심으로 많은 것을 배우고 있다. 그 과정에서 이 여정의 끝은 어디고, 내가 옳은 길을 가고 있나? 하는 불안함이 올라오기도 한다. 그리고 어느 순간 알아차리는 통합이 일어나기도 한다. 이렇게 흔들리며 매 순간 깨어있기 위해 나아가는 과정이라 생각한다. NLP를 공부하고 내 삶에 적용하기 시작한 것은 단언컨대 내 삶에 가장 잘한 일 중의 하나이다.

많은 분들이 자유의지에 의한 행복한 삶을 살아가기를 소망하며….
지혜로운 나무 김수영 NLP Trainer(by NLP University & Q.A.S.)
2021. 4. 9.

독자 수기3

NLP를 배웠다고 해서 내가 하루아침에 달라지는 건 아니었다. 하지만 여러 날이 지나자 난 이전과는 다른 사람이 되었다. 그러니까 어제의 나와 오늘의 나는 비슷했지만 지금의 나와 작년의 나, 그리고 재작년의 나는 확실히 다른 사람이었다.

삶을 바라보는 평온하고 안정적인 관점을 갖게 되었다.

이전에는 무엇이든 빨리 이루고 싶어 조바심을 내거나 내 뜻대로 되지 않으면 많은 좌절감을 느꼈다. 무엇을 바라는 만큼 그것을 갖지 못한 나 자신과 탁월하게만 보이는 다른 사람을 비교하는 시간들이 많았다. 지금은 가장 적절한 때에 가장 좋은 방식으로 삶에 찾아올 것이라는 걸 의심하지 않게 되었다. 나는 나 자체로 온전하다는 말의 가치를 삶으로 받아들이고 안정적으로 센터링을 하며 일상을 보내는 일의 중요함을 알게 되었다.

내가 바라는 내가 되는 정교한 방법을 알고 실천할 수 있게 되었다.

NLP를 배우며 굉장히 놀랐던 것은 미래를 꿈꾸고 실행을 계획하는 장면을 굉장히 구체적이고 정교하게 할 수 있다는 점이었다. 오감을 활용하여 생생하게 미래를 그리고, Logical Level에 맞추어 정교하게 정체성부터 행동과 환경까지 Align하며, 자원개발을 통해 언제 어디서나 나에게 필요한 자원을 재현하는 일은 삶에서 꼭 필요한 아주 중요한 배움이었다. 특히 이전에 내가 무의식적으로 사용하던 방법들을 훨씬 더 자세하고 짜임새 있게 배울 수 있었는데 그 과정에서 미래를 보다 생생하게 그려볼 수 있었다고 생각한다.

더 다채로운 하루를 살게 되었고, 이는 행복한 삶과 연결되었다.
이전에는 흑백사진 같았던 장면들이 4D영화처럼 느껴지는 순간들이 많아졌다. 처음에는 의식적인 노력으로 나에게 다가오는 오감을 발견하려고 했으나 점점 습관화되며 자연스럽게 오감을 통한 다채로운 경험을 하게 되었다. 꽃 한 송이를 보더라도 감각적으로 인식하게 되었고, 그 순간이 더 밀도 있게 다가왔다. 일상의 순간들을 놓치지 않게 된 셈인데, 이런 순간이 쌓여 행복한 삶으로 이어진다는 것을 경험하게 되었다.

생각의 폭을 넓히는 다양한 화두를 얻게 되었다.
NLP를 만나지 않았다면 파편적인 삶의 현상만을 알고 있을 뿐 이것을 가능하게 하는 깊은 원리에 대한 학습을 하지 못했을 것이다. 우주의 원리, 세월을 관통하는 철학을 하나씩 조우하며 생각과 배움이 확장되었다.

LG디스플레이 양유정 과장
NLP Trainer(by NLP University & Q.A.S.)

독자 수기4: NLP를 배우고 나서 달라진 점

예전에는 '삶이 무얼까?' 생각할 때에 막연하고 걱정되고 어찌할 바를 모르는 듯했던 것 같아요. NLP를 배우고 난 후에는 삶이 마치 파도치는 바다에서 서핑을 하는 것과도 같다고 느끼게 되었습니다.

그런 제게 NLP는 서핑을 잘할 수 있도록 도와주는 코치이자 서핑 도구와도 같습니다. 그중에서도 가장 손이 많이 가고 애정하는 도구입니다.

파도를 읽고 서핑보드를 타기 위한 것처럼 NLP를 배우고도 수없이 많은 연습이 필요했던 것 같습니다. 넘어지기도 많이 넘어지고요. 또 삶이라는 파도가 순간순간 너무 무서워 주저앉고 멈추고 싶어지기도 했던 것 같아요. 그런데 어느 순간 갑자기 자연스럽게 물을 타는 흐름에 나를 맡기고 파도를 타는 경험을 일단 하고 나니 절대로 그 느낌을 잊을 수가 없더라고요.

삶을 바라보는 시선이 달라졌습니다. 막연히 '두렵다. 걱정된다. 막막하다.'에서 '기대된다. 견뎌본다. 설렌다.'라는 감정을 더 많이 갖게 되었습니다.

일상에서 멈추고 호흡을 고르거나 나의 언어와 관점을 수시로 재조정해보는 경험을 하나하나 쌓아 나가면서 나 사용법의 코인을 계속 적립하고 있습니다.

내 스스로가 센터링에서 벗어났다는 것을 빠르게 알아차리고, 다시 중심을 잡는 데 노하우와 속도가 점점 다양하게 익숙해졌습니다.

내가 강력히 선언하고 느끼고 언어로 만든 것들이 그대로 이루어지는 경험이 하나둘 늘어나기 시작했습니다.

제 삶의 비전과 방향성이 어떤 곳으로 흘러가야 할지를 다시 세우게 되었습니다. 동시에 구체적인 계획을 잡지 않게 되기도 했어요. 그만큼 다가오는 일들에 대해 유연성과 설렘을 가지고 살아가고 있습니다.

김선진 NLP Trainer(by NLP University & Q.A.S.)

독자 수기5: NLP가 내 삶에 어떤 도움이 되었는가?

우선 저에게 NLP라는 공부를 할 수 있게 도와주시고 많은 애정을 베풀어주신 이성엽 교수님께 감사드립니다. 저는 2019년 아주대 경영대학원을 통해 NLP practitioner라는 과정을 처음 만나게 되었고, 그 이후 NLP master, NLP trainer 과정을 차례로 마칠 수 있었습니다. 그 1년의 시간 동안 저의 변화된 부분을 나누어 보자면, 우선 사람에 대한 이해도가 깊어졌다는 것입니다. NLP는 단순히 표면적으로 사람에 대한 이론만을 가르치는 과정이 아닙니다. 한층 더 깊이 있게 사람의 내면으로 들어가 나를 성찰하고 만날 수 있도록 도와주는 과정입니다. 그 과정에서 나 자신과 타인에 대한 이해도가 깊어질 수 있었고, 성장할 수 있는 시간이 되었습니다. 바쁜 현대인의 삶 속에서 NLP를 통해 나 자신을 성찰할 수 있는 소중한 기회를 가질 수 있었음에 감사합니다.

일상에 어지러운 일들이 닥칠 때, 센터링을 하며 중심을 잡는 법을 익힐 수 있었고, 나의 비전과 미션을 세상에 선포했던 것이 나의 삶의 방향을 계속해서 이끌어주고 있습니다. 주변의 소음에서 벗어나 내면의 나를 만나고, 내가 정말로 원하는 것, 내가 바라는 삶의 모습을 찾고, 그 모습을 향해 나아가기를 희망하는 모든 분들께 NLP를 그리고 아주대 코칭 석사과정을 추천합니다.

이유정 NLP Trainer(by NLP University & Q.A.S.)

독자 수기6

진짜로 내가 원하는 삶을 찾았습니다. 이젠 그 삶이 이루어졌습니다. 내가 믿고, 소중한 동료들과 함께 이루어 나가고 있습니다.

현재의 내가 존재하기 위해서, 그리고…. 더 성장하는 내가 미래에 있기 위해서는 과거의 나의 경험자원들이 얼마나 소중한지 알게 되었습니다. 젊어서 고생은 사서 한다는 어찌 보면 굉장히 진부한 이 속담 속에 얼마나 많은 지혜가 담겨 있는지 알게 되었습니다. 매일 아침 분주한 나의 모습을 내려놓고 온전히 나를 들여다보면서 내면의 충만함을 찾기 위해 노력했고, 그런 노력과 더불어 많은 스승님들의 에너지샤워와 격려 정의 에너지까지 매일의 교육이 기대였고 행복이었습니다. 누군가를 가르치는 입장에서 정말 "진리"를 빼놓고 "껍질"만을 가르치고 만족하던 나의 모습에서 벗어서 더 깊이 있는 강의를 할 수 있는 동기부여가 되었고 매일의 훈련을 강의에 접목함으로써 더 넓은 차원의 이야기를 함께 나누고 있는 나 자신을 발견할 수 있었습니다.

독자 수기7

처음에는 누군가를 바람직한 길에 동참시키기 위해 참여했지만 내가 그 길을 가보지 않고 동참시키려 하는 것은 위선이고 과욕이라는 것을 깨달았습니다. NLP는 정신 혁명입니다. NLP는 지금 존재하고 있지만 너무 멀리 있어 볼 수 없던 것을 눈앞에 당겨서 볼 수 있는 마음의 망원경이자, 알아차릴 수 없이 미세한 것을 깊숙이 들여다 볼 수 있는 마음의 현미경입니다. 8주간의 짧은 기간이었지만 내가 나답게 살기 위한 질문을 던져볼 수 있고, 타인의 질문을 듣는 과정에서 크고 작은 변화를 느낄 수 있었습니다. 나를 창조하기 위해 앞으로 무엇을, 어떻게 해야 할지 청사진을 그려볼 수 있는 생애 가장 뜻 깊은 시간들이었습니다. 진정한 배움은 실천을 통해 시작되고, 실천을 통해 완성된다는 것을 또 한번 느낍니다. 그리고 이 시간들이 감사합니다.

독자 수기8

NLP 과정을 통해 가장 소중한 배움은 내 안의 우주와 자원을 발견한 것입니다. 나의 과거로부터 미래로의 시간 여행을 하며 그리는 내 모습을 통해, 내 삶의 모든 Life event가 예정된 나를 위한 준비였고 다 이유가 있음을 알 수 있었습니다. 바쁜 일상 속에서 내 안의 나만이 문득문득 나를 바라보다가 관조를 통해 밖으로 나와 바라 본 내 모습은 또 다른 모습이었습니다. 의도하지 않았던 과거의 수많은 Life event에서의 의식적, 무의식적 상태였던 상황이 지금의 나를 만들었다면, 앞으로는 간절한 마음으로 의도적인 의식적 능력 상태에 All in함으로써 원하는 나의 Life event들을 만들어 갈 수 있을 것입니다. 이것은 스스로 묶어 놓았던 신념의 한계로부터 깨어남이며 가능성을 현실로 만들어가는 출발점이 됨을 직감합니다. 이제는 나뿐 아니라 사랑하는 가족과 관계된 많은 사람들과 함께하면서 그들의 사소한 말 한마디, 보이는 모든 모습마저 의미 있게 받아들이며 생각하게 합니다. 들리지 않고 보이지 않는 것을 들으려 하고 보려 하는 내 모습은 나에게 더욱 새롭고 의미 있는 것을 발견하게 합니다. 온 몸에 덕지덕지 붙어 있던 나무의 잔가지들을 쳐내고 튼튼하고 건강한 뿌리를 내려 빛나는 새잎과 꽃을 피우고 열매를 맺을 것을 희망합니다. 'to have'의 삶이 아닌 'to be'의 My way를 발견하고 전시하지 않는 삶을 살 수 있는 용기를 갖고자 노력하겠습니다. 메타커뮤니케이션은 우리가 무의식적으로 내뱉는 말들이 책임으로부터 회피일 뿐 아니라, 자신을 덮어 버리는 잘못된 습관임을 깨닫게 하였습니다. 따라서 자신을 발견하는 데 있어서 강력한 질문의 도구를 통해 일반화, 왜곡, 삭제를 드러낼 수 있어 나 자신뿐 아니라 타인과의 코칭과 멘토링 장면에서도 잘 활용할 수 있을 것입니다. 밀튼커뮤니케이션은 건조한 직설적 대화에서 한 번 더 생각하게 하는 은유를 통해 감정마저 끌어올 수 있는 도구로서 활용할 수 있다는 배움을 얻었습니다. 앵커링은 의도적으로 나의 긍정자원을 끌어오는 도구로서 힘들고 지칠 때 활력을 줄 수 있는 비타민과 같은 역할을 하고 있습니다. 개입과 관조는 자원의 세척 과정으로서 묵은 때를 벗겨내는 강력한 효과를 발휘함을 경험하였습니다. 우주 속의 '나다움'을 발견하는 시간과 공간인 '꿈실 꿈실'은 너무도 사랑스러운 기억으로 남아있고, 같은 마음을 가진 분들과 함께 하면서 훨씬 더 많은 배움이 일어났습니다. 시간이 지나면 지날수록 이러한 긍정과 사랑의 에너지는 더욱 커져감을 알 수 있었습니다. 상호 간에 주고받는 긍정과 사랑은 마치 운명처럼 이 분들과 함께해야 한다는 당위성마저 느끼게 하였습니다. 만남과 배움을 통한 성장과 행복을 말로는 다 표현할 수 없을 정도로 감사하게 생각합니다.

독자 수기9

가장 크게 느끼고 다가온 것은 '지금이 너에게 보여주는 것은 그동안 네가 어떻게 살아왔음을 보여주는 그 결과 중 하나의 시작이라.'라는 메시지입니다. 이유 없음은 없고 모든 것이 오래된 시나리오대로 때가 되어 만난 느낌을 주는 시간이었으며, 저의 믿음에 대한 확신을 더해주는 과정이었습니다. 세상은 나의 거울이라는 말을 몇 년 동안 가슴에 품으며 겸허히 살아왔지만 이번에 또한 그를 보게 되는 시간이었고요. 그래서 만나는 모든 이를 소중히 다루는 마음을 갖는 시간이었습니다. 조금 나태해질 수 있었던 저의 인생에서 각자 너무 열심히 살아오고 계시는 분들을 사부님들로 만나 자극이 되었고, 그 안에서 내가 무엇을 향해 가야 하는지도 돌아보게 되었습니다. 묵은 감정, 풀지 않고 묻어두었던 시간, 용기 내지 못했던 관계를 이번 기회에 용기 내어 보는 시간으로 나의 업 하나를 푸는 시간이기도 했지요…. 아마 이 과정의 가장 큰 선물 중 하나가 그를 위한 기회를 주기 위한 것이 아니었나, 뜻을 헤아려 보면 또 세상에 감사하게 됩니다. 그리고 그 기회를 지나치지 않고 한쪽 끝을 잡고 용기 내어준 저에게도 감사합니다. 이 모든 것들이 충만함으로 기억되는 것도 감사합니다. 너무 감상적인가 싶기도 하지만 사실 저의 솔직한 마음입니다. 훌륭한 교수님과 그를 따르는 훌륭한 사부님들과 함께 할 수 있었던 시간 자체가 감사합니다. 지식보다는 그 경험을 선물 받은 것에 감사하죠…. 잘 살아온 제가 좋습니다. 그리고 이 무한한 사랑을 나눌 방법을 고민 중입니다.

독자 수기10

삶의 고행이다? no, 삶은 축제다! 프랙티셔너 과정은 삶에 대한 나의 신념을 바꾸어 놓았습니다. 지난 시간 삶에 대한 고민들과 나에 대한 끊임없는 질문으로 요가를 비롯한 다양한 수행방법을 접했으며 내 삶에 끊임없이 적용해왔습니다. 삶은 그저 그 자체로 수행이므로, 그 모든 수행법들이 나를 변화시켰지만 고백컨대…. 나는 삶이란 것이, 수행이라는 것이 즐겁지만은 않았습니다. 그리고 NLP프랙티셔너 과정이 내게로 왔고, 이는 나의 가장 큰 관념인 삶에 대한 신념을 확실히 전환시키는 마법을 이뤄낸 것이 되었습니다. NLP의 방법들과 전제들…. 이성엽 교수님의 존재와 힘! 함께 한 사부님들…. 그것으로 우린 축복이며 함께 성장해갔습니다. 지금 이 순간 존재하는 삶은 축제입니다!

독자 수기11

망설임 없이 과정에 뛰어드는 것이 조금은 걱정되기도 했었지만, 기우에 지나지 않는다는 것을 알게 되었습니다. 하고자 하는 마음만 있다면 앞으로 나가는 것은 크게 문제가 되지 않았습니다. 함께하는 에너지들이 하나 됨을 늘 느낄 수 있었고, 진정 나를 찾을 수 있었습니다. 망설임 없이 결정할 수 있었던 것도 에너지의 끌림이 아니었나 생각할 수 있었습니다. 에너지에 대해 크게 생각해본적이 없는데 NLP를 접하면서 늘 내가 있는 곳의 에너지는 밝고 경쾌한 에너지이기를 바랍니다. 내가 밝고 경쾌할 때 함께하는 이들이 밝고 경쾌해 짐을 경험할 수 있었습니다. 경험은 역시 재산입니다. NLP의 전제를 집안 곳곳에 붙

여놓고 늘 보면서 상기시키려 합니다. 온 가족이 함께 볼 수 있기를 바랍니다. 화가 나거나 실망스러운 상황에 놓여 있을 때 분리시키려고 스스로 노력하는 모습을 보았습니다. 첫술에 배부르지 않았지만 의식적 무능력 상태에 놓이는 것을 환영하고 즐기려 합니다. 내가 모르는 것을 알았을 때 이렇게 행복한 줄 몰랐었습니다. NLP를 접한 후 모른다는 사실이 이렇게 즐겁고 재미있을 수 없습니다. 사소한 것 하나하나 변한다는 것이 재미있습니다. 이건 비밀인데, 마지막 날 명상을 하면서 교수님 목소리를 녹음을 해뒀습니다. 다시 교수님과 명상을 하기 전까진 그 음성 파일을 들으면서 명상을 계속 할 계획입니다. 텍스트로 옮겨 스스로도 해볼 계획입니다. 계획이 실천으로 옮겨지길 그려봅니다.

독자 수기12

타인을 치료하는 도구이기 보다 나를 성찰하고 성장하는 보석과도 같은 시간입니다. GPS가 고장난 네비게이션은 아무리 명확한 목적지를 가지고 있어도 가야할 방향성을 찾을 수 없습니다. 내가 누구인지, 왜 살아가야 하는지, 어떻게 살아가야 하는지에 대한 고민이 있다면 진정한 나를 찾아가는 이 과정에 꼭 참여하세요.

독자 수기13

진정 나 자신을 알고 싶었고, 찾고 싶었는데 NLP를 만나면서 나 자신과 처음으로 마주한 느낌이었습니다. 내가 누구인지, 어떻게 지내왔고, 앞으로 또 어떻게 지내야 하는 건지…. 그러기 위해 오늘 하루는 어떻게 창조해야 하는지까지 친절하게 알려주는 교육이었습니다. 진정 변화를 원한다면 NLP가 다가왔을 때 망설이지 말고 그 기회를 꼭 잡길 바랍니다. 말로 표현할 수 없는 아주 많은 것들을 만나게 될 테니까요. 스스로 자기를 성장시키고 치유할 수 있게 하는 멋진 도구이며 평생 쓸 수 있습니다.

독자 수기14

현재, 그리고 지금까지 "왜?", "어떻게"에 대한 고민이 있다면 NLP가 많은 부분에서 해답을 줄 수 있을 것 같아요. 무언가 조각들만 있던 것이 각자 연결고리를 꿰어 하나로 이어주는 듯한 느낌을 주는 프로그램입니다. 프로그램도 프로그램이지만, 누구에게 배우느냐 또한 중요하며, 누구와 함께 하느냐도 중요한데 모든 것이 만족스러운 과정입니다.

여기저기 집단 속에 소속된 우리로서는 흘러가는 대로 사는 것이 어떻게 보면 가장 자연스럽게 삶을 마주하는 방법이겠지만, 그 흘러가는 물살이 어떤 세기인지 그리고 어디로 흘러가는지, 방향을 알고 그 흐름을 즐기면서 살아가시고 싶다면…. 그런 당신에게 NLP프랙티셔너 과정을 추천합니다.

독자 수기15

당신은 어디로부터 와서 어떠한 삶을 살며 어디로 가는 것일까요? 짧은 인생길에서 우주 속의 나와 내 안의 우주를 발견할 수 있다면 좀 더 가치 있는 삶이 되지 않을까요? 지구라는 무대 위에서 한 무리의 짐승으로서가 아닌 '나다운 참 삶'을 위한 공부가 필요하신 분은 NLP로 시작할 수 있음을 알려드립니다. 여러분 자신의 내면에 가진 강력하고 소중한 자원들을 발견하고 활용한다면 모든 주변 환경과 미래마저 달리 보이고 변화가 일어나게 됩니다.

외의 수기들

일상에서 마법을 부릴 줄 아는 사람이 되었다. 자극과 반응 사이에서 꽤 근사한 선택을 하는 일들이 많아졌다. 마음이 요동치는 순간에 중심을 잡고, 조금씩 나아가는 나를 바라보는 일은 참으로 기쁜 일. NLP를 통해 나의 온전함과 무한한 잠재력을 만난 그 반가움을 여러분도 경험해보길 바란다.

현대모비스 과장 정희원(2021)

검색창에 어떤 단어를 입력하는가에 따라 완전히 다른 결과가 나온다. NLP를 만나기 전 내 머릿속 검색어 대부분은 부정어였다. 그런데 수업에서 뼈아프게 나를 성찰하며 검색어가 바뀌기 시작했고 새롭게 태어날 수 있었다. 모든 배움이 그렇지만 NLP는 특히나 삶에 녹아들었을 때 빛을 발한다. 교수님과 함께한 NLP가 삶 속으로 스며들게 하는 소중한 길잡이가 되어 주었다.

HDC 현대산업개발 HR 매니저 전지영(2021)

'나를 모르는 나'를 만나서 깜짝 놀랐고, 내 안의 나에게 질문하고 대답함으로써 온전한 나로 깨어날 수 있었습니다. 이로 인하여 멈추었던 성장의 생명력이 다시 무한한 가능성을 품은 미래의 꿈으로 재탄생했습니다.

GS칼텍스 부장 주충일(2013)

불투명한 미래에 대한 두려움…. 인생의 여정에서 길을 잃었다고 생각할 때 나의 나침반이 되어 준 책. 나의 내면을 돌아보고 내 삶의 목적지를 찾아 더욱 풍요로운 삶을 스스로 디자인할 수 있도록 용기를 주는 친구를 만났습니다.

스타벅스 커피코리아 L&D 매니저 노윤정

이성엽 교수님의 강의는 온탕과 냉탕을 넘나듭니다. 진정성 있게 고민을 나누는 모습에서 따뜻함, 그리고 냉철하게 나를 돌아보게 하는 차가움. 그 깊은 울림은 항상 나를 성장하게 만듭니다.

CJ인재원 리더십개발팀 부장 김준석(2013)

교수님과 함께하는 시간은 혼란스러운 마음에 고요함을 가져다주며 내면의 힘을 강하게 만듭니다. 자신에게 숨어있는 내면의 힘을 탐색하고 발견해보세요.

소중한 두 딸의 엄마 신희경

언제 어디서든 자신이 가지고 있는 모든 에너지를 생명력 있게 뿜어내는 이성엽 교수님을 한번이라도 봤다면 그 열정에 빠지지 않을 수 없는 겁니다. 너무나도 순수한 열정의 에너지는 그게 무엇이든지 함께하는 사람에게 즐거움과 몰입을 안겨줍니다. 즐거운 열정에 빠지고 싶다면 반드시 그를 만나야 합니다.

CJ CGV 인사팀 이현주

묵은 감정, 풀지 않고 묻어두었던 시간, 용기내지 못했던 관계를 이번 기회에 용기내어 나의 업 하나를 푸는 시간이기도 했지요. 교수님의 수업에 참가할 수 있었다는 것은 정말 제겐 큰 선물과 같은 시간이었습니다. 그리고 그 기회를 지나치지 않고 한쪽 끝을 잡고 용기를 내어준 저에게도 감사하구요. 이 모든 것들이 충만함으로 기억되는 것도 감사합니다.

(주)코리아에듀테인먼트 대표 유현심

이 책은 사막에서 오아시스를 찾는 과정에서 느낄 수 있는 감동을 줍니다. 고장이 난 내비게이션은 아무리 명확한 목적지를 가지고 있어도 가야 할 방향성을 찾을 수 없습니다. 내가 누구인지, 왜 살아가야 하는지, 어떻게 살아가야 하는지에 대한 고민이 있다면 진정한 나를 찾아가는 길, 이 교수님과 함께하기를.

KB국민은행 인재개발부 팀장 강두천

우리는 익숙한 불행보다 미지의 행복을 추구해야 합니다. 교수님의 강의는 그 미지의 행복을 추구하고자 하는 과정과 같습니다. 오로지 자신의 말과 마음의 훈련을 통해 새로운 변화가 가능합니다. 대한민국 학습자들에게 그 변화의 시작이 가능하도록 직접 말과 행동으로 본보기를 보여주시는 강의입니다.

LS미래원 과장 정영재

교수님의 강의는 정말 '진리'를 빼놓고 '껍질'만을 가르치고 만족하던 나의 모습에서 벗어나 더 깊이 있는 강의를 할 수 있는 동기부여가 되었습니다. 또한 매일의 훈련을 통해 더 넓은 차원의 나 자신을 발견할 수 있었습니다. 교수님과 함께 온전한 나를 들여다보면서 나의 내면에서 충만함을 찾을 수 있는 행복한 여정을 할 수 있어서 기뻤습니다.

수원시 평생학습관 팀장 권호인

Toggle Contenta 이성엽 교수님의 수업은 눈과 머리로 행동을 깨우는 시간, 그를 통해 이미 완전한 나를 찾아가는 신비로운 여정입니다. 내 안의 무한한 가능성과 잠재력을 찾아가는 행복한 여정…. 그 여정에 함께하기 위한 설명서와 지도, 그리고 나침반, 이 모든 것을 얻고 싶다면 함께하세요.

퀀텀어웨이크닝스쿨 리더십연구소장 권병희

내 인생을 이끌어가는 리더는 결국 나 자신이라는 것, 교수님의 강의는 언제나 나 자신을 다시 한 번 되돌아보는 소중한 기회가 됩니다. 정말 원하는 것이 무엇인지, 가장 소중한 것이 무엇인지를 다시 한 번 생각하며 다른 사람의 인생을 따라하지 말아야겠다는 다짐을 합니다. 나만의 인생을 그려갈 수 있게 해주셔서 정말 감사합니다.

뉴스킨 교육팀 매니저 심현정

항상 부족한 것만 같았습니다. 계속 무언가를 채워야 할 것 같았습니다. 이성엽 교수님과의 학습여행은 내가 얼마나 온전하고 완벽한 사람인지 깨닫게 해주었습니다. 내가 하는 수많은 번민어린 생각은 내가 부족해서가 아니라 이미 완전한 나를 만나러 가는 길에서 필요한 것이었음을 깨닫게 해주었습니다. 오늘 하루도 나에게 마법의 주문을 겁니다. "Today, Wonder!", "오, 놀라워라~"

PS & Marketing NC사업부 사업기획팀 매니저 신현정(2014)

삶의 중심이 되는 절대적 진리가 사라진 포스트모던 시대에 '나'라는 존재는 혼란을 겪을 수밖에 없습니다. 이성엽 교수님의 'Self-Awareness'라는 강의는 이러한 시대에서도 '나'를 정확히 직시하고 꿋꿋하게 살아갈 수 있는 에너지를 수많은 사람에게 전해 주었습니다. 그 생생한 강의가 잘 녹아들어 있는 이 책을 통해 더 많은 사람들이 그 에너지를 받을 수 있을 것입니다.

유진기업 인사부 차장 설현수

행운을 행복으로 바꾸는 방법에는 여러 가지가 있겠지만, 이성엽 교수님의 강의를 듣고 있노라면, '지금 이 자리에 함께 있는 것이 참 행운이구나.'라는 생각을 하게 됩니다. 이런 행운을 이 책을 통해서 함께 나누고, 각자의 행복으로 이어나가는 계기가 되었으면 합니다.

파라다이스 인사실 교육파트 차장 유정은

10년 전 들었던 교수님의 강의는 인생의 과도기를 겪던 저에게 삶의 방향을 제시해주셨고, 10년이 지난 지금의 강의는 교수님과 한 공간에 함께하는 것만으로도 그 에너지 덕분에 마음의 평화를 얻습니다. 언제나 한 걸음 앞에서 호

기심을 불어 넣어주시는 교수님의 강의는 '설렘'이기도 합니다.

컬러테라피스트 김영정

시간의 흐름에 따른 성장을 하며 마치 수박껍질 모양의 물결을 따라 살다가, 이성엽 교수님의 강의를 들었을 때 '아하!' 하는 깨달음을 통해 속 시원한 수박의 붉은 바다를 만난 느낌이었습니다. 진정한 나를 찾을 수 있는 시간이었고, 그 힘은 더욱 의미 있는 일과 관계를 만들 수 있었습니다. 한 단계 더 성장하는 자신을 기대한다면 교수님의 마법사 클럽인 '어웨이크너 포럼'에 함께하시길 적극 추천합니다.

(주)한독 인사부 차장 최영조

내 안의 나를 깨우는 일, 존재의 완전함을 알아가는 긴 여정, 지난겨울부터 여름까지 매우 8시간씩 교수님과 함께하며 경험한 세계입니다. 온 우주가 내 안에 있으며, 나를 비롯한 모든 존재들은 이미 완전합니다. 유년의 나와 화해하고, 현재를 점검하며, 미래를 창조하는 힘을 배웠습니다. 아니, 이미 창조한 나의 미래가 오롯이 내 안에 있음을 알아차립니다. 가슴 뛰는 삶을 살게 해주신 교수님께 감사합니다. 당신을 알아 행복합니다.

T독서코칭 전문강사 정은주

성공적인 육아, 안정된 직장, 여유로운 삶이라는 지극히 현실적인 주제로 수많은 시행착오를 겪으면서 "지금 나는 잘 살고 있는 것인가?"라는 물음 앞에서 한없이 떨어지고 우울해진 경우가 있었습니다. 하지만 이성엽 교수님과의 10개월에 걸친 주말 마음공부는 삶에서 겪는 수많은 고민과 갈등이 결국 '나는 누구인가?'로 귀결됨을 깨달았고, 이미 완전한 나와 만나는 소중한 경험을 통해 '어떻게 살 것인가?'에 대한 자신감을 회복했습니다.

NAVER 컴플라이언스실 차장 석윤정(2014년)

색인

기관 및 저자소개

NLP University

NLP가 탄생한 캘리포니아 산타 크루즈에 위치한 NLP University는 교육, 의료, 비즈니스, 교육, 컨설팅, 코칭 등 다양한 분야에서 NLP의 표준을 만들고 이를 나누고 있으며, 국제공인 NLP전문가를 양성하고 인증하고 있다. 명실 공히 NLP의 메카라 불리며 전 세계 NLP의 표준과 발전을 이끌고 있는 기관이다. 수십 년간 UCSC(미국 캘리포니아대학 산타 크루즈)를 기반으로 운영되고 있다. 자세한 정보는 www.nlpu.com을 방문하면 보다 자세한 정보를 얻을 수 있다.

Quantum Awakening School

퀀텀어웨이크닝스쿨은 한국교육컨설팅코칭학회 부속기관으로 개인과 조직의 변화 및 성장에 대한 연구 및 교육훈련프로그램을 개발하고 제공하는 곳이다. NLP University의 공식파트너affiliate partner이자 공식 copyright user으로서 국제공인 NLP 전문가 육성을 위해 NLP Practitioner, NLP Master practitioner, NLP Trainer 과정을 운영하고 있다. 더불어 국내 민간등록자격인 NLP 코칭지도자 3급, 2급, 1급 과정도 개설하고 있는 (사)한국상담학회 산하 한국 NLP 상담학회 인증기관이다.

또한 Dilts Strategy Group의 공식 한국파트너로서 SFM을 활용한 다양한 교육 및 코칭과정을 운영하고 있으며 DSG인증 <SFMIII 의식 리더십과 회복탄력성Conscious Leadership & Resilience> 전문트레이너 및 코치를 양성하고 있다. 자세한 내용은 www.qnaschool.com을 방문하면 된다.

Quantum Awakening School과 NLP University 공동인증 국제공인 NLP Trainer 명단

NLPU 공인 마스터트레이너이자 인증교사인 저자로부터 훈련과 수퍼비전을 받고 공인자격을 취득한 분들입니다. 아래 공인 NLP Trainer들은 마스터 트레이너의 수퍼비전하에 NLP Practiioner과정 및 NLP Master Practitioner과정등 전문가 과정을 독립적으로 운영할 수 있는 자격이 있으며, NLP를 상담, 코칭, 교육 등 다양한 분야에서 활용할 수 있는 전문가입니다.

NLP University 19~20 Seoul Class 훈련수료 명단

안재은, 최현정, 황지영, 김수영, 김연정, 김선진, 이유정, 남기웅, 남미경, 박영란, 박미정, 신원학, 양유정

https://www.nlpuniversitypress.com/gtcsessions/gprog.php?folder=35

NLP University 21~22 Seoul Class 훈련수료 명단

최정빈, 김은정, 정현주, 장미, 김경화, 오영미, 이경숙, 김영경, 권병희, 김정웅

https://www.nlpuniversitypress.com/gtcsessions/gprog.php?folder=37

NLP University 23~24 Seoul Class 훈련수료 명단

채향숙, 최하나, 최해정, 최종혁, 김수빈, 주충일, 차운정, 주수연, 전지영, 강지원, 김성필, 김규연, 고은비, 이현수, 신현정, 양재영

https://www.nlpuniversitypress.com/gtcsessions/gprog.php?folder=41

이 성 엽

아주대학교 글로벌경영학과 교수, Ph.D

'개인과 조직의 변화와 성장'을 화두로 가슴 뛰는 하루하루를 보내고 있는 우리나라 성인교육학 분야의 대표적인 전문가다. '오랜 현장 경험이 있더라도 치열한 공부와 반성적 성찰이 없다면 위태롭고, 반면 현장의 땀냄새, 숨소리와 멀어진 채 연구실에만 틀어박혀 있는 것은 공허하다'는 믿음으로 성인학습의 장인 기업교육과 평생교육 현장을 온몸으로 뛰어다니는 것을 게을리하지 않고 있다.

KB국민카드와 KB국민은행에서 인사부 과장, 인재개발원 HRD 전략책임자, KB평생학습기업추진 TF팀 팀장 등으로 10여 년간 근무했다. 직장생활을 하던 2003년 Australian Executive Award수상자로 호주정부의 후원을 받아 The University of Sydney에서 한국인 최초로 Coaching전문가 과정을 마쳤으며, 한국코치협회 창립이사회멤버로 참여하여 우리나라에 코칭을 알리는 데 일조했다. NLP는 2000년에 입문했으며, 2005년 미국 NLP University

에서 NLP Trainer 자격을 취득하였고, 2016년 Master Trainer 자격을 받았다.

성인계속교육학을 전공하여 교육학 박사학위를 받은 후 고려대, 단국대, 선문대, 숙명여대, 인하대, 중앙대 등에서 인적자원개발, 조직개발, 경력개발 등을 강의했으며, ㈜휴넷의 사외이사 등 주로 기업의 인재육성분야의 현장가로 활동하였다.

저자의 강연은 국가정보원, 기획재정부, 국가인재개발원, 국민권익위원회, 중앙선거 관리위원회, 한국철도공사, 한국토지주택공사, 국민은행, 신한은행, 우리은행, 하나은행, LG전자, 삼성전자, SK텔레콤, 현대자동차, 하이닉스반도체, 대한항공, 아시아나항공, CJE&M, CJ제일제당, DAUM커뮤니케이션, NHN네이버 등 많은 기업에서 뜨거운 반응을 일으켜왔으며, 그가 개발한 리더십 과정은 코오롱그룹, 금호아시아나그룹, 미래에셋생명, 한국후지제록스, 하이닉스반도체 등의 기업에선 승진자 필수과정으로 운영되기도 했다. 지금도 성인학습현장의 땀냄새를 잊지 않기 위해 퀀텀어웨이크닝스쿨, 루트컨설팅 등 비전과 열정으로 인재육성을 위한 교육현장에서 땀 흘리며 노력하는 조직을 지원하고 있다. 또한 삶 속에서의 평생학습을 실천하는 공동체를 꿈꾸며, 그 일환으로 수원시 평생학습가들의 모임 '와글와글 포럼'의 단장을 맡아 3년간 봉사하기도 했으며, 지금은 마음훈련 학습공동체 <수심단>에서 시민들과 함께 생활 속에서의 인문학 공부와 더불어 묵상훈련을 실천하고 있다. 이러한 다양한 실천활동으로 2020년엔 민주시민교육 국가유공자로 대통령표창을 받았다.

2010년부터 아주대학교 교수로 재직중이며 교육대학원 및 일반대학원 교육학과 박사과정에서 '평생교육 및 HRD'를 전공하는 학생들을 지도하고 있고, MBA과정에서 「코칭과 NLP 수업」 등을 담당하고 있다. 현재 아주대학교 평생학습중심대학추진본부 본부장, 아주대학교 글로벌미래교육원 원장, 아주대학교 기업지원센터 센터장, 한국NLP상담학회고문, 한국교육컨설팅코칭학회 고문, 한국성인교육학회 부회장, 한국인사관리학회 부회장, 한국초월영성학회 이사, 중앙선거관리위원회 민주시민교육자문위원, 한중협회교육위원장 (재)한국지역사회교육재단 이사 등으로 학교와 사회에서 봉사하고 있다.

최근 10여 년 동안은 공자가 이야기한 文質彬彬(문질빈빈)하는 마음으로 人文과 天文을 함께 살펴면서 자아초월 및 코칭 분야의 전문가를 육성하는 일에 정성을 쏟고 있으며, 특히 노자, 장자 사상과 주역 그리고 영성분야의 통합적 연구에 관심을 가지고 있다. (사)한국상담학회 수련감독 전문상담사이자 국제공인 NLP Master Trainer로서 미국 NLP University와 공동으로 NLP전문가 육성을 하고 있다. 또한 국제코치연맹ICC: International Coaching Community의 인증코치이자 트레이너로 ICC인증 국제코치 훈련을 하고 있으며, SFMSuccess Factor Modeling 프로그램의 공인 트레이너로서 로버트 딜츠Robert Dilts와 함께 의식 리더십 및 회복탄력성Conscious Leadership and Resilience 워크숍을 진행하고 있고, 의식 리더십 전문교수를 육성하고 있다.

저서로는 「이미 완전한 당신, 어웨이크너」, 「낯선 길에 서니 비로소 보이는 것들」, 「성인경험학습의 이해」, 「인적자원개발론」, 「일자리와 교육리더십」, 「코끼리여 사슬을 끊어라」, 「성인학습과 코칭」, 「교육성과관리와 HRD시스템 구축」 등이 있으며, 역서로는 「코칭 더 브레인」, 「의식리더십과 회복탄력성」, 「실리콘밸리의 최고기업은 어떻게 협업하는가」, 「NLP로 신념체계 바꾸기」, 「타임파워」, 「팀장 3년차」, 「사하라 여행, 내 인생의 터닝포인트」, 「빅토리」 등이 있다.

Email: hicoach@ajou.ac.kr Homepage: www.coach.kr

인간개발 총서 시리즈 1권

NLP의 원리 1

초판발행　　2021년 5월 28일
초판2쇄발행　2021년 5월 31일
초판3쇄발행　2024년 7월 19일

지은이　　　이성엽
펴낸이　　　노　현

편　집　　　최은혜
기획/마케팅　이선경
표지디자인　조아라
제　작　　　고철민 · 조영환

펴낸곳　　　㈜ 피와이메이트
　　　　　　서울특별시 금천구 가산디지털2로 53 한라시그마밸리 210호(가산동)
　　　　　　등록 2014. 2. 12. 제2018-000080호

전　화　　　02)733-6771
f a x　　　 02)736-4818
e-mail　　　pys@pybook.co.kr
homepage　 www.pybook.co.kr
ISBN　　　 979-11-6519-144-3 93370

정 가　　　23,000원

박영스토리는 박영사와 함께하는 브랜드입니다.